KB263947

주님과 한평생

주님과 한평생

지은이 · 주선애
초판 발행 · 2011. 08. 29
개정판 1쇄 발행 · 2018. 01. 08
등록번호 · 제1988-000080호
등록된 곳 · 서울특별시 용산구 서빙고로 65길 38
발행처 · 사단법인 두란노서원
영업부 · 2078-3333 FAX080-749-3705
출판부 · 2078-3331

책 값은 뒤표지에 있습니다.
ISBN 978-89-531-3037-1 03230

독자의 의견을 기다립니다.
tpress@duranno.com   http://www.Duranno.com

두란노서원은 바울 사도가 3차 전도여행 때 에베소에서 성령 받은 제자들을 따로 세워 하나님의 말씀으로 양육하던 장소입니다. 사도행전 19장 8-20절의 정신에 따라 첫째 목회자를 돕는 사역과 평신도를 훈련시키는 사역, 둘째 세계선교(TIM)와 문서선교(단행본·잡지) 사역, 셋째 예수문화 및 경배와 찬양 사역, 그리고 가정·상담 사역 등을 감당하고 있습니다. 1980년 12월 22일에 창립된 두란노서원은 주님 오실 때까지 이 사역들을 계속할 것입니다.

주선애 지음

/ 주선애 회고록 /

주님과 한 평생

두란노

차례

3부

38선을 넘으면서

6부

교육은
실천이다

7부

정년퇴직을 하며

노화는 있어도 은퇴는 없다

회고록은 외식을 행하기 쉬운 작업입니다. 정직하게 쓴다고는 하지만 아무래도 자기의 허물과 죄 또는 내적 욕심 따위를 감추게 되기 마련이기 때문입니다. 그래서 차라리 내가 죽고 난 후에 제삼자가 쓰는 것이 더 나을 것 같아서 자료만 모아 놓고 있었습니다.

그런데 지난 겨울, **하용조** 목사님이 나의 회고록을 출판하고 싶다면서 작가를 집에 보내셨습니다. 순종하는 마음으로 회고록 집필을 작가에게 맡겼습니다. 하지만 그래도 불안한 마음이 들었습니다.

'그 젊은 사람이 나의 생을 어떻게 느끼고 묘사할 수 있을까?' 그런 불안함 때문에 결국 스스로 펜을 들게 되었습니다. 80대 후반인 탓에 잊어버린 것도 많지만(특히 연도) 미천한 나의 생을 감싸시고 묘하게 이끌어 오신 하나님의 은혜를 뒤돌아보는 마음으로 편하게 써 내려가기로 했습니다. 혹시 자랑이 될까 두렵기도 해서 순수한 어린이의 마음으로 나를 하나님과 사람 앞에 솔직하게 표현하느라 노력했습니다. 언젠가는 하나님 앞에 설 것이니, 그때 하나님이 공정하게 평가해 주실 것입니다.

책의 제목을 **하용조** 목사님께 부탁하려고 했는데, 꼭 17일 전에 아버지 품으로 가셨습니다. **하용조** 목사님의 바람 때문에 이 책이 빛을 보게 되었음을 감사합니다.

나의 일생을 뒤돌아보면서 말로 할 수 없는 하나님의 놀랍고 오묘하신 섭리, 그리고 굽이굽이 신비한 손길로 아름답고 묘하게 이끌어 주신 넓고 크신 은혜를 찬양할 수밖에 없었습니다. 예언자처럼 유언을 남기신 아버지, 마리아 같은 인내로 나를 기르신 어머니, 그리고 산기도의 신앙을 보여 주신 할머니를 나에게 주신 여호와 하나님께 영광을 돌립니다. 또한 내 주변에 있는 그 많은 주의 종들, 하나님이 기뻐하시는 친구들로 인해 하나님께 감사를 드립니다!

나의 내면을 풍족하게 해 주신 모든 분들 덕분에 여기까지 이르게 되었습니다. 진정한 감사를 그분들께도 드립니다.

미천한 여종의 생의 흔적이 우리나라 여성들의 삶에 자그마한 힘이라도 되기를 바라는 마음입니다.

2011년 8월

주선애

90대 중반에 이르러 후배들에게 조금이라도 더 도움이 되었으면 하는 마음으로 《주님과 한평생》을 개정증보하게 되었습니다. 끝부분에 초판에 하지 못한 내용을 좀 더 첨가했습니다.

2018년 1월

주선애

1부

나의 부모님, 조부모님

/ 망원동 집 뜰에서 어머니와 함께

스물셋 아버지의 유언

1926년 장맛비가 장대같이 쏟아져 내리는 7월, 황해도 구미포에
21살의 앳된 여인이 허허벌판을 숨가쁘게 달리고 있었다. 나의
어머니였다. 평양에서 황해도 장연까지 기차를 타고 왔지만 아는
사람은 아무도 없었다. 기차역에 내려서도 30-40리 길을 혼자 걸
어가야 했다. 이따금 지나가는 행인에게 길을 물어가며 허겁지겁
달려갔다.

폐결핵으로 황해도 시골에서 요양 중인 남편이 사경을 헤매고
있다는 소식을 듣고 떠나온 터였다. 한시라도 빨리 가지 않으면
마지막 숨을 혼자 거둘지도 몰랐다. 눈물이 흘러 빗길을 걷는 발

걸음을 더욱 힘들게 했다. 이제 18개월 된 어린 딸은 우산 사이로 흘러들어 오는 빗물을 먹으며 엄마 등에 꼭 달라붙어 있었다. 그 어린 딸이 바로 나였다.

어느 농가 사랑채 작은 방에 아버지는 창백한 얼굴로 혼자 누워 있었다. 깡마른 얼굴에 지그시 눈을 뜬 아버지는 어머니와 어린 나를 다시 볼 수 있어서인지 안도의 숨을 내쉬는 듯 보였다. 힘없는 웃음을 띠며 한마디를 던지고는 다시 지그시 눈을 감았다.

"잘 왔소." 아버지는 한참 말이 없었다. 어머니의 울음이 서서히 멎을 무렵 띄엄띄엄 잘 들리지 않는 목소리로 부모님의 안부를 물었다. 또다시 침묵이 흐른 뒤 아버지는 급기야 마지막 유언을 남기려는 듯 약간 긴장된 자세를 취하면서 천천히 말을 이어 갔다.

"이 세상은 잠깐이오. 내가 죽더라도 다른 생각은 하지 말고, 선애를 잘 키워 주오. 부탁하는데 선애는 딸이지만 꼭 기독교 선생이 되도록 길러 주오."

아버지는 겨우겨우 말을 맺으셨다. 마지막 긴 숨을 쉬고 아버지는 하늘나라로 떠나셨다. 마지막 이별을 앞에 두고 어머니는 가슴을 부여잡고 하염없이 눈물만 흘렸다. 어머니는 그 유언을 가슴에 품은 채 70여 년간 홀로 사셨다. 재산이 있는 것도 아니었고 혼자 살아갈 만한 능력이나 경험이 있는 것도 아니었다. 어떻게 해야 딸을 '기독교 선생'으로 만들 수 있는지 알지도 못했다. 의논해 볼 곳도 없었고 가르쳐줄 만한 사람도 어머니 주변에는 없었다.

창백한 얼굴과 가느다란 목소리로 남긴 한 마디 유언을, 어머니는 일생을 통해 이루어 나가셨다. 어머니는 남편을 향한 못 다한 사랑과 남편의 유언에 "예!"라고 대답하지 못하고 울어 버린 것이 일평생 한이 되어 '내 기어코 당신의 뜻을 몸으로 이루리라'고 수없이 되뇌며 살아 오셨다. 97세까지 어머니의 삶은 충분히 "예."라는 대답이 되었다.

기독교 4대

증조할아버지는 순회 전도여행을 하던 **새뮤얼 모펫(Samuel A. Moffet, 한국명 마포삼열)** 선교사의 전도를 받아 기독교로 개종하셨다. 증조할아버지의 전도로 할아버지 3형제의 가족이 모두 기독교인이 되었다. 나의 할아버지 **주인섭(朱仁燮)**은 3형제 중의 맏아들로서 아들만 5형제를 낳아 키우셨다.

그러나 아들 다섯이 20대 전후로 하나하나 폐결핵으로 세상을 떠났다. 당시 폐결핵은 거의 불치병으로 여겨졌기 때문에 그저 공기 좋고 물 좋은 곳에 있는 것으로만 치료될 수 있다고 믿었다. 그래서 아들 5형제를 모두 먼저 천국으로 보내셨다.

주일학교 교사를 하셨던 나의 아버지 **주기남(朱基楠)**은 넷째 아들이었다. 아버지는 고향인 평남 대동군(平南 大同郡)에 있는 추빈리(楸斌里)교회에서 일찍부터 주일학교 교사를 하셨다. 그때 같은 교회 교인이었던 분을 후에 영락교회에서 만났다. 그 할머니가 전해준 이야기를 들어보면 아버지는 주일학교 교사를 아주 열심히 했던 청년이었으며, 주변에 있던 꽃을 꺾어 아동 설교를 하는 등 특이한 방법을 써 가며 가르쳤다고 했다. 아버지에 관한 사진이나 기록은 어떤 것도 찾을 수 없다. 그러나 아버지의 고귀한 신앙적 유언은 어머니의 일평생을 지배했다. 놀랍게도 아버지의 유언은 예언처럼 이루어졌다. 내가 신학교에서 일생을 섬길 수 있었던 것은 아버지의 기도와 유언이 나를 일관된 축복의 길로 인도했기 때문이라고 생각한다.

한글을 깨우치신 어머니

우리 어머니 **변정숙(邊正淑)**은 외할머니를 많이 닮으셨다. 우선 외모가 비슷하고 성품이 외유내강이신 것과 총명하여 사리를 잘 분별하는 재능이 닮았다. 일평생 분노를 터뜨리거나 큰소리를 내는 일이 없으셨다. 외할머니를 닮아서 이웃사랑도 특별하셨다. 어머니는 마을에 있는 가난한 사람을 돌보셨다. 한마디로 교양이 있는 분이셨다.

외할머니는 위로 두 딸을 농가로 시집보내고 나서 딸들이 고생하는 것이 애처로웠던지 막둥이 딸인 어머니만이라도 도시에서 생활하기를 바라는 마음에 정미소를 하는 집과 혼사를 맺으셨다.

그 당시 기독교에서는 혼인을 너무 일찍 하는 재래 습관을 제재해서 여자 16세, 남자는 18세 이하의 결혼은 교회법으로 금하였다. 그 법에 따라 어머니는 16세 신부, 아버지는 18세 신랑으로 기독교식 결혼식을 올렸다.

기독교 가정이란 극히 보기 드문 시대였다. 우리 집은 할아버지와 할머니 그리고 아들들과 며느리들이 모두 한집에서 함께 사는 기독교인 대가족으로 축복받은 가정이었다. 할아버지는 온 식구를 거느리고 평양 시내에서도 대동강과 모란봉이 가까운 창동(倉洞, 일명 사창골)교회를 다니셨다. 나는 창동교회의 **이인식(李仁植)** 목사님의 주례로 유아세례를 받았다. 아마도 아버지는 유아세례 때부터 딸을 위해 '기독교 선생'을 만들겠다는 꿈을 꾸어온 것이 아닌가 생각해 본다. 그것이 유언으로 남겨질 줄은 아버지 자신도 몰랐을 것이다.

어머니는 집에서 10리 넘게 떨어진 건산(乾山)교회에 친구들과 함께 간 것이 계기가 되어 어머니를 평생 동안 인도한 주님이요, 구주이신 예수님을 믿게 되었다. 찬송가를 부르고 말씀을 듣는 것뿐만 아니라, 학교라고는 구경도 못한 어린 소녀에게 교회에서의 모든 경험은 놀라움 그 자체였다.

교회에서는 한글반이 있어서 성경을 읽을 수 있도록 가르쳐 주었다. 연필이나 글자를 적을 만한 종이가 필요했는데 어머니는 살림을 맡은 오빠에게 사달라는 말을 차마 할 수가 없었다. 그래서 가을에 창호지를 새로 바를 때 뜯어 두었던 낡은 창호지를 모았다가 오빠가 쓰던 연필 조각을 얻어 글을 쓰곤 했다. 글을 배우는 것이 너무 좋아서 부엌에서 불을 땔 때 소나무 부지깽이로 바닥에 글씨를 써 보기도 했다.

돌려받은 은전(銀錢) 뭉치

내가 YWCA에서 '바른 삶 실천 운동' 위원장으로 캠페인을 벌이느라 전국 순회를 할 때였다. 어머니는 기뻐하면서 내 유년시절에 있었던 이야기를 들려주셨다. 한 사람의 선행이 어떤 좋은 결과를 낳는지 알려주고 싶었던 것이다.

어느 날 새벽에 쌀가게 문을 여는데 문밖에 은전(銀錢) 50전짜리 여러 개가 하얗게 떨어져 있었다. 놀란 어머니는 그 많은 돈을 주어서 두어 집 떨어져 있는 파출소에 가져다주었다. 일본 순경이 놀라 주소를 물으면서 1년간 보관했다가 주인이 찾으러 오지 않으면 도로 가져가라고 하기에 "예. 예."하며 집으로 돌아왔다. 정말 꼭 1년 후에 그 순경이 돈을 갖고 집에 찾아와서 그 돈을 도로 가지라고 했다.

어머니는 근심스럽게 건네받았다. 뜻밖의 일이라고 생각하다가 할머니 할아버지께 말씀을 드렸다. 당시 나이든 여성들이 저녁에 모여 초등학교 과정을 공부하는 '숭현학교'가 있었는데 그곳에 다닐 수 있는 학비로 이 돈을 썼으면 한다고 말씀드렸다. 두 분이 흔쾌히 허락하셔서 어머니는 야학을 다니게 되었다. 어머니가 밤에 학교에 가야 했기 때문에 초등학교 1학년인 나는 어머니의 야학을 함께 따라다녔다.

어머니는 그때 배운 한글로 성경을 읽고 편지도 큼직큼직하게 써서 딸에게 보내기도 하셨다. 나에게 편지를 쓸 때마다 어머니는 '강단에서 강연을 하거나 설교를 할 때는 꼭 주님의 십자가 사랑을 말하라'고 부탁하시곤 했다. 그것은 나에게 크고 귀중한 평생의 메시지로 남아 있다.

어머니의 시집살이

대가족인 데다 정미소 집이라 일이 많고도 많았다. 16세에 시집온 며느리로서 얼마나 감당하기 힘들었을까. 지금 사람들은 상상할 수도 없을 것이다. 부엌일을 도맡아서 할 뿐 아니라, 추운 겨울 얼어붙은 대동강 얼음을 깨고 그 많은 식구들의 빨래를 해야 했다. 손이 고드름처럼 어는데 입김으로 녹여 보아도 어쩔 수 없이 굳어 가는 상황에 손잔등은 터서 피가 보일 정도였다. 그 손으로 저녁이면 식구들의 양말을 기웠다. 쏟아지는 잠을 가눌 길이 없었을 것이다. 그래도 식구들이 건강하면 행복했겠지만 시름시름 앓기 시작하는 집안 남정네들을 보면서 마음이 어땠을까. 특히 장대 같은 아버지가 병들어 눕게 되었을 때는 하늘이 무너지는 듯 속으로 얼마나 기도를 했을지 상상이 가지 않는다.

집안의 젊은 남자들이 하나둘 세상을 뜨는 상황에서 첫 아이를 임신하게 된 어머니는 임신했다는 말도 못하고 숨기고 있었다고 한다. 아버지는 그래도 부모님 모르게 과일을 사다 주셨다고 한다. 어린 나이에 어른들에게는 어려워 말 한 마디도 못했지만 몰래몰래 과일을 사다 주는 남편의 보살핌이 그렇게도 위로가 되었던지 어머니는 몇 번이나 두고두고 나에게 이야기해 주셨다.

쌀가게 할아버지

할아버지와 할머니의 슬픔과 절망은 아들 5형제를 다 잃어 본 사람만이 알 수 있을 것이다. 할아버지는 아들들의 사망과 함께 정미소를 팔고 집을 옮길 수밖에 없었다. 평양의 중심거리인 대동문에서 보통문으로 가는 큰길에 가게를 마련해 쌀장사를 하셨다. 그 쌀가게에서 조금만 곧장 내려가면 우측으로 기독교의 큰 행사를 열 수 있는 유일한 장소였던 숭실대 체육관과 숭실전문학교가 있었다. 기독교 병원(기홀병원)과 평양신학교, 숭의학교, 서문밖교회, 선교사들이 살았던 '양촌'(서양인의 마을이란 뜻) 등이 가까이 있는 기독교 중심지에서 우리가 살게 되었다. 쌀을 사러 오는 사각모를 쓴 숭실전문학교 학생들과 평양신학교 학생들을 자주 만나곤 했다.

내가 초등학교 입학할 무렵 할아버지는 자리에 누우셨다. 1년 동안 어머니가 정성스럽게 손수 간병하셨다. 내가 초등학교에 입학하고 집에 왔더니 할아버지는 누워서 "내가 눈을 억지로 뻗치고라도 우리 선애 졸업하는 것을 봐야지." 하셨지만 69세를 일기로 세상을 떠나셨다.

곧이어 3년 후에는 할머니가 또 자리에 누우셔서 화장실 출입을 못하게 되셨다. 어머니는 한마디 불평도 없이 만 1년 동안 할머니 시중을 드셨다. 할아버지 때와는 달리 살림이 어려워져 홀로 된 어머니가 생활비를 벌어야 하는 형편이었다. 어머니는 생각하다가 콩나물을 키워서 팔기로 했다. 물동이를 10여 개 사다가 집 안에서 콩나물을 키워 시장에 내다팔았다. 할머니를 돌보며 밤중에 일어나 10여 개나 되는 콩나물 동이에 물을 주느라 고생하셨다. 우리 살림을 지켜보던 친척들은 어머니에게 '우리 집안의 효부'라고 칭찬하셨다. 어머니가 왜 힘들지 않았겠는가. 그러나 어머니는 원망하거나 짜증을 내거나 눈물을 보이는 일이 한 번도 없으셨다.

할머니의 모란봉 새벽기도

나는 할머니와 할아버지의 과잉보호 속에서 자랐다. 대신 어머니는 나를 지도자로 키운다는 생각에 엄격한 편이었다고 할 수 있다. 언젠가 꼭 한 번 매를 맞아 본 일이 있다. 아마 할아버지가 살아계셨을 때니까 대여섯 살 무렵이었던 것 같다. 나는 언제나 베개 위에 올라앉아 할아버지와 겸상을 해서 밥을 먹었다. 어머니가 때린 까닭은 밥투정을 해서였던 것 같다. 어머니가 나를 밖으로 끌어내면서 때리셨다. 그때 할머니와 할아버지가 어머니를 야단치며 나를 안아 주셨다. 그래서 위기를 면했지만 지금 생각하면 자녀교육에 있어서도 어머니에게는 자유가 없었던 듯하다.

내가 용기가 없고 조금만 반대가 있어도 늘 소극적으로 뒤로 물러나는 성격이 된 것은 아무래도 할머니와 할아버지의 과잉보호 때문이 아닌가 싶다. 내 혈액형이 대범한 성격으로 알려진 O형이라는 것을 알고는 깜짝 놀랐다. 언제나 나 자신이 나약한 성품이라고 여겨 왔기 때문이다.

나는 서문밖교회 유치원도 할머니 등에 업혀 다녔다. 선생님의 동화를 듣다가 너무 슬픈 나머지 울어 버렸는데 선생님이 울지 말라고 하신 말씀에 더 크게 울고 말았다. 그래서 할머니가 창문으로 지켜보고 있다가 나를 다시 업어서 데리고 나왔던 기억이 난다. 6살 때까지 어머니의 젖을 먹었는데 지금 사람들은 거짓말로 여길지도 모르겠다. 한번은 서문밖교회 2층 계단을 어머니가 나를 업고 내려오는데 여전도사님이 어머니에게 "왜 다 큰애를 업고 다니느냐"고 해서 몹시 부끄러웠던 기억이 난다.

5살쯤이었던 것으로 기억한다. 할머니는 캄캄한 새벽에 가게 문을 열고 나를 깨워서 손목을 붙들고 조용하고 캄캄한 길을 걸어갔다. 어딘지 확실치 않았지만 모란봉인지 을밀대인지 깨끗하게 정리된 공원길을 올라가서 풀밭에 앉아 기도를 드리곤 했다. 풀밭에서 혼자 놀다가 할머니에게 다가와 보면 할머니는 눈물을 흘리며 오랫동안 기도하고 계셨다. 동이 훤하게 틀 때 할머니와 나는 깨끗이 청소된 길을 기분 좋게 걸으며 신선하고 행복한 느낌으로 집에 돌아오곤 했다.

나는 그때부터 새벽기도를 알게 되었다. 그래서 지금까지 새벽기도만은 지켜야 하는 것으로 믿고 살았다. 나중에 미국에서 유학할 때도 새벽기도 습관을 지키려고 애썼다. 뉴욕에서의 새벽기도는 하나님의 또 다른 축복의 통로가 되었다. 내가 선전한 것도 아닌데 성령님께서 인도하셔서 내가 다니는 뉴욕성서신학교에 새벽기도가 확산되었다. 그 새벽기도가 기도운동으로 번지게 되었고, 학교에서 덜컥 겁이 났는지 학장님의 주의를 받기까지 했다.

할머니는 아들 5형제를 다 잃어버린 아픈 마음을 주님과 기도로 교제하고 성경 말씀으로 위로받으며 살았다. 항상 성경을 읽고 계셨는데 한글을 늦게 배워서인지 잘못 읽으셔서 내가 가르쳐 드리기도 했다. 기억이 잘 나지 않지만 아마도 내가 유치원에서 한글을 익혀서 할머니에게 알려드린 것 같다. 어떻든 할머니는 너무 기뻐서 "우리 선애는 신통해!"라고 하셨는지 "신동이야!"라고 하셨는지 머리를 쓰다듬으시며 예뻐해 주시곤 했다.

할머니의 기도 내용이 무엇이었는지 나는 알지 못한다. 언젠가 내 친구 중에 누군가가 어머니에게 "우리 주 선생은 가는 곳마다 사람이 따르고 칭찬을 받고 사랑을 많이 받아요. 어떻게 그럴 수 있지요?"라고 물었다. 그때 우리 어머니가 처음으로 말씀해 주셨다. 할머니의 기도 덕분이라고. 할머니는 이렇게 늘 기도하셨다고 한다. "우리 선애는 불쌍한 아이입니다. 아버지도 없고, 형제도 없고, 삼촌이나 사촌도 없습니다. 외로운 아이입니다. 모쪼록 하나님께서 이 아이가 많은 사람들에게 사랑을 받으며 살게 해주십시오."

어머니의 옷차림

그때만 해도 젊은 과부는 보쌈해서 업어간다는 말이 있었다. 어머니는 젊은 티를 가리기 위해 머릿수건을 눌러 쓰고 항상 검은 치마에 당목 적삼이나 흰 저고리를 입고 다니면서 "언제 나는 사십이 되지?"하며 걱정하는 말을 종종 하셨다. 지금 같으면 젊게 보이기 위해 안간힘을 쓰는 것이 보통인데 어머니는 늙어서까지도 옷 한번 화려하게 입어 본 적이 없었다.

나는 어머니가 늘 시장바닥에서 장사하는 아주머니처럼 하고 다니는 것이 불만이었다. 사다드려도 안 입으셨다. 젊어서부터 노인처럼 하고 다니는 습관이 들어서 좋은 옷은 불편하다면서 "나 좋으면 됐지." 하셨다. 나는 조르기도 하고 달래기도 해보았지만 결국 어머니의 고집은 이길 수 없었다. 내가 교수인데 어머니가 그렇게 입고 다니면 사람들이 나를 불효자라고 욕할 것이니 입어 달라고 해도 번번이 내가 지고 말았다. 결국 내가 망신을 당해도 어머니에게 자유를 드리는 것이 내 본분이며 효라고 결정을 내렸다.

아버지의 유언대로 딴생각하게 될까 봐 겉치장을 그렇게도 안 하시는 것 같았다. 나 하나를 키우기 위해 남편의 따뜻한 사랑이 있는 가정생활과 여성으로서의 큰 즐거움인 고운 옷차림마저도 포기하고 희생하시며 초라하게 일생을 지내신 내 어머니였다. 그 자체가 더 아름답다고 생각한 것은 내가 늙기 시작하면서부터였다.

기독교 선생의 모델

어머니는 아버지의 유언에 따라 나를 기독교 선생으로 만들어야 한다고 굳게 결심하셨다. 정의여자고등보통학교에 입학했으나 어머니는 내 학비를 감당하기도 힘드셨을 것이다. 그런데 어머니는 비싼 레슨비에도 불구하고 한사코 피아노를 배워야 한다고 강요하셨다. 음악에 별로 취미가 없던 나는 어머니의 권유에 못 이겨 2-3년 동안 억지로 학교에 남아 피아노 연습을 했다. 그래서 겨우 교회에서 찬송가 반주를 할 수 있게 되었다.

어머니가 받은 아버지의 유언은 딸을 '기독교 선생'으로 만드는 것이었지만 여성이 기독교 선생을 한다는 것이 무슨 일을 어떻게 할 수 있는 것인지 도대체 모델이 없었다. 어머니의 소견으로는 교회에서 찬송가 반주하는 정도면 된다고 생각했을 것이다. 그 이상으로는 기독교 여성 지도자의 모델을 찾아볼 수 없는 환경이었기 때문이다.

여학교 시절이던 어느 날, **김활란** 박사가 미국을 다녀오셔서 평양 숭실대학 강당에서 강연을 하게 되었다. 박사님은 검은색 두루마기 차림에 단발머리를 하고 계셨다. 그분을 처음 보는 순간, '아! 저분이 정말 기독교 여자 선생이다.' 어머니도, 나도 그렇게 생각하게 되었다. 기독교 여선생의 모델을 처음으로 찾았던 것이다.

내가 중년이 되었을 때 어머니는 나에게 검은 두루마기를 한 벌 해 입으면 좋겠다고 하셨다. 나는 "왜 하필 검은 두루마기예요?"라고 물었다. 물어보는 순간 그 뜻을 알았다. 어머니는 아직도 **김활란** 박사님의 검은 두루마기를 기억하고 계셨던 것이다. 이제는 딸이 기독교 여성 지도자가 되었다는 기쁨에 그때의 감격을 회상하시는 듯했다. 나는 거절하고 말았다. 한 번이라도 입어 드릴 것을 그렇게 하지 못했다. 그 일이 두고두고 후회가 된다.

내 친구가 어머니를 위로하느라 "어머니! 주 선생은 혼자 자라서 어머니께 못 해드리지는 않아요? 섭섭하게 해드리지는 않아요?"라고 물은 적이 있었다. 어머니의 사랑에 응석은 부려도 효성스럽게는 못한다는 것을 스스로 잘 알고 있던 터라 어머니의 대답을 흥미롭게 기다리고 있었다. 어머니는 잠깐 생각하시더니 "나야 뭐, 그런 것 생각할 여지가 있나? 나는 자고 일어나면 '오늘은 누구를 기쁘게 할까', 그 생각하느라 섭섭하다는 생각을 할 새가 없어."라고 말씀하셨다. 이 말씀이 바로 어머니 삶의 철학이었다.

내가 학교에서 돌아오면 어머니는 늘 바쁘게 일하고 계셨다. 어느 날은 찐 찰밥을 떡판에 손수 찧어서 맛있는 고물을 묻혀 인절미를 만드셨다. 어느 날은 녹두를 잔뜩 담가 놓으시곤 했다. 그 당시에는 불린 녹두를 맷돌에 갈아서 녹두전을 했는데, 일하는 사람과 같이 맷돌을 돌려 빈대떡을 만드셨다. 우리 식구를 위해서가 아니었다. 친구와 친척, 아니면 교회 노인들에게 나누어 주기 위해서였다.

간장이나 된장도 직접 만들어 탁아소나 아는 사람들에게 손수 가져다주셨다. 용산 시장이나 휘경동 시장까지 버스를 타고 가서 흙 묻은 도라지나 나물을 잔뜩 사 갖고 와서는 손수 다듬고 손질해서 이웃에게 나누어 주셨다. 서울 망원동 집 마당이 넓어 한쪽에 텃밭을 만들어 드렸더니 호박, 가지, 토마토, 오이를 키우셨다.

우리가 다 먹을 수도 없지만 이웃들과 나누는 것을 좋아하시는 어머니는 나누는 즐거움에 고생도 마다하지 않고 밭을 일구셨다. 100평이 넘는 잔디밭도 손수 깨끗이 손질하셨다. 어머니는 쉴 새가 없으셨다.

어머니 장례식에서 **김기복** 목사님은 추모사를 하며 "우리 변정숙 권사님이 해 주시는 만두, 냉면 안 드셔 보신 이가 제자들 중에 있습니까?"라고 하셨다. 손님 대접하기를 기뻐한 어머니는 학생들이 방문하기만 하면 빼놓지 않고 일일이 대접해서 보내곤 하셨다.

어머니의 온유하고 총명하고 신실한 성품은 시장에서도 잘 알려져 있었다. 돈이 더 왔다고 도로 갖다드리곤 하셨는데, 내가 나가면 시장 아주머니들이 어머니 칭찬을 하며 안부를 묻곤 했다.

/ 망원동 집에서
어머니와 함께

/ 망원동 집 잔디밭을
돌보시는 어머니

부지런한 어머니는 일을 하시면서도 주머니에 성경 구절을 손수 써서 넣고 다니며 외우셨다. 80세가 넘어서도 히브리서 11장을 통째로 외우셨다. 교회에서 상을 받기도 하셨는데, 때로는 "내가 아무리 외워도 이제는 교회에서 외워 보라는 말이 없어."라며 서운해 하셨다.

새벽기도회는 걸음을 걸을 수 있었던 근 90세까지 빠짐없이 다니셨다. 주일이면 하루 종일 4번을 예배에 참석하셨다. 가까운 교회에서의 새벽기도회를 시작으로 망원제일교회 아침예배와 저녁예배 그리고 오후에는 영락교회를 혼자 다니셨다. 하나님께서 건강도 주셨지만 열심히 주를 섬기려고 애쓰신 분이었다. 앞서 말했듯이 어머니 삶의 철학은 '내가 누구를 기쁘게 할까?'였다. 주님을 기쁘시게 하는 것은 사람을 기쁘게 하는 봉사 생활임을 아시고 힘을 다해 봉사하셨다.

전도사가 되신 어머니

어머니는 극구 반대하셨지만 이번만은 내가 고집을 부려서 1965년에 어머니 환갑잔치를 억지로 해드렸다. 어머니를 교인들과 교역자들에게라도 자랑하고 싶었다. 친구들과 친척들 그리고 교역자들과 함께 식당을 빌려 회갑잔치를 했다. 다 끝나고 났더니 어머니가 무척 기뻐하셔서 감사했다. 처음 어머니의 업적을 세상에 보인 것이라 나 스스로도 흐뭇했다.

/ 어머니의 회갑연

얼마 지나지 않아 어머니는 나에게 진지하게 말씀하셨다. "애야. 나는 평생 너 뒷바라지만 해 왔어. 그런데 나도 이제 하나님의 일을 하러 가고 싶구나. 네가 내 생활비만 대주면 대구 평리교회에 가서 봉사하면서 전도사 노릇 좀 하고 싶다." 나는 깜짝 놀랐다. '어머니가 안 계시면 나는 어떻게 살아가나?' 상상도 해보지 못했기 때문이다. 그래도 어머니 소원을 들어드리기로 했다.

평리교회는 내가 미국에 유학을 가 있는 동안 어머니가 북한에서 혼자 오신 **민병련** 목사님의 살림을 해드리고 같이 심방도 다니면서 계셨던 곳이다. 어머니도 용기를 내기는 하셨지만 힘든 일인지라, 나는 마음을 바꾸시기를 원했다. 그러나 워낙 의지가 강한 분이라 자유를 드리는 것이 효도하는 것이라고 생각하고는 어머니를 대구로 떠나보냈다.

내가 어렸을 때 어머니는 다니시던 공장에서 오후와 밤에 일하기로 하시고 오전에는 평양여자성경학교를 다니신 일이 있었다. 개인전도와 심방 봉사 등이 여전도사들의 몫이어서 어머니가 잘 감당하시리라 생각했다. 얼마 안 되어 어머니가 섬기는 교회를 찾아가 보았다. 어머니는 놀랍게도 훨씬 젊어지셨다. 나이가 비슷한 분들에게 "형님! 형님!" 하며 섬기고 계셨는데 완전히 다른 사람으로 변하신 것 같았다. 모든 교인들을 어머니처럼 사랑으로 보듬어 주시는 모습에 나는 적잖이 놀랐다. 정말 처음으로 어머니는 행복을 맛보시는 듯싶었다. 어머니의 모습을 보면서 나는 진정으로 하나님께 감사기도를 드렸다.

'하나님의 섭리가 있었구나!' 감탄하며 나는 서울로 돌아왔다. 그 후에도 찾아가 볼 때마다 평리교회는 초대교회처럼 뜨거운 사랑의 교제가 있었고, 전도의 열정이 넘쳐 있었다. 어머니 말씀에 정신병으로 고통받은 가정이 있었는데 하루에 한 번씩 찾아가 기도했더니 정신병이 나아 교회에 나오게 된 일이 있었다고 한다. 어머니는 전도를 받은 사람이 교회에 나오는 것을 보면 말할 수 없이 기쁘다고 하셨다.

/ 전도사가 되신 어머니_평리교회 앞에서 교인들과 함께

/ 어머니 고희 기념

　어느덧 10년을 섬기고 어머니 나이 70세가 되었을 무렵부터 어머니는 담석증으로 고생하기 시작하셨다. 감사하게도 수술이 잘 되어 어머니는 건강을 회복하셨다. 그러자 어머니는 평리교회로 다시 가겠다고 하셨다. 남자들도 70세가 되면 은퇴해야 하는데 이제는 편찮으시고 연세도 되셨으니 교회에 사표를 내자고 했다.

/ 평리교회 권사 임직식에 참석하신 어머니

어머니는 평리교회를 평생 잊지 못하셨다. 평리교회 역시 어머니를 잊지 않으시고 권사님들이 자주 우리 집을 방문해 주셨다. 심지어 어머니가 90세가 넘으셨을 때에도 4-5명의 권사님들이 찾아오셔서 어머니를 위로해 주시곤 했다.

낮고 소박한 삶

내가 제때에 밥을 먹는지에 대해 어머니는 지극한 관심을 갖고 살아 오셨다. 내가 어른이 되어서 교회와 사회활동으로 바쁘게 다닐 때에도 반드시 무엇을 먹었는가를 물어보셨다. 나는 내가 뭘 먹었는지 완전히 잊어버리고 있었는데 그렇게 물어보시면 대답하기 곤란할 때도 있었다. 어렸을 때 아침밥을 거르고 학교에 갈 참이면 어머니는 붙잡아 앉혀 놓고서는 밥을 먹어야만 학교에 갈 수 있다고 하셨다. 어쩔 수 없이 나는 눈물을 떨어뜨리며 밥숟갈을 들었다. 그러고 보면 어머니의 교육은 엄격했다고 할 수 있다.

어머니의 친구 분 중에 30대부터 가장 가깝게 지낸 분이 대만 선교사로 가셨던 **정성원** 권사님이다. 그분은 우리가 다녔던 동평양교회의 여전도사님이셨다. 나의 백부(伯父), 즉 내 아버지의 사촌형님인 **주요남**(朱耀南) 장로님께서 그 전도사님과 우리가 한집에 살도록 집을 마련해 주셔서 같은 부엌을 쓰고 살았다. 우리 어머니와 정 권사님은 친형제처럼 지내셨다. 그분은 선천 보성여학교를 졸업하고 결혼해 아들 둘을 데리고 홀어머니를 모시고 사셨다. 남편은 중국에서 사업을 크게 하신다는 소문만 들었다.

 정 권사님 역시 무남독녀 외딸로 자라셨지만, 어머니가 "내가 너 때문에 얼마나 고생했는데…."라는 말씀을 자주 하셨다고 했다. 정 권사님의 말씀 때문인지 어머니는 내 앞에서 눈물을 전혀 보이지 않으셨다. "내가 너 때문에, 내가 너 하나 믿고 살았는데…."라는 원망어린 말씀도 하신 일이 없었다. 어머니도 자기 설움에 눈물 흘릴 일이 왜 없으셨겠는가! 아마도 기도하면서 많이 우셨으리라고 짐작하지만 힘들어도 언제나 "괜찮아!"로 일관하셨다.

 언젠가 다리가 아프다면서 기도원에 좀 다녀오겠다고 하시더니 몇 주 만에 오셨는데 다리가 다 나았다고 하셨다. 그 후 90세가 되기까지 잘 다니셨다. 어머니가 불평 하나 없었던 이유는 굳은 의지와 하늘의 소망을 굳게 믿고, 기도로 이겨 내셨기 때문이리라. 지금 생각해 보면 아주 강한 의지와 믿음과 사랑이 온유한 인품 속에 감춰져 있었기 때문인 듯하다.

 교수로서 가르칠 때 나는 건강한 편이기는 했지만 몇 가지 병이 있었다. 아침에는 몹시 두통이 심해서 눈뜨기가 힘들었고, 체한 것은 아닌데 어질어질해서 토하기까지 할 때가 있었다. 몸살이 심해 열이 나면 나는 으레 직장에 전화를 걸고 결근할 생각을 했다. 그런데 어머니는 결근은 안 된다며 "주의 종들이 기다릴 텐데 어디 누워 있겠니? 기어서라도 가야지!"라고 하셨다. 나는 꼼짝없이 택시를 타고 얼굴이 하얗게 되든 붉게 되든 상관없이 학교에 가야 했다. 그렇게 아픈 몸을 이끌고라도 학교에 다니다 보니 강의가 더 늘어나거나 더 중책을 감당하게 되곤 했는데 아무래도 어머니의 기도 때문이었을 것이라고 나는 믿는다.

여학교에 다닐 무렵 어머니는 사춘기 딸에게 많은 주의를 주곤 하셨다. 때로는 좀 가혹하기도 했다. 예를 들면, 남학생들이 따라오면 뒤돌아서서 신발을 벗어 귀싸대기를 때려 주라고 하셨다. 나를 따라다니는 남자도 별로 없었지만 그럴 만한 용기도 없었다.

나는 지금도 비교적 단순하고 소박하게 살려고 노력한다. 이러한 삶은 어머니가 보여준 것이다. 그리고 또 어머니가 원하는 바였다.

1956년 미국 유학을 가면서 비로소 파마를 했고, 양장을 입었다. 그 전에 내 스타일은 보통 흰 저고리에 검은 치마 정도였다. 내 옷차림은 어머니로부터 언제나 오케이를 받아야 했다.

검소한 살림은 하나님께서 원하시는 삶의 스타일이라고 지금도 나는 믿는다. 어머니의 옷차림 역시 옷차림이라고 할 수도 없는 단순하고 소박한 옛 스타일, 즉 긴 겉저고리에 옛날식 바지와 짧은 치마도 긴 치마도 아닌 껑충할 뿐인 치마가 전부였다. 어머니는 천국만 바라보고 사는 분이셨다. 화장품이라고는 크림 한 가지뿐이었다. 그래서 노인이 되어서는 온통 얼굴이 주름살투성이였다. 그러나 "주 선생보다 어머니가 더 훌륭하다"라는 평을 많이 들었다. 우리 어머니를 곁에서 겪어 보고 잘 아는 사람들의 그런 칭찬은 100% 맞는 말이다.

부지런하신 어머니

　내가 학교에서 은퇴할 무렵 가장 섭섭해 하신 분이 어머니였다. 내가 그처럼 바쁘게 일하는 것을 지켜보면서 늘 기뻐하셨는데 그 일을 이제부터 못한다는 생각에 서운해 하신 것이다.

　어머니는 내가 밤에 강의를 나가거나 설교로 밖에 나갔다 들어오면 시간을 짐작해 대문 밖에서 기다리곤 하셨다. 추울 때나 더울 때나 한결같으셨다. 설교가 끝나면 목사님들과 혹은 임원들과 잠깐 이야기를 하다가 늦을 때가 있었다. 그런 날은 어머니가 문 밖에서 기다리실 생각에 늘 불안했다. 나와 계시지 말라고 부탁해도 소용이 없었다. 내가 집에 들어올 때는 마치 아이들이 엄마를 기다리고 있었던 것처럼 내 손을 꼭 잡고 즐거워하며 집으로 들이셨다. 어머니는 이 시간이 가장 즐거운 시간이었다. 딸이 '기독교 선생'을 하기 때문에 만족하신 것이다.

　정년퇴직을 하면서 아파트로 이사를 했다. 단독 주택은 노인들이 살기에는 불편하고 관리가 힘들었기 때문이다. 어머니 입장에서는 소일거리로 시간을 보내시던 잔디밭과 텃밭을 잃어버린 셈이었다. 그런데 어머니는 그냥 쉬거나 누워 계시는 성격이 아니다. 아파트 잔디밭에 나가 잡풀을 뽑기 시작하셨다. 뜨거운 여름날도 마다하지 않고 나가셨다. 옷차림도 보잘것없어 보이는 노인이 그 더운 여름에 잡풀을 뽑는 것을 보고 지나가던 사람들이 불쌍하게 여겼는지 한번은 오렌지주스 한 병을 주고 가더라는 것이다. 어머니는 사양하다가 마지못해 받아들고 왔다고 하셨다. 또 어느 날은 누가 어머니를 측은하게 보았는지 돈 천 원을 주고 가더라고 했다. 나는 한편 부끄러운 생각도 들었지만 어머니의 아름다운 면을 사람들이 보아 주었으면 했다.

내가 물려받은 유산이라고는 물질적인 것은 아무것도 없었다. 어머니는 그 흔한 금반지 하나 끼어 본 일이 없었기 때문이다. 그러나 금보다 귀한 믿음과 철저한 생활원칙을 물려주셨다. 불쌍한 사람들을 향한 사랑과 봉사, 진실하고 정직한 삶, 근면, 절제, 불평 없는 감사생활 등 아직 나는 다 따르지는 못하지만 그 소중한 유산대로 살려고 노력하고 있을 뿐이다. 어머니는 말씀으로 교육하기보다는 삶 자체가 교육이었다.

우리 집은 지금 열려 있는 집이라고 할 수 있다. 이것 역시 어머니로부터 물려받은 유산이다. 나는 탈북자 세 사람과 함께 살고 있다. 때로는 지리산 교역자, 홀로 사는 전도사, 고아들의 편의시설처럼 되어 있어서 혼자가 아닌 제법 즐거운 공동체가 되곤 한다. 어머니는 고아를 데려다 키우셨고, 회개한 살인 범죄자와 윤락가에서 살던 **이양금** 자매도 다 용납해서 그들에게 사랑과 소망을 주곤 하셨다. 윤락가에 있었던 **양금** 자매가 나에게 했던 말이다.

"주 선생님보다 우리 할머니가 더 위대합니다. 그 많은 선교사들과 유명한 목사님들은 선생님이 키우신 것이 아니라 할머니가 키우신 것 같아요." "나는 태어나서 처음으로 사랑이 무엇인지를 할머니에게서 배웠어요. 누가 나를 사랑으로 품어 줍니까? 우리 할머니뿐이지요. 왜 바지만 입고 다니느냐고 하시면서 치마를 만들어 주시는 할머니에게서 따뜻한 사랑을 경험했어요.”

양금 자매는 소외당하고 증오심만 가득했던 자기 집 이야기를 털어놓으며 변화되었다. 그 자매는 우리 어머니 산소를 나보다 더 자주 다니며 돌보아 주었다.

지성(知性)보다 강한 영성(靈性)

1905년 음력 3월 초닷새에 태어나셨던 어머니는 2001년 1월에 돌아가셨다. 만 96년을 사신 셈이다. 어머니는 건강하셨으나 90세쯤 되면서 조금씩 기억력이 약해지셨다.

산책을 나갔다가 길을 잃어버리셔서 내가 아주 지독히 놀란 경험이 몇 번 있다. 몇 시간 동안 땀을 흠뻑 흘리며 집 가까이에서 찾으러 다니던 나와 어머니가 마주쳤다. 얼마나 반갑고 기쁘던지 “하나님 감사합니다! 감사합니다!” 연발해도 다함이 없었다. 그 일로 옷에다 주소를 적어드릴까도 생각해 보았으나 그것도 어머니에게는 허락이 안 되었다. 자존심이 상하셨던 모양이다. 다행히 기억력 감퇴 증세가 심한 편이 아니어서 교회도 가시고 성경도 여전히 읽으셨다.

얼마 안 되어서 그만 다리가 아프셔서 걷지도 못하시게 되었다. 이제는 방안에만 계시고, 앉아서 다니실 뿐이었다. 어머니는 걷지 못하면서도 집안 어디라도 앉아서 손으로 방을 쓸면서 다니셨다. 무엇이라도 도우며 일을 하고자 하셨다.

어느 날은 보시는 성경을 읽어 보라고 하니 딴 말씀을 하셨다. '이제는 글을 잊어버리셨구나.' 생각했다. 점점 사람들도 잊어버리게 되셨다. 찬송가도 〈내 주를 가까이 하게 함은〉이나 〈예수 사랑하심은〉 정도는 따라하셨지만 가정예배 때 주님 가르쳐 주신 기도를 절반쯤 하면 그제야 따라하셨다.

어느 날 우리 옆집이 이사를 가게 되었다. 그런데 그 가족들이 새로 교회에 나온다는 것을 기억하셨는지 혼자서 그 집을 방문해 그 집 남편만 있는 데서 기도를 하셨다는 것이다. 그 집 식구들이 놀라서 할머니가 그런 상태인 줄을 몰랐다며 힘 있는 음성으로 아주 감동적으로 그 집 식구들을 위해 은혜롭게 기도를 하고 가셨다고 했다. 뿐만 아니라 어머니는 누구인지는 확실히 알아보지 못하셔도 "이 분이 목사님이신데 기도 좀 해주시지요."라고 부탁하면 사양하지 않고 젊을 때처럼 우렁찬 목소리로 길게 기도하셨다.

한번은 장신대 **고용수** 총장님이 집에 오셨다가 어머니께 기도를 부탁했는데 얼마나 은혜롭게 능력 있는 기도를 해주셨는지 총장님 내외가 눈물을 흘리며 가셨다. 어머니 장례식에서 총장님께서 설교를 하시며 그때의 감격을 말씀하셨다.

나는 사람의 지력이 흐려지기 때문에 인격이 파괴되는 현상이 일어난다고 알고 있었다. 그러나 어머니는 지력이 어두워져서 알던 사람들도 잊어버리셨지만 하나님을 향한 사랑과 신앙은 그대로 남아 있었다. 어머니를 통해 치매에 걸려도 신앙 인격은 성숙해질 수 있다는 것을 발견했다.

학생들에게 강의하면서 "사람은 온전한 인격을 지향하여 끝없이 발전해야 하고, 그렇게 할 때만 발전이 되는 것이다."라고 말한 적이 있다. 그때 어떤 학생이 다음과 같이 질문했다. "우리 할머니가 치매에 걸려 아무것도 모르시는데요. 그래도 발전하는 것일까요?" 나는 답이 막혀 버렸다. 잠시 생각하다가 기독교교육학자 **루이스 셰릴**(Lewis Sherrill)의 글이 떠올랐다. "인간의 지성이 늙어서 무너져내려도 그가 그리스도 예수만 붙잡고 있으면 성장하고 있는 것이다. 나뭇잎이 다 떨어져도 그 생명은 그대로 남아 있지 않은가. 마치 겨울에 나무가 죽은 것 같지만 연륜은 더해 가고 있는 것과 같다."

나는 그 이야기로 겨우 대답한 적이 있다. 어머니가 그 실례가 되신 것이 아닌가 한다.

97세, 고요한 임종

어머니는 하나님의 축복으로 크게 병이 들어 아프신 적이 없었다. 70세에 담석증으로 고생하신 일이 있지만 완전히 회복되었다. 치매 현상이 오기는 했지만, 조용하게 헷갈리는 증세만 보이셨을 뿐 그리 험악한 상태에 이르지도 않았다. 어머니가 보여준 사경의 고통은 4시간 정도였다고 할 수 있다. 식사를 못하시고 기운이 없었는데 그날 저녁 온몸이 푸릇푸릇 혈관을 따라 변하면서 어디가 아프신지 말씀도 없이 몸을 비틀고 사지를 꼬면서 아파하셨다. 나는 어쩔 수 없이 다른 식구에게 어머니를 맡겨 놓고 강의를

나가야만 했다. 1-2시간 후에 와서 보니 여전히 힘들어 하시기에 임종예배를 부탁하고 찬송을 부르며 기다렸다.

〈예수 사랑하심은〉과 〈내 주를 가까이 하게 함은〉은 어머니가 치매 때도 같이 부르던 찬송이기에 슬픔과 불안한 마음으로 반복해서 불렀다. 한참 후에 피부 색깔이 정상으로 돌아오고 아주 평안한 상태로 숨결만 다르게 쉬면서 목사님의 임종 예배에 임하셨다. 목사님이 떠나가신 후 어머니는 잠들듯이 하나님의 부름을 받으셨다. 결국 97년의 고달픈 생을 마감하시고 늘 사모하고 기다리던 하나님 아버지의 품에 안기셨다. 하나님은 환상을 보여 주심으로 나의 슬픔을 위로해 주셨다. 그 후에는 울지 않았다. 하나님의 사랑이 얼마나 놀라운지 지금도 한없이 어머니가 보고 싶지만 슬프지는 않다.

2부

삶의 의미를 찾아서

/ 정의여학교 시절

여학교 시절

평양은 아름다운 도시다. 동쪽으로 유유히 흐르는 대동강, 그 북쪽으로 능라도가 보인다. 우뚝 솟은 모란봉과 을밀대가 마치 어머니 품에 안긴 듯 나지막이 앉아 있다. 서쪽으로는 자그마하다고 해서 붙은 이름인지 보통강이 굽이굽이 돌며 흘러내린다. 이 강은 겨울이 되면 꽁꽁 얼어붙어 소달구지가 건너다닐 수 있었다.

여학교 시절 체육시간이면 으레 얼어붙은 강 위에서 스케이트를 탔다. 평양의 겨울은 몹시 추워서 목도리를 두르고 마스크를 써도 하얀 입김이 올라가 머리를 감싼 부분의 목도리에 고드름이 맺히기 일쑤였다. 이마는 시리다 못해 아팠다. 그래도 스케이트를 탈 때면 추운 줄 몰랐다. 정말 신났다. 때때로 손수레에서 요사이 붕어빵 같은 간식거리였던 후나야끼를 사먹으면 어찌나 맛있었는지 모른다. 친구들과 재잘재잘 이야기꽃을 피웠던 소녀들은 할 얘기도 많았고 꿈도 많았다.

나는 매일 대동강을 건너 다녔다. 선교리 쪽에 있는 우리 집에서 도시 한복판에 있는 정의여자고등보통학교까지 얼어붙은 대동강을 건너가려면 1시간은 걸렸다. 전차를 타도 비슷하게 걸렸다. 날마다 건너는 대동강 다리에는 갖가지 추억이 남아 있다. 중학교 시절 늘 같이 다녔던 친구가 있었다. **오동희**, 이 친구는 아침마다 먼저 우리 집에 들러 주었다. **조경숙**, 우연히 마주치곤 했던 친구다. 시쳇말로 가랑잎이 굴러가도 우스워서 키득거린다는 그 시절 우리가 그랬던 것 같다. 별것 아니지만 눈물나게 웃어젖히고는 '왜 이렇게 웃었지?' 금세 싱거워져 버렸다. 중학생 여자아이들의 심리적 특징이 아니었나 싶다.

나는 웃기도 잘했지만 울기도 잘했다. 하지만 숨어서 울었다. 그 당시 여학교 학생들이란 부잣집 아이들뿐이었다. 그 시대 여자들은 아무리 집안이 부자였어도 공부를 시키지 않는 집이 많았다. 그런데 우리 어머니는 고무신 공장의 여직공일 뿐이었다. 내게는 형제자매도 없었다. 그래서 나는 늘 비어 있는 방에 불을 켜고 들어가 책가방을 놓고 저녁을 지어야 했다.

어머니는 밤일을 하고 내가 잠들었을 때에야 돌아오셨다. 다른 아이들의 도시락에는 장조림이나 계란말이에 별별 반찬이 많았다. 그런데 나는 고추장이나 무장아찌 정도가 고작이었다. 어떨 때는 부끄러워서 점심을 혼자 먹었다. 아이들은 자기네 오빠 이야기, 식모 이야기를 쉴 새 없이 늘어놓았는데 나는 이야깃거리가 없었다.

빈방, 고독과 허무를 느끼며

어머니는 아침에 성경학교 공부를 마치고는 점심 이후에 고무신 공장으로 출근하셨다. 집에 있어도 나는 늘 혼자였다. 그래서 초등학교 시절 동무들과 어울려 놀기를 좋아했다. 초등학교를 남보다 일찍 입학한 나는 언제나 우리 반에서 제일 어린 아이였다. 6살에 입학을 했는데, 1학년 때 부반장을 했다. 입학을 하고 보니 초등학교 1학년 수업 내용이 유치원에서 배운 것을 또 배운다고만 여겨져 공부는 하지 않고 놀기만 했다. 그랬더니 점점 성적이 떨어져서 4-5학년으로 올라가면서 30등 아래로 떨어지고 말았다.

그런데 어머니는 공부하란 말씀을 안 하셨다. 그저 성경을 보라고만 하셨다. 나는 성경을 보면 졸렸다. 선생님에게서 다 들었던 이야기라고 생각했다. 교회에 가면 우리 아버지의 사촌인 **주요남** 백부께서 부장 장로님으로 계셨다. 각 반에서 성경공부를 하고는 반드시 합반을 해서 부장 장로님과의 문답으로 복습을 했다. 내가 대답을 제일 많이 했던 모양인지 큰아버지가 강단에서 "선애는 대답하지 마라."고 하셔서 무안했던 기억이 난다.

큰아버지는 대단히 무서운 분으로 기억한다. 그러나 그분이 우리 아버지를 대신해서 집안을 챙겨 주시고 내가 공부하는 것도 돌보아 주신 가장 큰 어른이었고 기독교 신앙을 생활화하신 분이었다.

/ 백부, 백모님의 회갑연(1955년)

어려서는 아무 생각 없이 어머니의 손목을 잡고 저녁예배에도 참석했고, 어떤 때는 어머니가 가시는 새벽기도회에도 참석했다. 언젠가 어머니에게 새벽기도에 같이 가자며 깨워 달라고 부탁했는데 안 깨워 주셔서 섭섭해 했다. 그래서 다음 날은 잘 때 어머니 옷과 내 옷을 핀으로 연결해 놓고 잤던 일이 기억난다. 어머니는 나를 아침 일찍 깨우기가 애처로웠던 모양이다.

사춘기의 고뇌

사춘기에 접어들면서 교회에 가기가 싫어졌다. 교회에서는 친구들과 어울리는 것 외에 아무 의미를 찾을 수가 없었다. 어머니의 명령에 따라 그저 교회에 나가 주는 식이었다. 재봉 숙제에 수예 숙제도 (그 당시 여학교는 현모양처가 교육 목표였기 때문에 가사, 요리, 재봉, 수예 등의 과목이 많았다) 해야 하니까 나를 좀 집에 있게 해 달라고 졸랐으나 어머니는 야단만 치셨다.

나는 완전히 회의기에 빠져든 것이다. 내 나름의 독립된 가치관과 신앙을 찾아 헤매 다녔다. 한마디로 삶의 의미를 찾지 못한 것이다. 그 당시 나는 **퀴리** 부인의 책을 보고 멋있는 여성 과학자가 되고 싶어 했다. 그러나 나를 도와줄 사람도 없고, 학비도 없다는 생각에 도대체 '삶이란 무엇인가?' '왜 이 괴로운 인생을 이어가야 한단 말인가?' '삶의 가치가 무엇이기에 이렇게 허덕이며 살아가는 것일까?' 하며 고민을 거듭했다. 그러나 나는 답을 찾을 수 없다고 생각했다.

남장유아(男裝幼兒)

나에게는 친구가 되어주고 끝없는 사랑으로 돌봐주시던 할아버지와 할머니가 계셨다. 할아버지는 나를 극진히 사랑하셨다. 그도 그럴 것이 아들 5형제를 낳아 키우셨으나 아들 5형제 모두 20대안팎이 되어 폐결핵으로 세상을 떠나 보내시고 어쩌다 나 하나와 멀리 떨어진 시골에 사는 손녀딸 2명이 있을 뿐이었기 때문이다.

할아버지는 허전함 때문인지 나를 손자라고 자랑하고 다니셨다. 나에게 모자를 씌우고 겨울에는 두루마기를 입히고, 내 손목을 잡고 쌀 도매상이 있는 남대문거리에 나가시곤 했다. 사람들이 "아들 손자요? 시원하게 잘생겼군."하고 물으면 할아버지는 서슴없이 "예!"라고 답하곤 하셨다. 나는 할아버지가 거짓말을 한다고 할아버지 두루마기를 콱 잡아당겼다. 할아버지는 나를 "엠나이"(계집애의 평양 사투리)라고 부른 적이 한 번도 없었다. "이놈아! 이놈아!"하면서 남자아이를 부르듯 불러 주셨다. 그래서인지 나는 여성들을 가르치면서 남존여비(男尊女卑)의 인습 때문에 남성들을 공격하는 식의 여권운동을 늘 반대했고, 그 대신 남성 못지않은 실력과 인격을 갖추어야 한다고 주장하곤 했다.

할아버지는 아침에 자고 깨면 반드시 베개 옆에 과일이나 건과류 등 내가 좋아하는 것을 놓아두곤 하셨다. 할아버지는 키가 크고 아주 잘생긴 늠름한 분이셨다. 그러나 내가 7살 때 할아버지는 돌아가셨다. 나는 서장대라는 장지까지 따라갔다. 얼마나 슬프던지 지금도 서장대 묘지 어느 큰 나무 그늘진 곳이 생각난다. 나를 유치원에 업고 다니셨던 할머니 역시 한 1년 출입을 못하시다가 내가 9살 나던 해에 세상을 떠나셨다.

자살충동

나는 어려서부터 죽음의 이별을 경험해야 했다. 그리고 그때부터 나 자신이 늘 외톨이라는 것을 의식했던 것 같다. 거기다가 가난에 찌든 환경이 사춘기에 들어서면서 삶과 죽음의 문제를 안고 고민하게 했다고 생각한다.

혼자 방에 앉아서 물끄러미 생각하곤 했다. 그러던 어느 날 나는 벌떡 일어나 대동강 다리에 혼자 섰다. 유유히 흘러가는 대동강 물은 여전히 맑고 푸르렀다. 그러나 내 마음은 삶의 허무감이 육중한 무게로 밑바닥까지 내려앉은 듯 외롭고 슬프기만 했다. '살아간다는 것은 무엇인가?' '이토록 허무하고 괴로운 것이 삶인데, 왜 사람들이 이 고통을 씹으며 삶을 이어가려고 허덕이는 것일까? 아무래도 한 번은 죽는 것이라면 오래 고통을 당할 필요가 없다. 일찌감치 죽어 버리는 것이 지혜롭다. 이런 삶은 의미가 없다.' 이렇게 결론을 내리고 마음을 굳게 먹고 집을 뛰쳐나온 적이 있었다.

강물을 다시 물끄러미 들여다봤지만 눈에 고인 눈물 때문에 강물은 어른거리며 희미하게만 보였다. 그런데 어머니의 얼굴이 보였다. '내가 죽으면 어머니는 얼마나 슬퍼하며 통곡하실까? 불쌍한 내 어머니! 나는 불쌍한 어머니를 더 괴롭혀서는 안 돼! 도와야 해!' 그렇게 생각하고는 발걸음을 돌려 집으로 와 버렸다. 나는 그날 밤 아무 말도 않고 어머니의 품에 기대어 속으로 한없이 울었다.

애국심

평양에는 큰 강당 두 곳이 있었다. 하나는 숭실대학교 체육관 겸 때때로 강당으로 쓰는 곳이었고, 또 하나는 **백선행**기념관(백선행 白善行이라는 가난한 과부가 근검절약하여 기증한 화강암으로 지은 시민회관)이 었다. 나는 서문밖교회 부설 유치원을 다녔는데, 숭의보육을 졸 업한 선생님들이 가르치셨다. 기독교인의 기본이 되는 행동을 연 습시킨 것으로 기억한다. 인사를 잘할 것, 거짓말은 절대 하지 말 것, 서로 사랑하고 남을 해치지 말 것, 선생님이 시키는 일은 부 끄러워하지 말고 용감하게 나서서 할 것, 불쌍한 사람은 도와줄 것 등을 가르쳐 주셨고, 기도하는 방법도 알려 주셨다. 동화를 통 해 성경 이야기를 매일 같이 들려주기도 했다. 지금도 눈에 선한 것은 그림과 함께 시편 23편이 담벼락에 붙어 있던 것이다. 그림 이 흔치 않던 시절이라 더 기억에 남는 듯하다.

'참새야 참새야 오늘도 또한 저 집으로 돌아가누나' 폐회 노래 다. '저 집으로 돌아가누나'를 '젖이 불어 돌아가누나'로 알고 노 래 부르곤 했다. 왜냐하면 집에 가면 어머니 젖을 먹을 수 있으니 까 말이다. 나는 6살까지 어머니 젖을 먹고 자랐다. 나는 지금도 내 성품 속에 그 영향이 있지 않나 생각해 볼 때가 많다. 지진아 (遲進兒) 같이 어리석고 나약하고 어려운 일이 생기면 자라목처럼 들어가 버리는 등 성격에 결함이 있음을 느끼곤 했다.

1929년 무렵이었을 것이다. '전국 주일학교 대회'가 평양시 백 선행기념관에서 열렸다. 나는 유치원에서 율동하는 팀에 뽑히게 되었다. 무슨 율동을 했는지는 기억나지 않는다. 그때 처음으로 아주 멋있는 양복을 입었다. 연한 오렌지색 원피스였는데, 흰 옷 깃에 하늘색 넥타이를 단 모직 옷이었다. 그날 밤 무대 뒤에서 준비하면서 체험한 일은 잊을 수가 없다. 어른들이 했던 모세와 관련된 연극이었다.

"물렀거라! 섰거라!" 공주가 나가고 화려하게 꾸민 사람들이 뒤따르는 장면이었다. 바구니에 담긴 인형을 안고는 뭔가 이야기하는 광경을 보며 유치원에서 듣던 모세 이야기를 떠올렸다. 그 화려한 연극에 내 가슴이 두근거렸다.

1919년 3·1 독립운동을 일으켜 많은 희생을 낸 한국 교회가 일본 사람들에 대항하는 애국적 교육을 은근히 한 것으로 여겨진다. 그때는 의미를 깨닫지 못했어도 그런 교육이 두고두고 내 마음에 점차 민족 해방의 꿈을 심어 준 계기가 되었다.

새벽송의 감동

내가 어렸을 때 신앙의 본질을 경험으로 조금 깨닫게 된 것은 크리스마스 캐럴 부르는 대열에 참여한 이후부터다. 평양의 크리스마스 날씨는 혹독하리만치 추웠다. 새벽 2-3시가 되면 초롱의 촛불을 켜들고 어른, 아이 30-40명이 떼를 지어 하얀 눈길을 사박사박 걸으며 교인들의 집을 일일이 찾아갔다. 사방은 캄캄해도 교인들의 집만은 등불이 켜져 있었다.

조용조용 골목길을 걸어가 불이 켜져 있는 집 앞에 소리 없이 모였다. 대장이 시작하는 찬송을 따라 힘차게 불렀다. 적막을 깨고 〈기쁘다 구주 오셨네〉를 소리 높여 부를 때에 구원에 대한 확실한 체험은 없어도 진정 그분은 기쁨을 주시러 오신 분이고, 마땅히 세상 사람들은 주님 오심을 기뻐해야 한다는 신념이 생겼다. 새벽송을 받은 교인은 문을 열고 헌금을 하거나 과자를 주기도 했다. 어떤 집에서는 만둣국을 끓여 꽁꽁 얼어 있는 캐럴 대원들의 몸을 녹여 주기도 했다.

/ 김학수 장로 그림 (크리스마스 새벽송)

한번은 크리스마스 이브에 친구들과 놀며 새벽송을 위해 기다리고 있는데, 주일학교 부장이자 나의 아버지와도 같은 백부님이 나타나서 "선애 너는 집에 가거라." 하셨다. 나는 밤중에 집까지 돌아와서 울어 버렸다. 그 당시 여자아이들이 남자아이들과 어울려 노는 것을 안 좋게 보았다. 그런 '남녀 칠세 부동석'이란 의식 때문에 백부님은 내가 새벽송 가는 것마저 금하셨던 것이다.

여학교 입학

1930년대 한국 여성들의 삶은 힘들었다. 9, 10살 나이에도 부엌일을 감당해야 하는 것은 말할 나위가 없었다. 아무도 없는 캄캄한 두 칸짜리 집으로 돌아오면 나는 혼자서 밥을 지어야 했다. 아궁이에 솔가지를 놓고 신문지 같은 불쏘시개에 불을 붙였다. 성냥을 그어 불이 붙으면 신문지나 솔가지에 가만히 불을 대야 하지만, 겁이 많은 나는 성냥불이 붙자 무서워서 아궁이에 획 던져버리곤 했다.

목재상에서 사온 톱밥은 뱅뱅 돌리는 풍구로 바람을 넣어야 붙었다. 적당한 양을 부어 가며 풍구로 바람을 넣어 불을 땐다. 반찬은 물론 밥하기가 겁이 났다. 어머니가 밤중에야 오시니 저녁밥은 어떻게든 내가 지어야 했다.

6학년이 되면서 좀 정신을 차렸다. '이러다가는 중학교 입학도 못하겠구나' 하는 생각에 겁이 났던 것이다. 혼자서 열심히 공부했다. 당시 여학교 입학시험은 어려운 과정이었다. 나는 정진(正進)학교라는 감리교여자보통학교를 다녔다. 교장 선생님은 미국 선교사였다. 해방 후 한때 장관을 지내셨던 **박현숙** 선생님이 부교장이었다. 정진학교는 정의여자고등보통학교의 자매학교로 감리교 선교부에 속하는 학교였다.

/ 초등학교(정진여자보통학교) 졸업

　정진학교에서 10등 안에 들면 무시험으로 정의여학교에 입학할 수 있었다. 정신 차려서 열심히 공부했는데 담임선생님은 "너희 집에 가정교사를 두었니?"라고 물어보시곤 했다. 우리 집에 가정교사를 두는 것은 생각도 할 수 없는 일이었다. 나는 마침내 8등으로 정의여자고등보통학교에 입학할 수 있었다. 나이가 어리고 키가 작아서 맨 앞줄에 앉았다. 그러나 3학년 때는 키가 갑자기 커버려 166cm로 맨 뒷줄에 앉게 되었다.

　사춘기에 접어들면서 나는 부끄러움을 많이 타는 학생이 되었다. 선생님의 질문에 애들이 "예."라고 소리를 지를 때면 나는 아는 대답도 못하고 겨우 손을 들다가 말곤 했다. 매사에 의욕이 없고 침묵하는 것이 나의 습관이었다.

어머니 강요에 못 이겨 2-3년 간 피아노를 배운 덕분에 내가 평양에서 남쪽으로 피난을 와서 피난민으로서 신학교에서 공부할 때도 서툰 솜씨지만 반주자로 봉사할 수 있었다. 그러나 나는 속으로 기독교 신앙에 대한 어머니의 가치관에 대해 반항하고 있었다. 어머니는 내가 방황하는 것을 알고 성경을 읽으라고 하셨다. 하지만 마지못해 성경을 읽어도 금방 졸렸다. 문학작품을 읽거나 퀴리 부인같이 과학자를 꿈꿔 본다면 몰라도 성경에 대한 모든 것에는 의욕과 취미가 없어져 버렸다.

내가 잘할 수 있는 과목은 수학이었다. 제일 싫어하는 과목은 습자와 재봉이었다. 내 앞자리에 앉은 친구 **조경애**는 수학은 못하고 습자는 참 잘했다. 나는 그 친구의 수학 숙제를 해주고, 그는 내 대신 습자를 써서 바꿔치기를 하곤 했다. 나는 학교에서는 마냥 조용하고, 뛰어난 데라곤 없는 자기 고민에 싸여 있는 소녀일 뿐이었다.

나라사랑, 독립운동

언젠가 소풍으로 학교에서 멀지 않은 도산 **안창호** 선생의 별장이 있는 대성산 송태에 가게 되었다. 산에 올라가는 길에 작은 돌들이 많이 서 있었다. 누군가가 돌을 모두 세워 놓은 것 같았다. 이상해서 선생님께 물어보았다. 선생님의 대답은 나를 깜짝 놀라게 했다.

"그건 **안창호** 선생님이 나라의 독립을 위해 산책 나올 때마다 돌

/ 국내 거주 정의여학교 동창들과 함께(2009년경)

들을 세워 놓으신 거란다. 조선의 자주 독립을 기도하는 마음으로 돌을 세워 놓으신 거지.”

선생님의 설명을 듣고 나는 한 대 얻어맞은 것 같았다. 조선의 독립을 별로 생각해 본 일이 없었기 때문이다. 누구도 이야기해 주는 사람이 없었다. 아버지도 할아버지도 안 계셨기 때문이었을까? 하기야 당시 장로교 총회에서는 신사참배를 거절하던 **주기철** 목사님의 출교를 감행했던 때라 누구도 무서워서 말도 꺼낼 수 없었다. 때때로 정의학교에서는 선교사이자 교장인 **헐버트** 선생님이 앞장서서 가시면 우리는 모두 뒤따라 신사참배를 가곤 했다. 학생들은 학교 내에서 일본 말만 해야 했고, 일본 선생님들에게서 배우고 있었다. 일본 선생님이 교실에 들어오거나 복도에서 만나면 일본 말을 했지만 보통 때는 한국말을 사용했다.

‘나는 조선 사람이다. 그리고 일본 식민지 백성이다. 그래! 나도 내 나라 독립을 위해 일해야 할 사람이다’라는 신념이 생겼다. 도산 선생은 얼마나 조선 독립의 열망이 끓으셨기에 이처럼 작은 돌, 큰 돌을 하나하나 산책길에 세워 놓았을까? 나를 확실한 조선인으로 돌아오게 하는 가슴 뭉클한 경험이었다. 이때부터 나의 민족애가 싹 트기 시작했다.

일제시대 여성교육의 목표, 현모양처

1910-1920년대 한국 기독교 여성들의 목숨을 건 애국운동과 독립운동은 남존여비 시대임에도 불구하고 찬란한 역할을 했다. 일본인들은 이런 사회의식이 강한 여성을 육성하면 계속 독립운동으로 식민지 조선을 잃을까봐, 여성교육의 목표를 현모양처(賢母良妻)로 정하고 사회활동하는 여성은 '오덴바(말괄량이의 일본 말)'라고 가르쳤다. 우리는 그래서 말괄량이가 안 되려고 했다. 나는 조용하고 정숙한 여성이 되어야 한다고 생각했다. 그런 까닭으로 우리의 선배인 **김활란** 선생이나 **고황경** 선생, **김마리아** 선생 등이 가졌던 애국심은 우리 시대부터 잊혀갔다. 정의학교 동창 중에 사회활동을 하는 사람이 별로 없는 것도 이런 교육 때문일 것이다. 대선배인 **이태영** 박사를 빼면 사회에 알려진 인물이 별로 없다.

일본어와 일본 역사는 배웠지만 한글과 한국 역사는 배우지 못했다. 일본이 미국을 침략하기 시작하자 전시 체제로 들어가면서 일본의 포학한 정치는 더욱 심해졌다. 전쟁에 나가는 군인 전송하기, 군인들에게 줄 위문품 주머니인 위문대 만들기가 우리의 몫이었다.

자기의 성(姓)도 일본어로 개명하고, 쇠붙이는 모두 공출하는 등 심각한 식민지 공세를 펴고 있었다.

체육 시간에는 목검(木劍)을 배웠다. 오후가 되면 많은 시간 근로봉사로 대동강 모래사장에 나가 뜨거운 땡볕에서 리어카에 모래를 실어 나르는 작업을 했고, 가을에는 벼 베기 등 농사일을 해서 일본이 하는 전쟁에 보탬을 주어야 했다.

유치원 보모가 되다

여학교를 졸업하자 나는 유치원 보모가 되었다. 우리 가정을 자기 친형제처럼 돌봐 주시는 백부님은 동평양교회 회계를 맡고 계셨다. 그리고 대동교를 건너 선교리 초입에 꽤 큰 규모의 동평양 정미소를 경영하시면서 얼마 안 되는 우리 할아버지 유산도 관리해 주셨다. 그뿐 아니라 무상으로 집을 빌려 주시며 늘 보살펴 주셨다.

백부님은 유치원도 경영하셨는데, 그분의 배려로 나는 동평양 유치원의 보모가 되었다. 역시 나는 부끄러운 마음에 어린 아이들에게 동화책 하나도 못 읽어 주고, 피아노 반주와 놀아 주는 것밖에 못하는 초년생이었다. 그러나 나는 그 일이 즐거웠다. 보모로 같이 일하신 분들에게 많은 것을 배웠다. 그때 나는 평생 유치원 일을 하다가 나이가 들면 유치원 원장을 하면서 동심 천국으로 살아야겠다고 마음먹기도 했다.

생각지 않은 일

생각지 않은 결혼 이야기가 나왔다. 어머니는 언제 40세가 될까, 기다리면서 젊은 과부로 힘겹게 사셨다. 나의 주일학교 선생이었던 **최기호** 전도사는 그 당시 평양신학교 학생이었다. 어머니는 그를 훌륭하게 보고 계셨다. 그를 나의 신랑감으로 점찍어 두었다고 하셨다. 그 역시 나를 좋아한 것은 사실이었다. 그러나 나는 그와 결혼한다고는 생각지도 못했다. 나는 어머니에게 아니라고 졸라 보았지만 어머니의 의지를 꺾을 수 없었다.

나는 전통 사회에서처럼 부모의 의지를 따르기로 했다. 일찍 혼자 되어 외로웠던 어머니는 사위라도 빨리 맞으려고 서둘러 정하셨던 것이다. 결혼식 날에도 나는 도망치고 싶었다. 내가 다니던 교회에서 멀지 않은 동광교회가 그의 목회지였다. 그 교회에서 결혼식을 하고 어머니를 모시고 살게 되었다. 나는 유치원 보모를 계속하며 신혼생활이라고 조금씩 살림살이를 장만하면서 살고 있었다.

화재 경험

어느 날 밤이었다. 앞집 목공소에서 불이 났다. 한밤중에 "불이야!" 소리도 지르지 못한 채 몸만 피하기로 하고, 우리 세 식구는 부엌 뒷문으로 허겁지겁 뛰어나왔다. 불길이 하늘 위로 치솟는데 얼마나 떨리던지 말도 할 수 없었다. 내가 처음 당한 놀라움과 두려움, 절망이었다. 그 불을 보면서 지옥 불을 연상했다. '마지막 심판이 이토록 무서운 것이겠구나.' 나는 이 경험을 통해 인생의 허무함을 배웠다. 종말에 하나님의 무서운 심판이 존재한다는 것을 체험으로 배우게 된 것이다.

제2차 세계대전

남편인 **최기호** 목사는 신앙의 열정을 가진 진실한 하나님의 종이었다. 기도를 많이 하고 검소한 생활을 했다. 점차 나의 방황도 조금씩 가라앉게 되었고, 그를 존경하게 되었다. 교인들은 앳되고 어린 나에게 사모라는 이름으로 불러 주었다. 나는 어른 노릇을 해야만 했다. 그 당시 일본이 미국과 전쟁을 일으키고 아시아 전역을 침략해 들어가면서 기독교에 대한 일본의 박해는 더욱 심해졌다. 동방요배(천황을 향해 절하는 것)와 황국신민서사(皇國臣民誓詞, 일본이 조선인들에게 외우게 한 맹세)를 전 교인이 예배 때마다 다 일어나서 해야만 했다.

일본은 당시 평양시에 살던 사람들에게 지방으로 가라는 명령을 내렸다. 우리는 '황해도 장연군 용연면'이라는 농촌 교회를 담임하게 되어 그리로 이사를 하게 되었다.

시골 초등학교 교사

나는 그곳 초등학교 교사로 취직이 되었다. 처음부터 완전히 일본 사람인 양 일본말로 가르쳐야 했다. 나 외에 직원 6명이 모두 남자 선생이었다. 나는 최 목사가 모아 놓은 책꽂이의 책들을 보며 그 책을 이 끝에서 저 끝까지 모두 읽어 가기로 마음먹고 한가한 농촌에서의 생활을 풍요롭게 하고자 마음먹었다. 별로 가까운 친구도 없었고 살림은 늘 어머니가 도맡아 해주시니까 독서로 시간을 보내기로 했다.

때때로 유치원에서 익힌 율동이나 음악을 새롭게 만들어 운동회나 학예회 때 발표하는 것으로 즐거움을 맛보기도 했다.

삶의 의미를 찾다

그때 나는 내 생애의 틀을 잡아 주시는 하나님의 손길에 의해 책 하나를 붙들게 되었다. 그것은 일본말로 된 **가가와 도요히코**(賀川豊彦)의 《사선(死線)을 넘어서》,《담벽의 소리를 들을 때》,《태양을 쏘는 것》 등의 책들이었다.

저자는 고난의 삶 속에서 그리스도를 만나 자신의 고뇌를 해결한 사람이었다. 거기서 멈춘 것이 아니라 그리스도를 닮아 가장 낮고 소외된 자들과 함께 공동체를 이루어 살았다. 나는 그의 삶의 증언에 흠뻑 빠져 버렸다. 그의 책이라면 동화에 이르기까지

/ 가가와 도요히코의 《사선을 넘어서》

탐독했다.

그의 삶의 목적은 하나님의 그 크신 사랑으로 외롭고 소외된 자를 섬기는 것이었다. 그리하여 자신의 학식과 재능, 모든 것을 다 버리고 빈민촌에 들어가 그들과 같은 이불을 덮고 자며 공동생활을 했다. 《사선을 넘어서》는 그런 본인의 삶을 묘사한 자전적 소설이다.

젊을 때 그의 고민이 나와 비슷했다. 그것이 나를 끌어당기는 듯하였다. 그 책에 인용된 성경 구절들이 마음에 부딪치면서 성경 말씀이 나에게 달게 다가왔다. 드디어 나는 삶의 의미를 깨닫게 되었다!

가가와 도요히코는 내가 중학교 때 평양 숭실대학교 강당에 와서 강연한 적이 있었다. 작은 키에 눈이 안 좋은 듯 두꺼운 안경을 썼고, 무척 겸손하고 온유한 인상이었다. 그때는 그의 삶의 철학을 이해할 수 없었다. 그러나 나는 나름대로 삶의 의미를 깨달았다. 이제부터 사람을 섬기며 사는 것, 예수님처럼, 가가와 선생님처럼 주님을 닮아 절제와 겸손으로, 하나님의 사랑으로 불쌍한 사람을 도우며 사는 삶이 가장 값진 삶이란 것을 알게 되었다. '삶의 의미는 섬기는 데 있다'는 것을 깨달았다. "인자가 온 것은 섬김을 받으려 함이 아니라 도리어 섬기려 하고 자기 목숨을 많은 사람의 대속물로 주려 함이니라"(마 20:28).

그래서 나는 이 무의촌(無醫村)에서 당장 봉사할 일이 무엇일까를 생각하던 중에 의사는 아니라도 산파(産婆) 공부를 해서 이 사람들을 도와야겠다고 마음먹었다. 그때 마침 남편 최 목사가 지금의 심양, 당시는 봉천이라고 하던 중국 한 도시에 집회를 인도하러 가게 되었다. 나는 산파 공부를 해야겠다며 면허를 받기 위한 교재를 사달라고 부탁했다. 일본어로 된 6-7권의 책을 사왔다. 나는 열심히 공부하며 새로운 삶의 희망을 품게 되었다. "도둑이 오는 것은 도둑질하고 죽이고 멸망시키려는 것뿐이요 내가 온 것은 양으로 생명을 얻게 하고 더 풍성히 얻게 하려는 것이라"(요 10:10).

남을 돕고 섬기며 사는 것이 가장 보람된 삶인 것을 체험해 가기 시작했다. 나는 학교 사무실 책상 서랍에 책을 넣어 두고는 남자 선생들이 못 보도록 몰래 공부했다. 책에 그려진 그림들이 여성에 관련된 것이었기 때문이다. 나는 공부하면서 이렇게 기도로 하나님과 약속했다. "하나님! 저는 이 일을 해서 돈 버는 데 쓰지 않겠습니다. 꼭 봉사만 하겠습니다.” 나의 새벽기도는 변함없는 습관이었다.

산파 면허

　나는 황해도 해주에 가서 산파 자격시험을 치렀는데 산파학교를 졸업한 사람들이 많이 왔다. 처음이니까 떨어져도 낙심은 하지 않기로 하고 시험을 봤는데 3등으로 합격했다. 학교가 방학을 하면 평양에 나와서 유치원 보모였을 때 잘 알고 지내던 기독교인 의사 내외분에게 부탁해서 실습을 하기로 했다. 시험을 무난히 통과하고 나니 도청에서 산파 면허증이 커다란 봉투에 담겨 시골집으로 도착했다.

　마을에서 내가 의사인 것처럼 소문이 나자 마을에서 아픈 사람들은 밤이나 낮이나 때를 가리지 않고 찾아왔다. 나는 그때 겨우 21-22살이었다. 그래도 이 봉사를 하다 보니 보람되고 즐거웠다.

　한번은 난산으로 아이가 거꾸로 나오는 경우가 있었다. 그때는 ‘내가 왜 이 일을 시작했나!’ 하고 후회하기도 했다. 얼마나 겁이 났는지 모른다! 병원에 데리고 가려면 소 달구지나 리어카에 태워 가야 할 판인데 가다가 산모가 죽을 것 같았다. 기도를 하면서 떨리는 손으로 급기야 엄지손가락을 아기 입에 넣고 잡아 빼니 아기가 나왔다. 아기 엄마도 죽을힘을 다 썼지만 나도 땀으로 범벅을 하고 주저앉으며 하나님께 감사를 드렸다.

나는 어쩔 수 없이 간이병원 원장처럼 갖가지 약을 사다 두고 한밤중에도 찾아오는 사람들에게 소화제나 해열제를 주거나 직접 찾아가서 주사를 놓아주곤 했다. 하나님과 약속을 했기에 무료 봉사였다. 착한 시골 사람들은 신세를 갚는다며 별별 것을 다 가져다주었다.

삶의 의미를 찾고 보니 꿈도 많아지고 내적 삶이 풍요로워지면서 모든 사물을 긍정적으로 바라보게 되었다. 하나님 안에서 삶의 진리를 더 섬세히 터득하게 된 것이다. 가가와 선생의 영향은 90대인 나의 오늘이 있기까지 삶의 축이 되어온 것 같다. 비록 그분처럼 살지는 못했지만 말이다.

전원생활

우리 식구들은 황해도 시골에서 교회와 학교생활을 통해 마을 사람들에게 사랑을 받으며 살았다. 황해도 장연군 용연면. 마을 이름이 용연(龍淵)인 이유는 마을에 아주 신기할 정도로 맑고 깨끗한 연못이 있는데 큰 샘에서 생수가 솟아나서 계속 넘쳐 흐르기 때문이었다. 마을 사람들은 이 연못에서 물을 길어다 먹고 빨래도 하며 살았다.

우리가 사는 마을 언덕에서 바라다보이는 곳에 갯벌이 있는데, 가을이 되면 사람들이 불을 켜 들고 나가서 조그마한 바닷게를 잡았다. 과수원 마을이라 맛있는 사과도 마음대로 먹으며 살았다.

그 어렵고 힘든 미·일전쟁 때도 우리는 전원생활을 즐기며 살도록 축복하셨다. 어머니가 솜을 틀어서 굴뚝에 넣었다가 색이 적절하게 바뀌면 무명천을 만들어 주었다. 그러면 나는 〈주부생활〉 월간 잡지를 보고 재단을 해서 내 양복을 만들어 입었다. 도시에서는 전쟁 시라 의식주가 곤란했지만, 농촌생활을 맛보고 교인들의 사랑을 받으며 지낼 수 있도록 하나님께서 지켜주셨다.

전쟁이 계속되면서 초등학교 교장이던 백 장로님은 사퇴를 하고, 일본인이 교장이 되었다. 일본인 교장은 조그만 신사 같은 것을 직원 사무실에 걸고 절을 하고 들어오곤 했다. 한편 그 당시 '묻지 마라 갑자생'이라는 말이 있었는데 갑자 해에 태어난 사람은 전부 군인으로 가야 한다는 말이었다. 여자는 그 나이부터 '정신대'로 나가게 되어 있었다. 정신대란 말은 하지 않고, 여자공출이라고 했다. 나는 어김없는 갑자생이다. 일본 교장이 들어오면서 학교 일을 그만두었다. 그러고 나니 여자공출에 나가게 되는 것이 아닌가 싶어 늘 불안에 떨어야 했다. 공출에 나가지 않으려고 나는 학교를 그만두고 막노동을 했다. 밭에서 김을 매고 물동이를 이고 다녔다. 노동으로 나라에 봉사하는 모습을 보여 주어야 했기 때문이었다.

남편에게 찾아온 시련

그러던 어느 날 경찰로부터 최 목사는 지방으로 다니며 시국 강연을 해야 한다는 통보가 왔다. 최 목사는 반일 감정이 강한 사람이었다. 목사 양심으로 도저히 할 수 없다고 생각했다. 그러나 "안 하겠다고 저항할 힘은 없고, 망설이고 고민하다가 동방요배 신사참배도 할 수밖에 없어서 했는데….'라며 최 목사는 몇 번 나가서 시국 강연을 하고 돌아왔다.

얼마 후 갑자기 최 목사가 졸도하면서 경련을 일으켰다. 또 한 번 생애의 큰 변을 당한 것이다. 그것은 바로 간질병이었다. 목사가 간질병에 들다니….

어떻게 목사가 간질을 앓게 되는가? 나는 무섭고 떨려 회의가 들었다. 그뿐인가. 언제 어디서 발작을 일으킬지 모르니 나는 늘 안절부절못하는 세월을 보낼 수밖에 없었다. 믿지 않는 사람들이 알게 되면 무엇이라고 할까? 교인들은 뭐라고 생각할까? 사임해야 하는가? 병원을 찾아가도 약은 없었다. 그이는 기도밖에 없다고 열심히 기도만 할 뿐이었다. 나도 이 일을 위해 기도하기 시작했다.

이런 일을 통해 하나님을 더욱 찾도록 만드신, 하나님이 주신 사랑의 매였다. 감사하게도 사람들이 없을 때 발작이 일어나곤 했다. 그것도 이따금씩 말이다. 그 가슴 졸이는 심정은 그런 병을 앓는 사람을 둔 식구들만이 짐작할 수 있다.

해방의 날

그러다 1945년 8월 15일 해방이 되었다. 해방의 감격과 기쁨에 온 마을에 축제가 벌어졌다. 최 목사와 백 장로님이 주동이 되어 태극기를 들고 사람들마다 기쁨에 넘쳐 학교 마당에 모여 예배를 드리고 기쁨의 잔치를 벌였다.

우리는 다시 평양으로 와서 조그만 교회를 맡아 목회를 시작했다. 병이 있으니 목회는 하지 말자고 하면 그이는 늘 "나는 강단에서 죽을 것이오"라며 뜻을 굽히지 않았다.

핍박의 나날들

평양에는 어느덧 소련군이 들어오기 시작했다. 북한을 점령해 들어온 소련 공산군은 어느 죄수들의 부대였다고 했다.

이들은 낮이나 밤이나 날강도 짓을 했다. 길거리에서 다니는 사람들을 가로막고 서서 "다와이"('달라'는 뜻의 소련말)라고 말했다. 손목시계든 돈이든 무엇이든 내놓으라는 것이었다. 심지어는 "마담 다와이", 즉 여자를 달라고까지 했다. 이 소련군은 백성에게 무서운 폭군이 되었다. 사람들을 제일 괴롭힌 것은 밤마다 집집으로 몰려다니며 "마담 다와이"라며 덤벼드는 것이었다. 완전히 무정부 상태라 어디에 호소할 곳도 없었다. 온 국민이 떨기만 할 뿐이었다. 나도 여러 번 당할 뻔했다. 번번이 붙들릴 때마다 하나님의 은혜로 피할 길을 주셨다.

어느 날 밤에 우리 집 마당에 몇몇 군인이 들어오는 소리가 들렸다. 질겁하고 뒤쪽 창문으로 맨발로 뛰어내려 옆집으로 도망을 치기도 했고, 때로는 땔거리였던 소나무단 사이에 숨기도 하면서 위험을 면했다. 얼마나 떨렸는지 모른다. 지금도 그때 일을 생각하면 가슴을 쓸어내린다.

마을 사람들은 소련군들의 행패를 방지하기 위해 안을 냈다. 집집마다 세숫대야 또는 그릇 담는 양푼을 집 안에 가져다 놓고 자기로 한 것이다. 그래서 발자국 소리만 나면 이 그릇들을 크게 두드렸다. 그 소리를 듣자마자 옆집에서도 같이 두드렸다. 그것은 온 마을로 번져 갔다. 온 마을이 소란스러워지면 소련 군인들은 물러가곤 했다. 그것은 큰 효과를 냈다.

평양 시내 데모

북한 교회에는 다시 공산주의 정권에 의한 환란의 바람이 일기 시작했다. **김일성** 정부와 교회는 서로 대립할 수밖에 없었다. 학생들이 교회 나가는 것을 반대하여 학교에서 월요일 아침마다 공개적으로 벌을 줬다. 어린아이들 중에는 학교에서 벌을 받고, 교회에 와서 교회 선생님들에게 자랑스럽게 보고하는 아이도 있었다. 어린 것들이 너무 가여워 보였다. 주님을 위해 핍박받는 것을 잘 견뎌 내기는 했지만 어른들의 마음은 더 아프기 마련이다. 교회에서도 정부의 허가 없이는 집회를 못했다. 사경회나 부흥회, 어린이 성경학교 등을 하면 지도자를 잡아가곤 했다. 주일날 국민 투표를 해서 주일 성수를 할 수 없도록 하기도 했다. 북한에 있던 교역자들은 일제강점기 때 강요에 못 이겨 신사참배를 한 것을 깊이 뉘우치고 회개하고 있었기 때문에 이번만은 공산당과 싸워야겠다는 생각에서 저항운동을 강하게 벌였다. **김일성** 수령에 대한 투표를 주일에 하게 되었다. 교인들은 투표하는 주일날 투표를 거부하고 장대현교회에 모여 기도회를 열었다.

그런데 예배 중간에 공산군이 총과 칼을 들고 들어와 목사님들을 잡아 준비한 트럭에 실어 갔다. 평신도들은 너도나도 뒤따라갔다. 결국 평양 거리는 교인들의 시위대로 메워졌다. 목사님들을 가둔 평양 도서관을 향해 찬송하며 가다가 넓은 길에 앉아 통성기도를 하기도 하며 뒤따라갔다. 교인들도 모두 도서관 안으로 들어가겠다고 문을 떠밀었다. 그 당시 교회는 초대교회가 핍박을 당하던 것을 기억하면서 주님을 위해 고난당하는 것을 특권처럼 여겼다.

시위대원들은 저녁때 장대현교회로 다시 돌아와서 철야기도회를 하기로 했다. 목사님들은 다 잡혀가고 평신도들만 가득 모였다. 나도 거기에 끼어 있었다. 밤중이 되어 낮 동안에 흥분한 시위로 인해 모두가 지친 몸으로 졸고 있었다. 나도 예외는 아니었다. 그런데 한밤중에 공산군은 다시 빨간 기(旗)를 총 끝에 달고 교회당 안으로 새까맣게 들어오는 것이 아닌가. 갑자기 잠에서 깨어난 사람들은 나를 포함해 모두 벌벌 떨었다. 그날 낮에 있었던 용기는 다 어디로 갔는지 모두가 '날 살려라' 하며 도망쳤다. 그날 시위는 신앙의 용기인 줄 알았는데 한낱 군중심리였음을 스스로 깨달았다.

나는 낮과 밤의 두 모습을 비교해 보면서 주님이 잡히시던 날 제자들의 모습이 이런 것이 아니었을까 싶었다. 기도 없이는 악(惡)의 세력을 이길 수 없음을 절감했다.

최 목사도 다른 교역자들과 함께 잡혀 들어갔다. 최 목사 외 몇 사람은 수개월 동안 선교리 경찰서에 수감되어 있었다. 음식도 변변치 않아서 어머니와 나는 교대로 경찰서를 드나들며 음식을 나르는 데 힘썼다. 그의 병은 더 악화되고 있었던 듯했다. 나는 그때 공산주의자들이 일본 경찰들보다 더 잔인하고 악하다는 것을 알게 되었다.

죄의식 없는 신학생

1946년 평양신학교가 문을 열면서 여자 신학부도 개설되어 나는 첫 학기부터 그곳에 입학했다. 내 꿈은 일본 동경여자사범대학이나 서울에 있는 이화여자전문학교에 진학하는 것이었다. 그러나 어머니는 그럴 여건이 못 된다고 완강히 말렸다. 나는 신학을 해서 교역자가 되겠다는 생각은 없었다. 그래도 공부를 해야한다는 생각에 평양신학교를 지망했던 것이다. 원래 평양신학교는 1901년에 설립되었는데 신사참배 문제로 폐쇄되었다가 해방과 함께 다시 열면서 전에 없었던 여자부를 두고 남녀 따로 교무행정을 처리하고 때에 따라 합반하기도 했다.

나는 생의 의미를 깨닫고 방향을 정해서 기도는 하면서도 아직 주님을 만나는 체험적 신앙을 갖지 못한 터라 열정적인 학생들을 이상하게 생각했다. 그런데 어쩌다 내가 여학생회 학우회 회장으로 뽑히게 되었다.

기도를 하면 남들은 뜨겁게 울면서 힘 있는 기도를 하는데 나는 도저히 그들을 따라갈 수가 없었다. 스스로 위로하기를 그들은 아마도 안 믿는 집에서 태어나 죄를 많이 짓고 살았기 때문일 것이라고 생각했다. 나는 할아버지 때부터 예수를 믿었기 때문에 그렇게 회개할 만한 죄가 없다고 생각했다. 얼마나 어리석은 생각이었는지 모른다. 그러나 학우회 회장으로서 기도의 힘이 없어서 좀 부끄럽기도 했다.

또 하나의 시험

나에게 또 하나의 시험이 닥쳐왔다. 중년 나이의 **김확실**이라는 학생이 반장이었다. 일본에서 산파 공부를 하고 남편과는 이혼한 상태라고 들었다. 그런데 그가 나를 질투했다. 교수님들과 대화하거나 강의 중에 교수님의 질문에 내가 답을 하면 시기가 나서 곱지 않은 눈으로 나를 돌아보곤 했다. 처음에는 그냥 참고 있었지만 그 사람은 점점 노골적으로 나를 "외식하는 양의 가죽을 쓴 이리"라며 가만히 참고 있는 내게 싸움을 걸어왔다. 나는 어려서부터 싸움을 해보지 못했다. 아이들이 좀 놀리거나 뭐라고 하면 울면서 집에 들어오는 것이 보통이었다. 내가 겁에 질려 "형님! 왜

그러시는 거예요?"라고 한마디 했더니 달려들어 욕을 퍼붓는 것
이 아닌가! 나는 울어 버렸다. 옆에 있는 학생들이 나를 위로했
다. 나는 그 위로하는 말에 소리를 내어 더 울어 버렸다.

이 창피를 어떻게 한단 말인가. 신학생 학우회 회장이라는 사람
이 반장하고 싸웠다. 이 못난이가 어떻게 얼굴을 들고 다닌단 말
인가! 나는 내가 미웠다. 나는 정말 문제가 있는 사람이구나! 반
장의 말대로 나는 기도도 잘 못하면서 남에게 잘 보이려고만 하
는 외식쟁이가 아닌가! 다른 학생들은 죄를 많이 지었지만, 나는
기독교 가정에서 자라났기 때문에 눈물 흘리며 기도할 죄를 짓지
않았다고 자부하던 마음이 그 순간부터 죄책감으로 바뀌기 시작
했다.

죄의식과 회개기도

나는 이대로는 안 된다는 죄책감과 사람들 앞에 체면을 잃었다는
생각에 근본적으로 회개가 필요한 내면을 살피게 되었다. 그날 밤부
터 집에 돌아가지 않고 혼자서 신학교 뒤에 있는 큰 교회당에 들어
가 기도하기로 마음먹었다. 그것이 1946년 10월이었다. 만 22세였
다. 캄캄한 큰 방에 혼자 앉아서 나 자신과 씨름하기 시작했다.

기도하기 위해 엎드렸지만 마음만 아프지 기도는 되지 않았다.
낮에는 부끄러움을 무릅쓰고 학교에 가서 공부하고, 밤이면 교회
에 가서 혼자 하나님을 부르며 엎드렸다. 점점 무거워지는 죄의

식을 어찌 할 수 없어서 고통에 빠지게 되었다. 죄의 삯은 사망이라는 것을 어려서부터 잘 알고 있었다. 십자가가 이 죄의 짐을 풀어 주신다는 것을 머리로는 알고 있었다. 주일학교 아이들을 가르치면서 "예수님이 십자가에 못 박힌 것은 누구 때문이지요?" 물으면 "우리 죄 때문이요."라고 아이들은 대답했다. 그러면 나는 "그래요. 잘했어요."라고 끝내곤 했다.

어린 시절 다녔던 동평양교회 유년 주일학교에는 **이광혁** 장로님이라는 분이 계셨다. 이분은 교회학교 학생들에게 진리를 생생하게 가르쳐 주기 위해 헌신한 분이셨다. 아무 그림도 없고 영상도 없이 주입식으로만 가르치던 때였지만, **이광혁** 장로님은 직접 그림을 그려서 아이들에게 보여 주곤 하셨다. 그 그림이 움직여져서 성경 이야기가 살아 있도록 하는 창작그림 설교를 하셨다. '천로역정'을 가르치시면서 크리스천이 죄짐을 지고 힘겹게 십자가 밑에 다가갔을 때 그만 그 죄짐이 굴러떨어져 종이 뒤로 없어지는 움직이는 그림을 보여 주신 것이 생각난다. 그 생각도 나의 이 무서운 죄와는 상관이 없어 보였다. 그저 어릴 때 거짓말한 것, 육촌오빠와 함께 서장대 사과밭에 가서 사과 서리하는 오빠를 위해 망봐 주던 것, 할머니하고 모래찜하다가 밭에서 가지 따 먹은 것, 책 빌려오고 돌려주지 않은 것, 유치원 선생과 중등부 교회학교 선생을 하면서 사람들의 칭찬을 받으려고 노력했던 것, 나도 믿지 않으면서 입으로만 가르친 것…. 아무리 생각해도 확신을 갖고 한 것은 하나도 없었다. 나는 사람들에게 칭찬만 받기를 바랐던 외식자요, 위선자였다. 위선의 죄는 더 크다는 생각에 마음이 더 아팠다.

2천 년 전 저 먼 유대 예루살렘의 십자가가 현재 나의 이 무거운 죄와 어떻게 연결될까? 그렇게 말로 쉽게 가르치던 사실을 나의 죄와 연결시킬 수가 없었다. 하루 이틀 지나면서 죄는 반드시 하나님의 심판을 받아야 한다는 것 그리고 그 징벌은 영원한 불구덩이라는 것은 알겠는데 십자가의 권능과 그 공로가 안 믿어졌다. 2천 년 전에 예루살렘 그 먼 곳에서 십자가에 달리신 주님과 내가 지금 안고 있는 죄의 심각한 괴리를 어떻게 해결할 수 있을까? 2천 년 전이라는 시간과 유대 땅 예루살렘과 내가 있는 평양이라는 엄청난 공간의 차이를 어떻게 연결할 수 있단 말인가? 나는 금식하고 철야하며 기도해도 풀리지 않는 이 고통에서 벗어나기 위해 하나님께 살려 달라고 아우성치며 며칠 밤을 새웠다.

십자가 주님과의 만남!

결국 하나님은 나의 기도를 들어주셨고 불쌍히 여겨 주셨다. 어느 날 밤 내가 기도하던 중 문득 주님의 못 박히신 손, 피 흘리신 손을 생생하게 보았다. "이것이 너의 죄를 위해 이미 사한 증거다." 나는 "할렐루야!" 하며 벌떡 일어섰다. "아멘! 아멘!" 눈물이 한없이 쏟아졌다. 뜨거워져 오는 내 가슴을 손으로 안고 무한한 기쁨과 해방감을 처음으로 경험했다. 그 황홀한 평화와 행복을 주체할 수가 없었다. 하늘나라가 내 마음속에 임한 것이다. "평안을 너희에게 끼치노니 곧 나의 평안을 너희에게 주노라 내가 너희에게 주는 것은 세상이 주는 것 같지 아니하니라(요 14:27)." "우리가 서로 사귐이 있고 그 아들 예수의 피가 우리를 모든 죄에서 깨끗하게 하실 것이요(요일 1:7)." 나는 완전히 새로워지는 경험을 했다. 하나님은 나의 관념적 신앙을 체험적 신앙으로 바꾸어 주셨다.

폭발적인 기쁨, 중생

내가 주님의 십자가를 만난 날은 1947년 10월 5일이었다. 그날 아침 나는 주체할 수 없는 기쁨과 감사함으로 학교 가까이 있는 기독교병원(기홀병원)으로 뛰어갔다. 입원실에 누워 있는 환자들에게 이 복음을 전해야 한다는 생각밖에 없었다. 부끄럼을 많이 탔던 내가 아무 거리낌도 없이 그저 이 기쁨을 이야기하고 싶었다. 나는 신학교 반장 산파 형님에게 가서 눈물을 흘리며 마음을 괴롭게 한 죄를 용서해 달라고 빌었다.

"형님 고마워요. 내가 형님 때문에 은혜를 받았어요. 정말 나는 형님이 말씀한 대로 양의 가죽을 쓰고 이리의 마음을 품은 죄인이었어요."

아! 자유로웠다. 집으로 가는 길은 마치 천국의 길을 걷는 것만 같았다. 그날 아침 해가 떠오를 때 배를 타고 대동강을 건너면서 천국 요단강을 건너는 듯했다. 천사가 나를 둘러싸는 것 같은 날아갈 듯한 기분이었다. 주님을 섬기며 사람을 섬긴다는 삶의 목표가 진하게 내게 다가왔다.

"주의 성령이 내게 임하셨으니 이는 가난한 자에게 복음을 전하게 하시려고 내게 기름을 부으시고(눅 4:18)", "마리아가 이르되 주의 여종이오니 말씀대로 내게 이루어지이다(눅 1:38)", "인자가 온 것은 섬김을 받으려 함이 아니라 도리어 섬기려 하고 자기 목숨을 많은 사람의 대속물로 주려 함이니라(마 20:28)."

주님 앞에 다시 헌신하며 주의 여종으로 죽기까지 복종하며 하나님의 사랑에 만분지일이라도 보답하고자 하나님께 매달렸다. 중생의 경험을 하고 난 뒤에도 죄의 욕심은 때때로 사라지지 않고 신앙의 교만이 또 나를 사로잡곤 했다. 그때마다 나는 손으로 나를 꼬집으면서 기도했다. 내 기도는 간구보다는 주님과 사랑의 교제요, 나 자신과의 싸움이 더 많았다. 그래도 기도 시간이 즐거웠다. 조용한 자리만 보이면 '저기 기도하기 좋은 자리!' 하면서 달려가곤 했다.

기도의 즐거움을 찾다

사람이 하나님의 아들인 예수님을 만나는 은혜보다 더 큰 사건이 또 어디 있으랴. 나는 한동안 황홀한 천국을 얻은 것 같은 환희의 세월을 보냈다. 계속 내 입에서 찬송이 흘러나왔다. 그것이 내 영혼 깊은 데서부터 울려나오는 경험을 했다.

나는 기도의 즐거움을 알게 되었다. 기도가 감미로웠다. 밤새워

기도하면 그 밤 시간이 너무 짧게 느껴졌다. 주님과의 교제로 나는 시간을 잊어버렸다. 행복한 나날이었다.

새 사람이 된 나는 누가 뭐라고 해도 나만의 규칙, 나만의 삶의 스타일이 생겼다. 세상을 따르지 않고 주님이 기뻐하시는 것을 찾아 내 삶이 그분에게 이끌리게 되었다. 친구들은 마음에서 멀어져 가고 주님만이 더 가까워지는 느낌이었다.

기도생활은 삶의 절제와 겸손으로 이어지는 경험을 하도록 했다. 옷은 흰 저고리에 검은 치마 혹은 검은 저고리에 검은 치마를 입었고 파마도 안하고 립스틱도 칠하지 않았다. 누구의 명령도, 가르침도 아니었지만 나는 말을 적게 하게 되었다.

신앙의 교만

나는 스스로 경건의 연습을 하게 되었다. 죄와 싸우며 때때로 살아 나오는 죄악의 싹을 멸해 달라고 부르짖었다. 그러나 얼마 지나고 나니 이런 생활은 하나의 습관이 되어 버렸다. 그리고 어느새 나는 '당신들보다 거룩하다'는 식의 무서운 교만의 죄를 짓고 있음을 깨달았다.

이것도 옳지 않다고 여겨져 사람들과 사귀며 더 겸손한 생활을 사모하기로 했다. 나는 나의 속사람과 또 다른 싸움을 싸워야 했다. 기도는 영혼의 싸움으로 변하고 있었다.

중고등부 지도

그때 동평양교회 당회장으로 **김철운** 목사님이 시무하셨다. 그분은 나중에 동평양교회에서 산정현교회로 **주기철** 목사님 후임으로 가셨다가 공산당에 끌려가 순교하셨다. **김철운** 목사님께서 나에게 주일학교 중고등부를 맡겨 주셨다. 나는 신학교에 다니고 있는 것 외에는 중고등부를 맡을 자격이 없는 사람이었다. 겨우 23-24살이었다. 중고등부 학생들과는 서너 살 차이였을 뿐이다. 유치원 아이들에게 동화로 이야기하기도 부끄러워하던 내가 다 큰 남녀 중고등학생을 맡았으니 얼마나 떨리고 힘들었는지 모른다. 정말 십자가를 지는 심정으로 금식하고 기도하며 그 책임을 다하려고 애썼다. 그렇게 성경을 가르치며 수십 명의 영혼을 책임졌다. 주일 오전에는 유치원 방에서 성경을 가르치며 말씀을 전하고 낮에는 예배를 드렸다. 그리고 오후에는 학생들과 찬양 연습을 했는데, 찬양대 대장이 없어서 내가 반주도 하고 지도하는 일까지 맡게 되었다.

두 학생의 순교

그러던 어느 날 남학생 2명이 나를 따로 찾아왔다. 한 학생은 '김일성대학' 1학년에 다니는 김이라는 사람이었고, 다른 학생은 고등학생이었다. 그 중 한 학생이 아주 진지한 표정으로 물었다.

"정말 하나님이 계십니까? 좀 알고 믿게 해주세요. 저는 계속 교회에 다니면서 더 이상 대학에 다닐 수 없습니다. 보여 주시면 대학 공부도 다 그만두고 교회생활을 잘하겠습니다."

그 학생은 학교에서 배우는 유물주의 무신론과의 갈등뿐 아니라 주변에서 점점 엄습해 오는 박해를 이길 수 없는 처지에 놓여 있었다. 그들이 처한 상황을 알았기에 마음이 아프고 깊이 동정하면서도 대답할 길이 막막했다.

"그래, 나도 학생들의 사정을 알고 있어요. 그러나 지금 나는 한마디로 답할 수가 없네요. 하나님은 우리의 오감으로 알 수 있는 분이 아니니까요. 우리 서로 확실한 하나님의 존재를 믿을 수 있게 해달라고 기도할 수밖에 없어요. 나도 기도하고 학생도 기도하고 나서 또 만나요!"

겨우 답이 아닌 답을 주고 헤어졌다. 그 학생의 질문은 나에게 크고 무거운 짐이 되었다. '다음에 어떻게 하지? 하나님! 이 학생들에게 좀 보여 주세요.'

그 일이 있은 지 얼마 후에도 그 학생들은 그대로 교회에 참석하고 있었다. 하루는 주일 오후 찬양 연습을 하느라 피아노 반주를 하며 찬양지도를 하고 있었다. 그런데 나를 찾아왔던 김일성대학 학생이 갑자기 들고 있던 찬송 악보를 내 앞에 내던지면서 밖으로 뛰쳐나가 버렸다. 그의 얼굴을 얼핏 보았는데 눈이 이상해져 있었다. 갑자기 저 학생이 미친 건 아닌가 겁이 났다. 나는 학생들에게 소리쳤다.

"빨리 저 학생 좀 붙들어 와요!"

그 학생을 붙들고 모두가 교회 본당으로 들어갔다.

"다 같이 우리 이 학생을 위해서 통성으로 기도합시다."

모두 자리에 엎드려 기도를 드렸다. 기도하다가 문득 생각나는 것이 있었다. 이 사건이 나의 죄 때문이라는 생각이었다. 주일 아침마다 학생들을 위해서 금식을 하곤 했는데 이날은 하지 않고 아침을 먹고 왔다. "약속한 금식인데 제가 죄를 지었습니다." 나 때문에 이 일이 생겼다는 회개를 하게 되었다. "주님! 용서하시고 이 학생의 영혼을 건져 주옵소서." 눈물의 기도를 드렸다.

한참 후에 이 학생을 보니 기도는 하지 않고 나지막한 신발장 위에 걸터앉아 물끄러미 동료들을 바라보고 있었다. 나는 뛰어가서 그 학생의 손을 잡고 무조건 "내 잘못이야. 용서해 줘!"라고 말했다. 그 학생은 나를 쳐다보더니 "1시간 후에 만나요!"라고 말했다.

그 말이 얼마나 고마운지 "그래, 그래요!" 하고 다른 학생들이 다 나가 버린 빈 교회당에 혼자 앉아서 간절히 기도를 드리며 기다리고 있었다. 시간이 조금 흐른 후 그 학생이 들어왔다. 이제는 확실히 정상적인 얼굴이었다. 좀 안심이 되었다. 학생의 말은 이렇게 이어졌다.

"오늘 아침 선생님이 뭐라고 하셨습니까?"

"내가 뭐라고 했지?"

"선생님 말씀이 하나님은 중심을 보신다고 했어요."

"음, 그래."

"그런데 찬양을 하면서 크게 해라, 작게 해라, 길게 해라 하시는

데 중심을 보신다고 하고서는 껍데기를 꾸며야 할 이유가 뭡니까? 그러고 보면 모두가 위선입니다. 생각해 보니 이 교회의 모든 것이 외식이더군요. 찬양도, 선생님도 다 거짓말 같았어요. 그래서 이 위선인 종교는 필요가 없다고 내팽개치고 나갔던 겁니다. 그때 교회당에서 기도하는 아이들을 보면서 저것도 진실은 아니라고 생각하고 있었어요. 그런데 선생님이 제게 오셨을 때 선생님의 눈물을 보면서 저 눈물은 거짓이 아니라 진실이라는 생각이 들어서 다시 만나기로 한 겁니다."

"그래. 나는 하나님 앞에서 네 행동이 다 내 잘못 때문이라고 회개했어. 용서해 줘!"

그 학생과 나는 손잡고 기도를 드렸다. 그 후부터 하나님께서는 두 학생에게 있었던 회의감을 사라지게 하셨다. 두 학생은 교회 일에 열심히 봉사하게 되었다. 내가 그들을 기억하는 마지막 모습은 아무 난방 장치가 없는 평양의 겨울 교회당에서 찬양대 의자를 맞붙여 놓고 예배당을 지키는 모습이었다. 그 당시 소련군이 무엇이든 파괴하고 도적질했기 때문에 누군가가 꼭 교회당을 지켜야만 했다. 학생들이 예배당을 지키는 모습을 보면서 고맙기도 하고 안쓰럽기도 했지만 나는 아무런 도움도 주지 못했다. 학생들을 만나면 예배를 드리고 싶고 같이 기도도 하고 싶은데 허가 없이는 못하게 되어 있었다. 그래서 우리 집에 몰래 모여 창문을 담요로 가리고 찬송 소리가 밖으로 나가지 못하게 한 채 조용조용히 예배를 드리곤 했다. 그러다가 나는 1948년 여름, 38선을 넘기로 하고 이들에게 작별인사도 못한 채 평양을 떠나고 말았다.

이들 중고등부 학생 몇몇을 나중에 서울에서 만났다. 무척 반가웠다. 궁금하던 차에 그 두 학생의 안부를 물었더니 그들은 교회당에서 잡혀간 후에 소식이 끊어지고 말았다고 했다. 북한에서 기독교 박해가 완전히 노골화되면서 그들도 모두 잡혀가고 만 것이다. 그들은 주님을 사랑해서 끝까지 교회를 섬기다가 순교한 사람들이었다. 소위 선생이라는 나는 순교가 두려워 도망쳐서 남한으로 왔고, 그는 김일성대학생 신분도 버리고 주님의 뒤를 따라 순교의 길을 갔다. 앞선 자는 뒤에 서고, 뒤에 선 자가 앞서 갔다.

다섯 번 중단된 여름성경학교

평양신학교 여름방학이 되었다. 우리 교회는 물론 다른 교회 어린이들에게도 여름성경학교를 열어 주기 위해 우리는 흩어져 나갔다. 나는 친구 **명선성**과 짝이 되어 여러 교회에 나가기로 약속했다. 친구 **명선성**은 신학교 여학생회 부회장이었다. 열정적이고 활달한 성격에 강한 신앙의 소유자로 내가 존경하는 동갑내기 친구였다.

물론 어떤 집회든 허가를 받아야 한다는 것을 알았다. 하지만 우리는 핍박받을 각오를 했기에 서슴없이 일제강점기 때 문을 닫았던 교회들을 찾아 지방으로 나갔다. 일제 때부터 식량이 없어 가난에 찌든 교회들은 주일학교를 인도할 교사도 부족할 수밖에 없었다. 이런 교회들을 찾아 아이들을 위한 집회만이라도 꼭 열어야겠다는 마음으로 기도로 마음을 가다듬고 지방 교회를 찾아 나섰다.

제일 먼저 우리 할아버지 고향인 대동군 추빈리교회부터 시작했다. 평양에서 30리가량 떨어져 있는 곳이었다. 시작하는 첫날 저녁부터 아이들이 많이 모여 조그마한 예배당이 꽉 찼다. 어른들도 끼여 있었다. 특별한 교재도 없이 무엇을 어떻게 했는지 기억나지 않지만, 둘째 날 저녁에는 어른들이 더 많이 찾아왔다. 교회당이 만원이 되었다.

첫날은 명 전도사가, 둘째 날은 내가 인도하면서 우리가 의도한 것도 아닌데 저녁예배는 전도 강연인지 부흥회인지 모르게 뜨거운 집회가 되었다.

그해 여름, 우리가 여름성경학교 초청을 받은 곳은 모두 6개 교회였는데 중도에 그만둔 교회가 5곳이었다. 경찰의 방해로 마지막 날까지 집회를 여는 것이 불가능했기 때문이다.

귀신 축출

셋째 날 저녁이었다. 한참 설교를 하고 있는데 어떤 여성이 갑자기 마룻바닥을 치면서 "주 선생! 주 선생!" 하며 소리를 지르더니 계속 마룻바닥을 마구 두드리는 것이었다. 도저히 설교를 할 수 없었다. 큰 소리를 지르고 바닥을 치는데 요란했다. 설교를 마무리하고 사람들을 내보낸 뒤 몇몇이 이 여성 주위에 둘러앉아 특별 기도를 드렸다. 그이는 엎드려 머리를 바닥에 대고 소리를 질러댔다. 한 번도 이런 일을 겪어 본 적이 없었다. 명 전도사 역시 경험이 없긴 마찬가지였다.

그러나 강사라는 책임을 지고 있다 보니 침착하게 해결해야만 했다. 성경에서 본 대로 붙들고 "예수 이름으로 명하노니 귀신아. 나가라"라고 했다. 그러자 정말 조용해지고 좀 정신이 드는 것 같았다. 그래서 왜 그러느냐고 물었다. 그이가 대답하기를 집에 '신줏단지'가 있다고 했다. 몇몇 사람들이 가서 그것을 불태웠다. 처음으로 귀신 쫓는 경험을 한 것이다. 기대하지 못했던 은혜의 역사였다.

이 일은 온 마을에 소문이 났다. 하나님께서 그 교회를 부흥시키기 위해 이런 역사가 일어나도록 하신 것으로 믿는다. 그 교회에서는 여럿의 신학생들이 나왔고, 남하하지 못한 채 순교한 사람들도 있었던 것으로 알고 있다.

경찰서 경험

추빈리교회 다음은 아주 작은 마을에 있는 교회였다. 하룻밤 집회를 하고 나면 경찰들이 와서 "왜 허가 없이 하느냐"고 경찰서로 출두하라고 했다. 그래서 하룻밤 집회로 끝내고 또 다른 교회로 옮겨가고 잡혀가기를 반복했다.

경찰서 감방에 명 전도사와 둘이 갇혀 있기를 몇 번이나 했는지 모른다. 그래도 두 사람이어서 서로 힘이 되었다. 조사받을 때 소리를 지르고 윽박지르기는 해도 우리를 때리지는 않았다. 감방은 괴로웠지만 흥미로운 곳이었다. 높이 달린 창문은 푸른 하늘만 조금 보였다. 주님을 위해 이 정도는 당해야 하지 않겠느냐는 생각으로 두 사람은 서로 격려할 수 있었다. 주님을 위해 감방에 간다는 것이 영광처럼 느껴졌다.

친구 명선성

친구 **명선성**은 단신으로 월남했다. 가족도 친척도 아무도 없어서 명씨 성을 가진 사람만 만나도 형제처럼 느껴진다고 했다. 평생 결혼도 하지 않고 교목과 농촌 개척교회를 감당하다 70대 초반에 주님 나라로 돌아갔다.

/ 은사 임종호 선생님(가운데)과 친구 명선성(오른쪽), 이필숙(왼쪽)

그 친구가 유방암에 걸렸다는 소식을 듣고 너무 슬퍼 찾아가 눈물을 흘렸더니 "형님, 왜 울어? 70세 넘게 살았는데 이제 하나님 앞에 가면 좋지 뭐. 아쉬울 것 하나도 없어! 교인들도 와서 울면 '별일 다 보겠구먼. 울긴 왜 울어.' 이렇게 소리쳐 야단치지." 했다.

나는 도리어 위로를 받고 왔다. 그 친구는 온 마을에서 존경을 받았는데 생일이면 교회 종을 치고, 온 동네 사람이 하던 일을 멈추고 축하해 주기 위해 모여들곤 했다. 그 친구에게 식구나 친척이 아무도 없으니 은퇴하고 안식관이나 양로원에 가겠다고 했다는 소문이 났다. 마을에 믿음이 없는 어른들이 교인들을 보고 "그 어른 잘 모셔야지. 어디 양로원으로 가게 하느냐"고 야단을 치면서 교인들이 모시지 않겠다면 우리 집에라도 모시겠다고 나서는 사람이 있었다고 한다. 그 친구의 덕망이 온 지역 사회를 감동시켰다는 증거다.

그의 장례식은 온 마을 사람들과 지역교회가 참여한 은혜로운 장례식이었다. 명 목사의 장학금을 받아 훌륭한 목사가 된 분이 미국에서 와서 장례 예식을 맡아 주었다. 교회 앞마당에 예쁘게 묻어 묘지를 만들고, 교회를 개척한 명 목사를 온 교회가 기념하도록 했다. 그의 쾌활한 성품과 은혜로운 찬송 소리는 오랫동안 내 마음에 머물고 있다.

1946년 7월 북한에는 큰 변화의 폭풍이 불어닥쳤다. 소련에서 나온 김일성이 집권한 뒤 점점 폭압정치로 변해 갔다. 자유민주주의에 기반을 둔 독립국가를 세우고자 했던 애국자들을 모두 잡아가고, 온 사회를 공산주의 세력 확장으로 몰아가고 있었다. 정치인들뿐 아니라 지주와 기업가들 그리고 기독교에 대한 박해가 노골적으로 변했다.

평양은 본래 '동양의 예루살렘'이라고 해온 것처럼 기독교 인구가 가장 많은 곳이었다. 그만큼 기독교인들의 저항도 적지 않았다. 기독교인들의 거센 저항에도 불구하고 모든 집회는 허가 없이 할 수 없게 되었고, 아이들이나 청년들이 주일 예배에 참석하는 것도 못하도록 막았다.

내 남편 최 목사도 그때 잡혀 들어가 동평양경찰서에 몇 달 동안 수감되었다. 그때 **박대선** 목사님(나중에 남하하여 연세대 총장을 지내셨다)도 감방에 계셔서 그의 부인 **정비타** 사모님을 감방 문밖에서 만나곤 했다.

최 목사는 더 쇠약해진 몸으로 석방되었다. 그러나 우리 식구들은 연금 상태에 처하게 되었다. 목사 가족이기 때문에 반동으로 몰렸다. 평양 시내 거리에는 큰 그림들이 나붙기 시작했다. 그들의 '위대한 김일성 수령' 사진과 미군들이 공산군에 의해 무참히 짓밟히는 흉측한 사진들이 곳곳에 나붙었다.

평양 거리에는 억센 함경도 억양을 가진 사람들로 가득 메워지고 있었다. 거리에는 음산한 공포가 감돌았다. 교인들은 쑥덕쑥덕 남쪽으로 피난 간 사람들의 이야기만 근심스럽게 나누었다. 교회에 교인들도 점점 줄어들었다. 우리 집 문밖에는 군인 같은 사람들이 늘 서성이며 엿보고 있었다.

우리 세 식구는 감시원들 때문에 다 같이 집을 빠져나올 수 없었다. 그래서 내가 혼자 먼저 남한으로 가면 어머니는 최 목사와 함께 황해도로 휴양을 가는 척 위장하고 내려오기로 계획했다. 우리가 살았던 황해도로 가서 수소문하여 배를 타고 인천으로 가서 서울에서 다시 모일 것을 결정했다. 만남의 장소는 서울 남산이었다.

3부

38선을 넘으면서

1948년 여름, 남하(南下)

1948년은 남한과 북한이 모두 정부를 세운 해다. 더 이상 지체할 수 없었다. 평양에 이대로 있다가 순교를 하느냐, 아니면 이제라도 38선을 넘어 남한으로 가느냐를 결단하지 않으면 안 되는 절박한 때가 되었다.

나는 38선을 넘으려는 사람들을 몰래 수소문해서 한 팀을 만나 합류하기로 하고 강원도로 가는 안내자를 만났다. 혹시 보안원에게 남행이 들킬까봐 아무것도 가지고 갈 수가 없어 여벌 옷도 챙기지 못하고 떠났다. 내 짐은 성경책과 산파 도구가 전부였다. 남한에 가면 생활 대책이 없을 테니 산파 도구라도 갖고 가야지 했다. 옷이 너무 깨끗해도 의심을 살 수 있어 당목 적삼에 일부러 재를 묻혀 노동자 옷처럼 만들었다.

우리 일행은 강원도로 가는 기차를 타고 여러 시간을 가서 어느 산골 역에 내렸다. 내려서 보니 출구에 벌써 총을 멘 보안원이 서 있었다. 한 사람 한 사람 비껴 세우는데 나도 걸리고 말았다. 따라오라고 했다. 보안서가 좀 떨어져 있었던 모양이다. 나는 떨리는 목소리로 화장실에 갔다 오겠다고 했다.

나는 붙잡히는 순간 '아!' 하고 번개같이 지나가는 생각이 있었다. 그것은 또한 회개해야 할 나의 죄였다. 산파 공부를 하면서 "내가 취득할 산파 자격증으로 돈벌이를 하지 않겠습니다. 꼭 봉사로만 쓰겠습니다.”라며 약속을 단단히 해놓고는 남한에 돈을 못 가지고 가면 굶게 될까봐 산파 노릇을 할 생각으로 산파 도구를 숨겨가는 내 모습을 하나님은 보셨다. 잡혀가면서 “제가 이제 깨달았습니다. 하나님, 자복합니다! 용서하소서! 하나님만 의지하고 살겠습니다!” 하고 회개하고는 보따리에 숨겨 놓은 산파 도구를 똥통에 내던져 버렸다. 나는 가벼워진 봇짐을 들고 보안원을 따라 일행 몇 사람과 한 줄로 섰다. 아무리 생각해도 나는 보안원에게 단단히 취조를 받고 종교인이라는 이유로 더 험한 곳으로 끌려갈 것 같았다. 나는 고민하면서 맨 뒤에 따라가다가 산 쪽으로 도망쳐 버렸다.

해가 기울어 점점 길이 보이지 않는 어둠 속에서 떨리는 발걸음을 옮겨야 했다. 이것이 잘한 것인지 잘못한 것인지 아무 생각도 나지 않았다. “주여! 주여! 불쌍히 여겨 주소서”라는 말밖에 무엇을 어떻게 기도해야 할지 막막할 뿐이었다. 캄캄한 밤이 되었다. 불도 없었다. 산길을 걸어 보지도 못했는데 나무에 찔리고 가지에 걸리고 무서워서 땀이 났다. 방향도 없이 산으로 산으로 깊이 들어가기만 했다. 인가라도 있으면 좋으련만 아무것도 보이지 않았다. 그러다 멀리서 개 짖는 소리가 들렸다. 반갑기도 했지만 한편으로는 보안원이 나를 잡으려고 찾아다니는 것이 아닌가 염려되어 조심스럽기만 했다. 그러다 가느다란 불빛이 보였다. ‘저기 인가가 있다.’ 보안원이 잡으러 온 것 같지는 않아 집으로 다가갔다. 개가 또다시 짖기 시작했다.

“죄송합니다. 지나가던 사람입니다.”

염치없이 들어갔다. 내 사정을 모두 이야기했다. 산골 집주인은 감사하게도 나를 위로하고 먹을 것을 챙겨 주었다. 비로소 조금 숨을 돌릴 수가 있었다.

그러나 안심할 수 없었다. 잠도 오지 않았다. 이렇게 혼자서 방향도 모르고 서울로 갈 수는 없었다. 자수할 수밖에 없었다. 동이 트자 발걸음을 돌려 다시 보안서를 찾아 나섰다. 얼마간 헤매다가 내가 붙들렸던 보안소인지 아닌지도 모르는 한 곳에 찾아 들어갔다.

자백

솔직하게 다 자백했다. 도저히 도망칠 수 없어서 다시 자수하려고 산에서 내려왔다고 했다. 조사를 하더니 감방에 넣고는 저녁 때까지 가만히 두었다. 기도하면서 밤을 지새우는데 한밤중에 내 이름을 불렀다. 공산주의자들의 포악성을 잘 알고 있던 터라 무서운 마음이 들었다. 이 산골에는 보안원이 몇 명뿐인가 본데 나를 어떻게 하려고 하는 것일까? "하나님, 다니엘이 사자 굴에 들어갔을 때처럼 저를 구해 주옵소서, 보호해 주옵소서!" 어느 때든지 밖에서는 감방문을 열고 들어올 수는 있지만 안에서는 잠글 수 없는 무방비 상태였다. 밤중에 불러내니 더욱 무서웠다. 속은 떨리지만 어쩔 수 없이 침착하게 그들 앞에 섰다. 이것저것 묻기 시작했다. 사상 검증을 하는 모양이었다.

나는 예수 믿는 사람이고, 남편이 병이 있어서 서울에 가는 길이라고 말했다. 유치원 선생을 했고, 평양신학교 학생이라는 것도 밝혔다. 산파 면허를 가지고 이웃 봉사도 했다고 고백했다. 그들은 큰 소리를 치기도 하고 책상을 두드리기도 했지만 때리지는 않았다. 그것만도 감사했다. 그들이 질문한 것 중에 하나 잊히지 않는 것이 있다.

"미국 교회와 러시아 교회를 비교해 보라!"

"가보지 못해서 잘 모릅니다."

"신학교에 다녔다면서 그것도 모르나?"

"러시아에 교회가 있다면 정말 예수를 잘 믿는 사람들이 조금 있을 것이고, 미국에는 교인 수는 많지만 진정한 교인은 많지 않을 듯합니다."

그 대답이 마음에 들었던지 그날 밤은 그냥 들어가 자라고 하며 감방으로 돌려보내 주었다.

"하나님! 겨우 하루 살았습니다. 지켜주셔서 감사합니다."

한줄기의 소망

그 다음날 밤에 보안소장이 나를 불렀다.

"아주머니, 부탁 하나 합시다."

"네? 무엇이요?"

"우리 집사람이 몹시 아픈데 산골이라 어디 병원에 데리고 갈

수도 없고 해서…. 아주머니가 산파를 했다니 우리 집에 가서 좀
봐 주시오!”

하나님께서 무슨 다른 길을 주시려는 것이라는 느낌이 들었다.
환자에게 다가가 곁에 앉았다. 보안소장의 아내는 열이 높고 머
리가 아프다고 호소했다. 심한 몸살처럼 보였다. 보안소장은 몇
가지 주사약과 약들이 들어 있는 통을 보여 주면서 “나는 이것이
다 무엇인지 모르는데 아주머니가 약을 골라서 치료 좀 해 주시
지요.”라고 했다. 감사하게도 내가 알 만한 주사약이 있어 주사를
놓고 머리에 찬물 찜질을 해 주면서 밤새 정성껏 간호했다. 아침
이 되니 보완소장의 아내는 많이 나았다고 했다. 이제는 밥을 지
어야 할 차례였다. 밥과 찬을 만들어 상을 차려 두 사람이 먹도록
하고 나는 부엌에서 한 술 먹었다.

졸지에 임시 식모요, 간호사가 된 것이다. 그래도 속으로는 기
쁘고 감사했다. 하나님께서 이렇게 해서 나를 구원하신다는 확신
이 들었기 때문이다. 사흘째 되는 날 그 댁 아주머니는 열이 다
내렸고, 둘이서 이런저런 이야기를 나누었다. 듣고 보니 자기도
나처럼 남한에 가다가 붙들려 그곳에 살고 있다고 했다. 나는 또
긴장이 되었다.

‘어머나! 나와 같은 신세였다고?’ 나는 아무렇지도 않은 척하면
서 말했다.

“그래요? 사모님도 내 사정을 잘 아시겠네요. 소장님에게 부탁
해서 나를 좀 놓아 주도록 하실 수 없을까요? 정말 부탁입니다.”

그는 남편에게 전하겠다고 했다. 다음날 조반 후에 소장은 나에

게 "그동안 수고했습니다. 이제 그만 집으로 가시고 남한으로는
가지 말아야 합니다."라며 석방시켜 주었다. 할렐루야 !

기적

하나님께서 또 한 번의 기적을 베풀어 주셨다. 나는 길을 알 수
없지만 남쪽을 향해서 무조건 혼자 걸었다. 얼마나 갔을까? 이남
으로 가는 듯이 보이는 사람들을 발견하게 되었다. 알지 못하는
사람들이지만 위험한 길을 같이 가다 보니 나를 동정했고 친절하
게 대해 줬다. 20명 정도가 한 명의 안내자를 사서 길안내를 받고
있었다. 한 번은 걷다가 안내자가 경고했다.

"점점 위험한 데로 가고 있으니 여기서부터는 아무 소리도 내지
말아야 합니다."

"이제부터는 어둡기까지 합니다. 여기 숲속에 숨어 있다가 밤이
되면 조금씩 움직일 겁니다."

무리들은 아무 소리도 내지 않고 조용히 낮잠을 자거나 책을 보
거나 하면서 기다릴 수밖에 없었다.

장맛비

비가 오기 시작했다. 장대비가 내리는데 안내자가 "우리는 또

가야 합니다.”라고 말했다. 비가 오면 빗소리에 움직이는 소리가 묻혀, 숨어 있는 군인들에게 잡힐 확률이 낮기 때문에 이동하기 좋다고 했다. 밤새 내린 비로 옷이 몸에 들러붙고 보따리가 다 젖어도 안전하니 좋다는 것이다. ‘캄캄한 밤에 뒤떨어지면 이 산에서 혼자 죽겠구나.’ 하는 생각을 하니 죽을힘을 다해 일행을 따라가겠다는 생각뿐이었다. 미끄러지기도 하고 기어가기도 했다. 그것도 안내자가 한 20미터쯤 가보고 돌아와서 오라는 지시를 내리면 가고, 아니면 함께 우두커니 기다려야 했다.

기다리는 시간이 길어지자 몸이 으스스 추웠다. 그러다 밤중에 어디선가 갑자기 ‘쾅!’ 하는 소리가 들렸다. 너무 놀라 발을 헛디뎠는지 나는 그만 벼랑에 떨어지고 말았다. 칡넝쿨에 걸려 부상은 당하지 않았지만, 그만 신발 한 짝이 떨어졌다. 너무 놀라고 캄캄해서 찾을 수도, 찾을 용기도 없었다. 한 발은 맨발로 다니게 생겼다. 우선 이 총소리가 우리를 향한 것이면 ‘누가 죽지나 않았나?’ 알고 싶었지만 물어볼 사람도 없었고, 보이지도 않고 해서 새벽이 되도록 이 상태에서 가만히 기다리는 수밖에 없었다.

온몸은 젖은 옷에 감싸여 점점 더 추워졌다. 하지만 어떻든 내가 살아 있다는 것만으로도 감사했다. 그런 생각을 하던 중 훤히 동이 트기 시작했다. 그제야 사람들이 보였다. 죽지 않고 살아 있어서 고맙다는 웃음과 눈인사를 나누면서 우리는 다시 모였다. 늦장마인지 비가 쉬지 않고 계속 내렸다.

배고픔, 또 한 번의 약속

하루는 어느 산골 집을 발견해 그 집에 들어가 젖은 옷을 말리고 사 놓은 감자도 먹으며 조금 쉬었다. 그때까지 비는 계속 내렸다. 하루를 거기서 묵었다. 하루가 지나자 식량이 떨어졌다. 게다가 우리가 머무는 산등성이 위에 있는 집은 사방으로 개울물이 흐르는데 많은 비로 물이 불어난 바람에 우리 일행과 집주인 모두 고립되었다. 비가 멎고 개울물이 줄어야 건너갈 수 있는데 물살이 너무 거세어 어찌할 도리 없이 모두 사흘 동안이나 굶을 수밖에 없었다.

나는 사흘 금식을 해본 적은 있었지만 양식이 없어서 억지로 굶어 본 일은 없었다. 정말 힘들었다. 손가락 하나 까딱할 힘도 없었다. 이런 증상을 허기가 든다고 하는 것인지 모르지만 여하튼 꼼짝할 수 없었다. 비가 좀 멎자 시냇물이라도 먹으려고 벌벌 기어서 잔디를 지나 물가로 갔다. '이 잔디를 먹으면 안 될까? 소는 먹는데 사람이 먹으면 죽을까?' 파아란 풀이 먹고 싶었다. '아니지, 이건 사람이 먹는 게 아니지.' 하고 들여다보는데 거기에 조그만 풋고추 한 개가 달려 있었다. '저건 먹어도 죽지 않는 것이다.' 고추를 따서 먹었다. 어찌나 매운지 콕 쏘는 것이 뱃속에 들어가니 가슴까지 아팠다. 눈물이 났다. 매워서 울었지만 마음이 말할 수 없이 슬퍼지면서 설움에 겨워 울기 시작했다.

개울물 소리가 요란해서 다른 사람들은 내 울음소리를 듣지 못하니 마음놓고 울어 버렸다. 배가 고프니까 서러웠다. 그러자 순간 '김일성 때문에 내가 죽게 되었지! 김일성 때문에 기독교 박해가 일어나게 됐다.'는 생각이 들며 김일성에 대해 분노가 일어났다. 교회가 없어지고 하나님의 자녀들이 박해를 당하는 세상이 되었다는 것이 슬펐다. 배고픔이 이토록 사람을 서럽게 하는 것인 줄 미처 몰랐다.

그러다 문득 '예수님도 시장하셨지. 밤새 기도하시고 시내로 들어오실 때 시장하시어 무화과나무를 살펴보았으나 아무 열매도 얻지 못하셨지.' 하는 생각이 갑자기 떠오르면서 다시 눈물이 났다. 이것은 또 다른 감격의 눈물이었다. '주님! 주님은 하나님의 아들이시면서 만물을 창조하신 주님이신데 왜 이 같은 고생을 당하셨습니까? 세상에서 구더기같이 사는 나는 당한다고 해도 왜 이 고생을 주님이 당하셨나요? 날 사랑하시기 위해 이같이 인생의 밑바닥 체험까지 하셔야 했습니까? 십자가 고통은 생각해 보았지만 이런 배고픈 자의 서러움과 고통을 당하신 것은 상상해 보지 못했었습니다.' 마구간에 나서서 모진 박해뿐 아니라 인간생활 밑바닥의 고통, 배고픔의 고난까지 다 체험하신 주님을 생각하면서 '나는 누구며 주님은 누구십니까? 나는 구더기 같은 인간이 아닙니까? 나는 당신이 없는 것같이 여기셔도 되는 벌레 같은 존재입니다. 그런데 날 위해 이 고난을 받으셨다니요….'

나는 목 놓아 울고 또 울었다. 창일한 개울물 소리가 내 울음소리를 덮어 주었다. 한참 울고 나니 찬송이 터져 나왔다 "내 너를 위하여 몸 버려 피 흘려…." "나 같은 죄인 살리신…." 확실히 무슨 찬송을 했는지 기억나지는 않으나 목이 터져라 찬송을 크게 몇 곡 불렀다. 땀이 나도록 불렀다.

나는 놀랐다. '있는 힘 다해 겨우 기어온 내가 어디서 이토록 힘이 났지? 어디서 생긴 힘일까? 아! 사람이 떡으로만 살 것이 아니라 하나님의 말씀으로 산다고 한 말씀이 이 말씀이구나! 이 순간 나는 말씀의 힘으로 사는구나. 오! 놀라우신 하나님, 이제부터 내 삶은 주의 것입니다. 죽지 않고 살아서 남한에 보내 주시면 굶든지 먹든지 집이 있든지 없든지 상관하지 않고 주님 인도하시는 대로만 살겠습니다. 주의 제단에 이 생명 바칩니다. 주 예수보다 더 귀한 것은 없습니다.'

38선을 넘다

드디어 장맛비도 그치고 개울물도 줄어들어 다시 산길을 걷기 시작했다. 가장 위험한 38선에 가까이 갈수록 경비는 삼엄했다. '피차 말하지 말 것! 낮 시간에는 꼼짝하지 말고 기다릴 것! 행진하는 밤중에 안내자를 소리 없이 따라올 것!' 등 주의를 주고, 또 주었다.

목숨이 걸린 모험이니 얼마나 긴장되었는지 모른다. 그래도 한 걸음씩 서울이 가까워진다는 생각에 넘어져도 미끄러져도 소리 한번 못 내고 따라갔다. 우리 눈에는 어디가 북쪽이고 어디가 남쪽인지 도저히 알 수 없었다. 행진이 계속되던 어느 날 안내자가 경계선을 알고 말했다.

"이제 넘어왔습니다."

일행은 두 손을 쳐들고 외쳤다.

"만세! 만세!"

몇몇 기독교인들은 할렐루야를 소리쳤다. 나는 눈물로 감사기도를 드렸다.

산 밑에 사람들이 보였다. 남쪽 사람들이었다. 그들은 피난민을 위해 주먹밥을 들고 기다리고 있었다.

"고생하셨습니다! 반갑습니다!"

웃음지어 주는 아주머니들! 그네들의 손길이 너무 아름다웠다. 우리는 "고맙습니다! 감사합니다!"를 연거푸 했지만 그것으로는 우리의 벅찬 가슴을 다 표현할 수 없었다.

남한 기차가 우리를 기다리고 있었다. 우리 일행뿐 아니라 북쪽에서 내려오는 그룹들이 꽤 많이 모여들었다. 모두가 허름한 옷차림의 얻어먹는 사람들이었다. 그러나 이제 더 이상 불평은 없고 벅찬 감사뿐이었다.

청량리 정거장에 도착했다. 서울 시내에 온 것이다. 나는 완전히 무일푼이었다. '이제 어디로 가지?' 그래도 혈육을 찾아갈 수밖에 없었다. 나보다 일찍 남하하신 백부 **주요남** 장로님 댁을 찾아갔다.

청량리에서 을지로까지 걸었다. 겨우 그 집을 찾아냈다. 나는 영락없는 거지꼴이었고 돈도 한 푼 없었다. 하지만 들어갈 수밖에 없었다. 백부님과 육촌 형제들이 반겨 주었다. 너무 고마웠다. 나는 평양을 떠난 지 12일 만에 서울에 도착한 셈이었다. 보안서에서 3일, 산골 집에서 3일, 그 나머지는 하룻밤 도망쳐서 잔 것.

그러고 보면 숲속에서 4-5일을 지낸 셈이었다. 이제 염려는 우리 식구들이었다. 바다로 오기로 했는데 풍랑을 만나지 않았는지, 보안원에게 붙잡히지는 않았는지 걱정되었다.

식구들을 만나다

약속대로 매일 남산에 올라가 두리번거리며 초조히 기다리다 내려오곤 했다. 하나님의 보호하심으로 3-4일 후에 가족들을 꿈처럼 만났다. 그 사망의 음침한 골짜기를 다녔는데도 해를 당하지 않고 승리하게 하셨다. 할렐루야!

낯선 서울 길에서 뜻하지 않게 권사님 한 분을 만났다. 평양 동광교회 최 목사가 시무하던 교회의 교인을 만났는데 그이는 원래 서울 사람으로 임시로 평양에 살면서 교회를 섬기고 있던 전형적인 서울 여성이었다. 보기에 60세 정도 된 교양 있는 분이었다. 그 권사님은 마포에 본래부터 집을 가지고 있다고 했다.

마당도 있고 방도 많이 있는데 두 내외만 살고 있는 집이라고 했다. '하나님의 인도하심이 어찌 그리 아름다운지요.' 아무 짐도 없이 그 집으로 이사를 갔다. 단칸방도 너무 좋았다. 기본적인 살림 도구를 사다 놓고 마포구 동막교회에 나가서 봉사하며 신학교에 갈 생각으로 남산 장로회신학교에 편입 수속을 했다.

쌀을 몇 되 사다가 베개 대신 베고 잤다. 쌀이 날마다 줄어들며 베개가 낮아졌다. 마당이나 다른 곳에서 나뭇조각을 구해 불을 때면서 밥을 지어먹고, 옷은 단벌로 밤에 빨아 아침에 털어 입는 형편이었다. 어머니는 요리 솜씨가 있을 뿐 아니라 창작으로 만들기도 잘하셨다. 이제 어머니가 또 밥벌이를 하기로 마음을 정하신 모양이었다. 밀가루를 사오시더니 팥을 가지고 속을 넣은 호빵을 만들어 먹어 보시고는, 큰길가에 나가서 빵장사를 시작하셨다.

4부

환난 날에 새 생명을 얻다

/ 박형룡 박사님과 함께한 신학생들(1953년경)

장로회신학교 편입

어찌되었든 굶지 않고 세 식구가 먹고 살았다. 9월 학기가 시작
되면서 나는 편입 등록을 마쳤다. 전차표를 살 돈이 없었다. 마포
집에서 남산까지 꼬박 걸어다녔다. 북한에서 공부하던 것과는 비
교가 안 되게 힘들었다. 우선 어학이 뒤떨어졌다. 나는 여학교에
서 영어를 조금 배웠지만 미일전쟁이 나면서 중단되어 처음부터
시작해야 했다.

남한에서의 신학 공부 역시 북한에서처럼 교수님의 강의에만
전적으로 의지할 수밖에 없었다. 교과서나 참고서가 전혀 없었다.
강의를 듣는다고는 하지만 교실은 일본 신사자리의 가장 넓은 방
다다미 위에 앉아 책이나 책가방을 엎어놓고 그것을 책상 삼아

강의를 받아 적는 수준이었다.

우리 반에는 여학생들이 10명 내외이고 남학생들은 30명 정도였다. 모두 가난한 시골 전도사 아니면 나와 같은 탈북자들이었다. 모두 어려운 시절에 은혜를 받고 온 탓에 분위기는 순수하고 뜨거웠다. 고려신학교에서 **박형룡** 박사님을 모시고 서울로 올라온 신앙 동지들이 분위기를 잡고 있었고, 몇몇 남학생들 중에는 평양신학교를 다녀 낯익은 사람들도 있었다. **문창권**, **김윤국**, **박창환** 전도사 같은 사람들도 나처럼 북한에서 온 학생들로 내가 공부하는 데 도움을 주었다.

영해교회 이야기

한 학기가 끝나자 경상도 영덕군 영해면 영해교회에서 최 목사를 초청해 가기로 결정했다. 교인이 20명이고 교회가 세워진 지는 40년 쯤 된 교회였다. 가난하고 교인도 적은 교회에 부임하게 되었다. 최 목사는 아직 몸은 강건하지 못해도 강단에서 죽을 각오를 한 사람인지라 교회를 맡게 된 것을 기뻐했다.

조그만 마을에 하나밖에 없는 교회인데, 교인들은 대개 가난한 사람들만 모인 것처럼 인식되어 있었다. 나는 마을에 광고를 내고 교회에서 무료 유치원을 하기로 했다. 유치원이 없는 곳이라 면장네 아이, 경찰 서장네 아이가 모두 모였다. 나는 20여 명의 아이들과 함께 중학교를 졸업한 교회학교 선생을 조수로 두었다.

원장 겸, 보모로 모든 일을 하면서 도시 유치원 못지않게 기독교 교육을 정성스럽게 가르쳤다. 혹시 갑자기 비가 오면 아이들을 집에 업어다 주기도 했다. 사람들은 감격스러워 하며 피난민 목사 가정을 환영하고 좋아해 주었다.

/ 영해교회 교인들과 함께(1951년경)

영해 근방은 산이 험하고 바다를 안고 있어서 공기도 좋고, 인심도 좋았다. 말씨가 달라서 약간 곤란한 때도 있었지만 순박한 이들은 그런대로 잘 넘겨주곤 했다. 심방을 가면 때때로 옛날 풍습대로 아랫방과 윗방이 나뉘어 있어서 남자는 윗방으로 가고 여자는 아랫방으로 따로 들어가야 했다. 예배를 드릴 때는 두 방 사이에 뚫어 놓은 좀 넓은 구멍을 통해 서로 들을 수 있게 했다. 한번은 영해읍에서 20리 정도 산으로 들어가 있는 옛날 교회에 가 보았더니 그 교회는 그때까지도 남녀가 서로 보지 못하도록 휘장이 쳐져 있었다.

1948년 대한민국 정부는 세워졌지만, 이념의 분열로 경상도 산 속에 좌파들이 숨어 살았다. 그들은 밤이 되면 횃불로 암호 교통을 하는지 산꼭대기에서 불빛이 번쩍거렸고, 때로는 산에서 내려와 선량한 사람들을 살해하는 경우도 있어서 사람들은 불안해했다.

환난의 날 새 생명을 얻다

최 목사는 병이 있어도 남 보기에는 여전하고 큰 실수 없이 목회를 부지런히 감당하고 있었다. 그러나 남편의 병환 때문에 쉬지 않고 기도하며 아버지 하나님께 매달리고 있었다. 조그만 그 교회당에서 기도하면서 울다가 일어나 눈물에 젖은 눈으로 창가에 서서 찬양을 부르곤 했다.

"하늘 가는 밝은 길이 내 앞에 있으니, 슬픈 일을 많이 보고 늘 고생하여도… 내가 염려하는 일이 세상에 많은 중 속에 근심 밖에 걱정 늘 시험하여도 예수 보배로운 피 모든 것을 이기니 예수 공로 의지하여 항상 이기리로다!"

찬양을 하면서 주님이 주시는 소망과 위로로 날마다 새 힘을 얻으며 광야생활을 견뎌냈다. 농촌의 순박한 젊은이들은 내게 "사모님, 사모님!" 하며 애송이 사모를 따라 주었고 조금씩 교인들이 모여들었다. 당시 교인 중에 목회자가 세 사람, 목사 부인이 한 사람 나온 것으로 기억한다. 하나님께 감사드린다.

1949년 늦가을 새벽 우리 세 식구는 일상대로 새벽기도회를 위해 언덕 위에 있는 교회당으로 올라갔다. 청년들과 노인 몇 분이 제법 나와 기도회를 끝마치고 헤어진 후에 최 목사가 여전히 강대상 밑에 엎드려 기도하는 것을 보고 나는 집으로 내려왔다. 아침상을 차려 놓고 기다려도 최 목사가 집에 오지 않자 좀 불길한 생각이 들었다.

산 위에서 빨갱이가 내려와 어떻게 하지나 않았나? 아니면 또 졸도한 것은 아닌가? 어머니와 나는 급한 마음에 교회당으로 뛰어올라 갔다.

교회당은 비어 있었다. "어머나! 무슨 일이야?" 가슴이 철렁했다. 다시 나와서 화장실 쪽으로 가보았다. 거기에 최 목사가 누워 있는 것이 아닌가! "여보!" 하고 달려가 흔들어 보았다. 벌써 몸은 식어 있었고 가슴만 따뜻했다. 어머니는 늘 나보다 강하셨다. 어머니는 벌써 마을 의사를 찾아 뛰어내려 가셨다. 나는 발을 뗄 수가 없어서 그 자리에 주저앉았다. 아무리 불러도 아무리 만져도 깨어나질 않았다. 나는 "여보! 당신 승리했군요." 이것이 내 속에서 나온 첫 소리였다. 왜냐하면 남편이 항상 "나는 강대상 밑에서 죽어야 해!"라고 말하던 그대로였기 때문이다. 정말 죽도록 충성하기를 원했기에 승리한 것 아닌가. 한편으로는 '지병 때문에 5-6년 동안 자기와 싸우며 살았는데 이제 주님의 품에 안기었으니 승리가 아닌가?' 하는 생각도 들었다. 주님의 위로도 컸지만 인간적인 슬픔과 허무와 고독이 한꺼번에 나를 휘감아 왔다.

이웃 마을 목사님과 불쌍한 우리 교인들, 마을 사람들까지 와서 위로해 주려고 노력했지만 아무것도, 그 누구도 위로가 되지 못했다. 오직 주님의 영으로만 나를 위로할 수 있음을 경험했다.

장례식이 끝났다. 집에 돌아오니 너무 기가 막히게 집도, 마음도 텅 비어 있었다. 벽에 걸린 최 목사의 회중시계는 살아서 '똑딱똑딱' 소리를 내고 있었다. 사람이 시계만도 못한 것인가?

그때 유치원 아이(신귀자) 어머니가 문상을 하러 들어섰다. 그는 영해읍 불교 여성회 회장이자 마을에서는 제일가는 부잣집 맏며느리로 딸 하나를 낳고 과부가 된 활달한 아주머니였다. 악수를 하면서 나도 모르게 불쑥 말이 튀어나왔다.

"귀자 엄마, 예수 안 믿고 혼자 어떻게 살아요?"

귀자 엄마가 놀라면서 되물었다.

"예수 믿으면 뭐가 달라요?"

"예, 달라요. 우리 최 목사는 천국에 갔거든요. 나도 얼마 있다가 가서 만날 것을 믿어요."

내 말을 듣고 귀자 엄마는 업고 있던 애를 내려놓고 진지하게 나에게 다가왔다. 나는 이분이 꼭 예수님을 믿도록 전도해야겠다는 생각이 간절했다. 그래서 간단하고 알기 쉽게 복음을 전했다. 귀자 엄마는 아주 명석한 이해력을 가졌고, 복음에 대해 열심을 품고 이해하려고 노력하는 것이 확실했다. 얼마나 시간이 흘렀는지 어느덧 수요예배 종소리가 울렸다. 귀자 엄마에게 오늘 예배에 참석할 마음이 있느냐고 물었더니 "그럼요. 사모님 따라 교회에 가겠습니다." 하는 것이 아닌가.

우리 두 사람은 손을 잡고 교회로 올라갔다. 문을 열어 보니 교인들이 벌써 와서 훌쩍훌쩍 울고 있었다. 나는 귀자 엄마를 인도할 마음 하나로 아무렇지도 않게 나란히 앉아서 함께 찬송가를 부르고 성경을 찾으며 기쁜 마음으로 예배를 드렸다. 교인들은 귀자 엄마 옆에 있는 나를 본 순간 놀라 울음을 멈췄다. 나는 아무 일도 없었던 것처럼 은혜롭게 예배를 드렸다. 기적이었다. 성령님의 위로와 섭리로 온 교회는 마음의 부흥을 경험했다. 귀자 엄마는 밤이나 낮이나 우리 집에 와서 같이 먹고 마시며 시간 가는 줄 모르고 성경공부를 했고, 그이는 마을에서 불교를 믿는 집에 다니며 서슴지 않고 전도를 했다.

영덕성경학교

얼마 안 되어 영해읍에서 30-40리 떨어져 있는 영덕교회에서 지방 성경학교가 열렸다. 나는 성경학교 강사로 가게 되었는데, 귀자 엄마는 나를 떠날 수 없다며 따라나섰다. 아직 세례도 받지 못했지만 성경학교 학생이 될 뿐 아니라 내가 먹을 밥을 해주면서 한방에서 한 달을 같이 지내게 되었다. 딸 귀자도 집에 떼어놓고, 훌륭한 학생 노릇을 하며 정성껏 나를 섬겨 주었다. 하루는 귀자 엄마가 말했다.

"남편과 신혼여행을 갈 때보다 더 행복해요." 나 역시 행복했다. 내 슬픔을 거두어 주시는 하나님의 섭리를 찬양할 수밖에 없었다. 가장 비통한 날, 텅 빈 내 마음을 영혼을 구하는 행복으로 채워 주시는 우리 아버지의 솜씨와 그 섭리, 그 사랑에 놀랄 수밖에 없었다.

/ 영해교회 주일학교 교사들과 함께(1951년)

한 장의 위로편지, 비상할 용기를 얻다

며칠 후에 장로회신학대학교 학장님이신 **박형룡** 박사님께서 내게 위로의 편지를 보내 주셨다. 그분의 글은 나에게 새 소망과 큰 힘을 주었다.

"남편 최 목사는 하나님께서 불러 가셨지만 주 선생이 최 목사 일을 뒤이어 하라는 하나님의 뜻이 있으니 분발하십시오."

간단한 글이었다. 매시간 위로도 받았지만 무엇인가에 눌려 있던 나에게 확실하고 구체적인 방향이 새롭게 보이는 순간이었다. 일어나자! 주님 인도 따라 강하고 담대하게 싸우며 나가보자! 하나님께서 새 용기를 주셨다.

/ 장로회신학교 교수님들(가운데 왼쪽부터 김양선, 권세열, 박형룡, 명신홍 목사)과
　함께한 여학생들(1950년)

　그 이듬해 새 학기가 되면서 영해교회에는 새로운 목사님이 오시게 되었다. 새로 부임한 목사님은 황해도에서 독신으로 피난 오셔서 나와 같은 학교에서 신학을 하신 **민병련** 목사님이셨다. 어머니는 새로 오신 목사님의 식사도 돕고 심방도 도우면서 지내시도록 하고, 유치원은 도우미로 같이 일하던 선생에게 맡기고 나는 서울로 올라왔다. 평양신학교에서는 1년 3학기제였지만 장로회신학교는 2학기제여서 한 학기를 더 하기로 하고 졸업반에서 공부하게 되었다. 나는 장로회신학교 제3회 졸업생이 되었다.

해방촌 신학교 여자 기숙사

남산 해방촌은 북한에서 온 피난민이 많아서 '해방촌'이라고 했
는지, 유달리 북한 사람이 많이 살았다. 그만큼 가난한 사람들이
많이 사는 곳으로 이곳에서 자그마한 방을 두세 칸 얻어 장신대
여자 기숙사로 쓰고 있었다.

학생들 대부분이 나보다 나이 많은 형님들이었다. 사감이 없어
서 나이가 제일 많은 **조상주** 형님이 자연스럽게 사감 선생님 역할
을 했다. 밤늦게 들어오거나, 화장을 진하게 하거나, 립스틱을 칠
하거나 하는 사람은 호되게 야단을 맞고 형님들을 만나게 되었
다. **조상주** 형님 역시 평북 말씨를 썼다.

미인인 **최응원** 언니는 평북 신의주 남고녀 출신으로 신사참배를
거절하고 감옥에 갇혀 있다 나온 출옥 성도였다. 학생은 10명가
량 있었는데 모두 가난한 탈북 피난민이었다.

잠시 이곳에 머물다가 이북 피난민 여학생들에게 무료로 숙식
을 제공하는 학사가 생겨서 그곳에서 생활하게 되었다. 충무로에
있던 적산 양옥인데 북한에서 온 여자 대학생들을 수용하는 곳으
로 송죽원이라 불렀다. 사감 역시 북한에서 오신 **이신덕** 선생님이
었다. 서울대학교를 졸업한 **이신덕** 선생님은 그 후 숭의여자고등
학교 교장을 오래 하셨고, 은퇴 후에는 고아원 원장으로 봉사하
셨다.

피난민 대학생을 위한 이 학사는 건물은 크지만 난방이 안 됐
고, 그 당시 전기도 잠시 들어왔다가 얼마 안 되어 나가곤 하는

곳이었다. 무료로 제공되는 식사는 아침, 저녁 알루미늄에 담긴 죽 한 그릇이 고작이었다. 추운 겨울 난방이라고는 전혀 되지 않는 곳에서 미군들이 쓰던 매트리스 한 개에 두 사람이 같이 누워 잤다. 조금 따뜻하게 자는 방법이 있었는데, 두 사람이 서로 거꾸로 누워 내 발은 옆 사람의 겨드랑 밑에, 옆 사람의 발은 내 겨드랑에 감싸고 자면 발에 따뜻한 기운이 돌아 잠이 잘 왔다.

장로회신학교 여학생들은 모두 공부에 바빴다. 북한에서 모두 영어를 배우지 못했는데 영어는 필수요, 성경과 신학 외에도 헬라어, 히브리어도 해야 하니 힘들 수밖에 없었다. 영양이 부족해 눈이 침침한 데다 밤에 불을 켤 수 없을 때가 많아 공부하는 데 고생이 심했다. 그때는 잉크를 썼는데, 빈 잉크병에 석유를 담아서 솜이나 헝겊으로 심지를 만들어 불을 켰다. 그렇게 펄럭거리는 뿌연 불 밑에서 매트리스를 깔고 공부를 했다. 이불이나 담요를 뒤집어쓰고 책을 읽노라면 졸음이 몰려와 꾸벅거리며 졸다가 불에 닿아 머리카락을 태우는 일도 있었다.

점심도 못 먹고 오후 4시까지 바닥에 앉아서 공부를 하다가 밖에 나와 보면 푸른 하늘이 노랗게 보였다. 영양 상태가 더 나빠질 때는 한 줄을 읽고 나면 그 다음 줄은 새까맣게 보였는데, 눈을 한번 문지르고 나면 한 줄씩 또 보였다. 어쩌다가 납작하고 조그만 100원짜리 미군 통조림을 사서 먹고 나면 단번에 환하게 눈이 열렸다. 그토록 확실한 약이 없었다.

큰 죽 그릇을 골라 주던 이필숙

　　신학교 졸업 후에 내가 여전도회 전국연합회 회장을 할 때 30대 초반의 **이필숙**은 총무가 되어 나와 함께 여전도회를 마음껏 섬겼다. 성화(聖畵)가 별로 없던 그 시절, 성화로 선교 달력을 만들어 외지 선교를 돕고 여전도회 월례회 책을 처음으로 만들어 전국에서 동일한 말씀으로 은혜를 나누고, 같은 제목으로 기도하도록 했다.

　　산업선교뿐 아니라 세계교회여성회와 교류하면서 우리의 세계관을 넓히기 위해 노력했다. **이필숙**은 지혜롭고 민첩하여 여전도회 총무를 여러 차례 섬겼다. 그이는 미국에 살면서도 그 당시 우리 농촌 교회를 이름 없이 섬기는 여전도사들을 돕느라 초교파적인 '여교역자 연합선교회'를 창설해서 많은 농촌 교회를 도우며 살았다.

/ 탈북학생 기숙사 시절 큰 죽 그릇을 골라 주던 친구 이필숙(1950년경)

북한과 중국에 다니며 공부하던 친구 **이필숙**은 나보다 3년이 어렸다. 그런데 충무로 여학생 기숙사에서 나를 얼마나 사랑해 주는지 아침저녁 나오는 죽 그릇 중에서 조금 더 많아 보이는 그릇으로 골라서 내게 주었다. 그러면서 하는 말이 "언니는 나보다 몸집이 크니까!"였다. **이필숙**은 나보다 훨씬 작아서인지 행동이 재빨랐다. 자기도 배고픔을 당하면서 큰 죽 그릇을 골라 주는 사랑을 베풀었다. 나는 그런 사랑을 해보지 못한 사람이다.

이필숙은 내 평생의 친구요, 동역자다. 그녀의 사랑을 받기만 하고 갚지는 못했는데 이 친구는 2009년 LA 가난한 요양원에서 천국에 가고 말았다.

손양원 목사님의 수양회 인도

신학교 수양회에 **손양원** 목사님이 오셔서 부흥회를 인도하신 것은 특별한 하나님의 은혜였다. 수양회는 손 목사님의 두 아들 동인과 동신의 순교 후였다. 여수·순천사건에 두 아들을 잃고 자식을 살해한 사람을 양아들로 삼으셨다. 때로는 생생하게 때로는 목이 메어 간증하시는 모습을 떠올리면 지금도 가슴이 찡하게 울려온다.

자그마한 체구에 주님을 사랑하는 불같은 마음으로 아들 동인과 동신의 죽음에 대한 6가지 감사를 하나하나 들어가며 하신 말씀은 나와 우리 젊은이들의 폐부를 찌르는 듯했다. 기억을 더듬

어 보면 "하나, 집안에 순교자가 난 것에 대한 감사. 둘, 한 사람
도 아닌 두 사람을 하나님께 바친 데 대한 감사. 셋, 가장 잘나고
유망한 아들들을 순교자로 바칠 수 있어서 감사. 넷, 두 아들을
죽인 사람을 용서할 수 있어서 감사. 다섯, 그 사람을 **동인**이와 **동
신**이 대신 내 아들로 삼을 수 있어서 감사. 여섯…."

다 기억할 수 없음이 한스럽다. 나는 그의 성령에 사로잡힌 투
명한 인격과 사랑으로 끓어 넘치는 설교에서 내 양심에 찔림을
받았다. 그래서 부끄러움을 무릅쓰고 시험 시간에 커닝한 죄를
손 목사님께 자복하지 않을 수 없었다. 나뿐 아니라 많은 학생들
의 회개의 통곡소리가 그 넓은 방 안을 흔들었다.

담을 넘어 다니는 기도꾼들

늘 배가 고프고 피곤했지만 우리 피난민 여학생들은 금요일 저
녁마다 6-7명씩 모여 철야 기도하는 것을 빼놓지 않았다. 우리
기숙사에서 아주 가까운 곳에 충무로교회가 있었다. 피난민 여학
생 기숙사는 밤 10시만 되면 사감 선생님의 점검이 있었고, 절대
나갈 수 없도록 커다란 대문을 굳게 잠그게 되어 있었다.

이신덕 사감 선생님은 철저하게 여학생들을 보호하셨다. 믿지
않는 일반 대학생들을 단속하는 일은 더 어려웠으리라 생각된다.
기도를 해야 했던 우리에게 그 대문이 문제였다. 담장은 높고, 육
중한 대문은 쉽게 여닫을 수도 없었다.

사감 선생님의 점검이 끝난 후 우리는 몰래 모여서 현관문 밖으로 나왔다. 대문은 닫혀 있었고 안에는 청결통이 있었다. 청결통에 올라가면 담을 넘을 수 있어 보였다. 평양에서 오신 **양효숙** 언니가 용기를 내어 담을 넘었다. 안에서 닫힌 문을 열고 우리는 밖으로 나왔고, **양효숙** 언니는 밖으로 나온 사람들의 도움으로 밖에서 다시 담을 넘어 들어가 문을 잠그고, 또 안에서 청결통에 올라가 넘어오면 우리가 떠받들어 조용히 내려오게 했다. 처음 한 번 성공하고 보니 문제는 쉽게 풀렸다. 철야를 하고 집에 들어갈 때도 똑같은 방법으로 밖으로부터 들어가 문을 열어 주면 우리 중에 둔한 사람들은 그냥 들어가서 문을 닫으면 됐다. 사감 선생님은 감쪽같이 모르고 계셨다.

우리는 도적처럼 교회에 들어갔다. 각자 마루에 엎드려 기도를 하고 밤중쯤 되면 둘러앉아서 예배를 드리고 한 사람씩 돌아가며 기도를 했다. 이 시간에는 회개기도를 주로 했는데 하나님 앞에서와 기도 동지들에게 내 잘못을 고백하는 시간이었다. 마음에 시험이 드는 기도제목을 내어 놓으면 중보기도를 해 주었다. 나는 이 시간을 통해서 영적으로 아주 깨끗해지는 경험을 했다. 서로 고백하고 위로하고 사랑하는 아름다운 기도 공동체였다. 북한에 식구들을 두고 혼자 넘어온 대부분의 학생들이 마음의 치유를 받는 기회가 되기도 했다. 우리는 담을 넘어 다니면서라도 이 시간만은 놓칠 수 없었다.

그런데 문제가 또 있었다. 겨울이 되니 난방이 하나도 안 되는 곳에서 철야를 하려면 보통 추운 것이 아니었다. 내복도 변변치

/ 남산신학교 시절 산기도(1950년)

않았던 우리에게 기숙사 방도 춥지만 교회당 안은 더욱 추웠다. 견디다가 새벽녘이 되면 추위와 싸우느라 기도를 할 수가 없었다. 우리는 서로의 체온으로 녹여 보려고 맞대고 앉았다가 결국은 한 사람 위에 또 한 사람이 엎드리고, 그 위에 또 한 사람이 엎드려 서로의 체온과 몸무게를 감당해 보느라 안간힘을 썼다. 손까지 꽁꽁 얼어 오면 담을 넘을 생각이 났다. 그래도 잠자리가 있는 곳을 찾게 되었다. 그러나 우리는 하나도 슬퍼하지 않았다. 이것이 주를 위한 약간의 고생일 뿐이기에 행복해서 서로 보고 웃었다. 재미있는 것처럼!

우리는 북한에서 당할지 모를 순교를 피해 남하한 신학생으로 일제강점기 때는 신사참배를 했고, 공산당 치하에서는 피난을 나와 버린 죄책감 때문에 모든 고난은 우리에게 합당한 일로 여기고 그것을 감수하는 데 익숙해졌다.

특히 **최응원** 언니는 일제강점기에 신사참배를 거절하여 학생의 몸으로 옥고를 다 치르고 해방 후에 출옥한 사람이었다. 때때로 속옷의 고무줄을 다 빼서 바쳐야 했기 때문에 항상 속옷을 붙들고 다녀야 했다는 등 언니가 당한 옥중생활을 이야기해 주곤 했다. 교역자들도 다 항복하고 말았는데 언니는 꼬박 몇 해를 일본 사람에게 치욕을 당하면서 옥고를 치른 여학생이었다. 나는 언니가 주를 사랑하는 열정이 얼마나 큰지를 생각하며, 그를 존경하는 마음으로 따르고 있었다.

하루는 언니가 학교에서 돌아오면서 가지고 갔던 책가방을 급하게 나에게 건네주면서 "주 선생, 이것 좀 받아!" 하고는 서둘러 어디론가 가 버렸다. 그 후에 언니를 만나서 물었다.

"언니 배 아프셨어요?"

"아니, 왜?"

"아까 배 아프셔서 변소 가시는 줄 알았어요."

"아니야. 그저 기도를 좀 급히 해야 해서."

"언니, 난 언니가 뒤가 마려운 줄 알았는데, 기도가 마려웠군요."

"그래, 기도가 마렵다. 그거 말이 되네."

우리 둘은 이야기를 주고받으며 웃었다. 그 다음 기도 동역자들을 만나서 이야기하면서 "**최응원** 언니는 기도가 마려운 사람, **양효숙** 언니는 기도할 때면 늘 '이 죄인은, 이 죄인은' 하니 죄가 마려운 사람"이라고 했더니 누가 "선애는 찬송이 마려운 사람 아니야? 늘 콧노래를 하며 다니니까!" 한다. 우리는 이처럼 항상 웃으며 살았다. 겉모양은 단벌 옷에 거지 같았지만 주님이 주시는 영의 양식으로 숨은 평강을 누리며 살았다.

최응원 언니는 목사 부인이 되어 부산초량교회를 섬기다 몇몇 자녀를 두고 주님 앞에 먼저 가셨다. **양효숙** 언니는 결혼도 안 하고 서울 시내 영암교회와 연동교회 등에서 시무하시다가 용문 여교역자 안식관에서 봉사하시면서 내가 탈북자들을 데리고 매달 한 번씩 찾아가면 제일 기뻐하며 반겨 주실 뿐 아니라 탈북자들을 보듬고 사랑해 주셨다. **양효숙** 언니도 이제는 하나님 나라로 가셨다.

신학교 고학생들

등록금을 내지 못하면 광고판에 학생 명단을 써 붙였다. 내 이름도 들어 있었다. 얼마나 창피한지 '아무래도 내일은 학교에 나오지 말아야지….' 생각하며 남산 계단을 내려오고 있었다. 내려가는 길에 **박창환** 전도사님을 만났다. 전도사님과는 이북에서부터 잘 아는 사이여서 이야기를 나누다가 내가 근심하던 이야기를 꺼냈다.

"아마 내일부터는 학교에 오지 못할 것 같아요."

"왜요?"

"등록금을 못 냈더니 광고판에 내 이름이 나왔지 뭐예요."

"그렇게 생각할 것 없어요. 등록금 못 내고 다니는 사람이 주 선생 혼자예요? 뭐… 걱정하지 말고 다니세요. 하나님께서 해 주실 줄 믿고."

나는 박 전도사님의 위로에 큰 힘을 얻었다. 기도하며 노력하면서 기다려 보기로 하고 계속 학교에 나왔다.

얼마 뒤에 **이동선** 전도사를 만나 등록금 이야기를 나누게 되었다. **이동선** 전도사는 중국에서 살다가 평양에 와서 평양신학교에서 공부하던 친구였다(그이는 10대에 벌써 전도하기 시작했다는 이야기를 들었는데 나보다 3-4년 어린 친구였다). 그는 전도사뿐 아니라 정신 여학교 교목으로도 오래 사역했고, 정년 후에는 목사안수를 받고 육군사관학교 교목으로 사역했다. 또한 결혼해서 자녀를 잘 키우면서 여전도회전국연합회 회장직을 지낸 유능한 목회자였다.

그는 내게 지금 피난민 학생들을 돕기 위해 근로 장학생을 뽑는다며 그곳에 가보자고 했다. 나는 '이것이 길인가 보다!' 하고 따라갔다. 학생들이 북적거려서 들어가 봤더니 종이박스 자른 것을 쥐어 주었다. 그 안에는 바늘, 실 등 가정주부들이 쓰는 물건들이 들어 있었다. 이것을 들고 집집마다 다니며 팔아 보라는 것이었다. 가정방문 전도나 해야겠다 싶었지만 이것도 저것도 어색하고 힘만 들었다.

하루는 큰 집이라고 찾아 들어갔더니 놀랍게도 정의여고 동창 **김복녀**의 집이었다. 부끄러웠지만 참고 들어갈 수밖에 없었다. **복녀**는 나보다 나이가 더 많았다. 그 애가 변호사 부인이 되었다고 후에 들었다. **복녀**는 안정된 살림을 하고 있었다. 나는 38선 넘어온 일이며 신학공부를 하는 이야기 등 그간 살아온 이야기와 행상을 하게 된 사연을 이야기하면서 절대 구걸은 하지 않으리라고 마음먹고 인사를 나누고 나왔다. 집으로 돌아오면서 '아무리 고학을 한다지만 이것은 아니다.'라는 생각이 들어 행상을 그만두었다. 나를 소개한 친구 **이동선**은 얼마 동안 계속하는 듯했다.

하나님께서 연단시키시는 과정에서 또 하나의 단계를 거친 듯했다. 바울이 "나는 비천에 처할 줄도 알고 풍부에 처할 줄도 알아 모든 일 곧 배부름과 배고픔과 풍부와 궁핍에도 처할 줄 아는 일체의 비결을 배웠노라"(빌 4:12)고 고백한 것이 떠올랐다. 배고픔도 고학의 길도 겪게 하시니 순례자의 길에 무엇인들 아니라고 하리오.

나는 본래 흰 저고리나 회색 저고리에 검정색 치마를 늘 입고 다녔다. 검정색 치마는 북한에서부터 입고 온 것이었다. 공부를 하는 중에 시험지 종이를 선생님께 내려고 일어서다가 그만 그 낡은 치마를 밟아서 "찍!" 소리와 함께 치마가 찢어져 버렸다. 일어서니 치마가 너덜너덜해졌다. 부끄럽기도 하고 걱정스럽기도 하고 한심하기도 한 시간이었다.

한경직 목사님 곁에서

내 생애에 50년 동안 **한경직** 목사님 곁에서 정신적, 영적인 삶의 영향을 받을 수 있었던 것이 얼마나 큰 하나님의 축복이었는지 모른다. 지금도 그분의 모습을 떠올려 보면 내 영이 맑아지는 느낌이 든다. 목사님은 나의 인격적 성숙의 모델이었다.

1948년 남한에 와서 첫 주일에 영락교회에서 예배를 드렸다. 지금의 봉사관 자리에 있던 있던 베다니 전도교회(영락교회의 처음 명칭)를 찾았던 것이다. 사람들이 마당까지 가득 차서 도저히 들어갈 수 없었다. 나는 교회 마당에 들어서자마자 우렁찬 찬송소리에 가슴이 벅차올라 눈물이 쏟아졌다. 나는 그 시간 억눌려 있던 무엇이 터지는 것 같아 창피할 정도로 울었다. 이런 찬송소리가 몇 해 만인가? 북한에서 몰래 드리던 예배가 생각났다. 사람들이 너무 많아서 잘 보이지는 않았지만 **한경직** 목사님의 설교를 듣는 것만으로도 너무 황송하고 행복했다.

내가 잠시 미국 유학을 하고 서울에 돌아왔을 때, 영락교회에 다시 나갔지만 나를 아는 사람은 별로 없었다. 기독교교육을 공부했으나 주일학교 교사를 하라고 하는 사람도 없었다. 주일학교 유년부를 참관하다가 한 반을 맡겨 주시기를 요청했다. 그래서 조금씩 교사들과 사귀게 되었고 1-2년 후에는 유년부 지도를 하게 되었다.

한 목사님은 때때로 유년부까지 오셔서 축도를 해 주셨다. 목사님은 어린이들의 심리를 잘 아셔서 오시면 어린이에게 맞도록 기도를 해 주셨다. 그뿐만 아니라 목사님은 매주일 아침 일찍 주일 학교를 시작하기 전에 오셔서 본당과 교회 마당에 놓여 있는 돌 계단 중간에 서 계셨다. 눈이 오나 비가 오나 한결같이 그곳에 서 계시면서 영아부부터 중고등부, 대학부에 이르기까지 출입하는 모든 학생과 교사들, 학부형들과 인사를 주고받으셨다. 멀리 지나 가는 사람에게도 빠짐없이 목례로 반겨 주셨다.

어린이들에게도 우리 목사님이 자기를 봐 준다는 것을 잊지 않게 해 주셨다. 늦게 들어오는 교사들은 목사님을 뵈면 지각한 것에 대한 부끄러움에 다시는 늦지 말아야지 결심하게 되었다. 항상 인자하게 웃으며 우뚝 서 계시던 모습은 나뿐 아니라 수많은 교인들이 지금도 잊지 않고 기억하고 있으리라.

그분의 인격에서 풍기는 그리스도의 향기에 나는 탄복했다. 순수하고 복음적인 설교에 그분의 삶과 인격이 합쳐져 표현되었기에 사람들은 감동을 받고 그분을 본받아 살아가려고 노력하게 되

/ 한경직 목사님과 영락교회 여전도회 회원들

었다.

새해가 되면 우리 학교 **이광순** 교수와 함께 남한산성 한 목사님의 18평짜리 자택을 방문하여 세배를 드리곤 했다. 거실이 좁아서 세배할 자리가 마땅치 않았지만, 나름대로 오붓하게 잠시 말씀도 나눌 수 있었고 귀한 시간을 보내곤 했다. 돌아갈 때면 문밖까지 따라나오셔서 눈길 조심하라고 당부하시곤 했다.

그의 겸손함에 언제나 내 머리가 저절로 숙여졌다. 지금도 그분을 닮고 싶을 뿐이다. 얼마 남지 않은 생이지만 나는 지금도 영락교회에 가면 한 목사님의 향취를 여전히 느끼곤 한다. 비단 나뿐만이 아닐 것이다. 영락교회에 유달리 노인들이 많은 이유도 한 목사님의 향취를 그리워하는 이들이 모였기 때문이 아닐까?

장로회신학교 졸업 후 목회의 길로 접어들다

1950년 5월 장로회신학교를 졸업하면서 **박형룡** 박사님의 권면에 따라 진학의 길을 찾아보았다. 때마침 연세대학교에 신학과가 생겨서 성서신학대학원 과정을 공부해 볼 생각으로 신청하기로 했다. 장로회신학교의 추천서가 필요해서 학교에 신청했다.

며칠 후에 **박형룡** 박사님의 사모님한테서 나를 보자는 연락이 왔다. 왜 부르시는지 영문을 모르고 찾아갔다. 사모님은 나를 보시더니 "주 선생, 어찌 학교를 배신할 수가 있어요?"라고 하셨다. 복음주의 신학을 공부한 사람이 어떻게 자유주의 신학으로 가려

/ 남산 장로회신학교 제3회 졸업(1950. 5. 26)

고 하느냐는 말씀이었다. 자유주의 신학은 외국에서나 하는 것인 줄 알았다. 나는 "몰랐습니다. 죄송합니다." 하고 울면서 사과를 드렸다.

목회를 할 수밖에 없었다. 하지만 어디로 가야 할지 막막했다. 기도하면서 하나님께 맡겼다. 일꾼이 아주 부족할 때라 같이 일하자고 하는 전도사님들이 6명이나 되었지만 "하나님이 인도하시는 곳으로 가겠습니다!" 하고 기도하며 생각하다가 제일 먼저 부르는 곳이 하나님이 원하신 곳이라 믿고 가기로 했다.

그곳이 바로 부산 부전교회였는데 아무것도 묻지 않고 **김형식** 전도사님을 만나서 내가 가서 전도사를 할 생각이라고 했다. 우리는 본래 방학이 끝나면 기도원을 찾아가서 일주일 동안 기도를 하곤 했다. 나는 일주일 기도를 마치고 6월 초에 부산으로 내려갔다.

부산시 변두리 서민층이 사는 곳의 교회는 자그마한 목조 건물이었다. 부전교회의 **백남조** 집사님께서 전도사가 온다고 흙벽돌로 방 한 칸, 부엌 한 칸을 자기 집 마당에 지어 놓으셨다. 나는 오랜만에 단독 집에서 살게 되었다. 비로소 안정감을 갖고 살림살이를 익혀 가게 되었다.

자그마한 교회였는데 교인이 100여 명 되었던 것 같다. **김형식** 전도사님(후에 목사님이 되셨다)의 설교는 아주 뜨겁고 좋았다. 교인들도 젊은 전도사를 좋아했다. 충성하는 마음으로 새벽기도는 물론, 밤기도와 철야기도도 열심히 했다. 하루는 밤기도를 하고 집에 가는 길에 순경이 따라와 신변 조사를 했다. 어디서 왔는지, 왜 왔는지 등을 물었다. 평양에서 여기까지 무슨 일로 왔는지 의심스럽게 여기는 모양이었다.

한국전쟁과 피난민

1950년 6월 25일, 북한은 정부를 수립한 지 3년도 안 되어 남한 침략을 감행했다. 북한의 꿈은 혁명뿐이었다. 남한은 군인이나 무기가 아직 준비되어 있지 않은 데 비해 김일성은 소련과 의논하여 남한을 공산화하기로 결단을 내린 것이다. 갑작스러운 전쟁에 남한은 꼼짝 못하고 당해야만 했다. 수백만이 동족상잔으로 목숨을 잃었다. 우리는 속수무책으로 당하여 부산을 중심으로 좁은 영토만 남기고 거의 다 그들의 손아귀에 들어가게 되었다. 그래도 우리의 초대 대통령인 **이승만** 박사가 재빠르게 미군과 연합군의 원조를 얻어 북진할 수 있었다. 하나님의 은혜의 손길 덕분이었다. 그때 나는 백 집사님 댁 마당에서 지내면서 오랜만에 내 집이라고 살림을 조금씩 차리고 있었다.

전쟁이 계속되자 피난민들은 부산으로 밀려들었다. 평양과 서울에서 내려오는 사람들 중에 조금이라도 나를 아는 사람들은 우리 집을 찾아왔다. 우리 집 단칸방 뜰에는 피난 보따리가 산더미처럼 쌓였다. 평양에서부터 내려온 육촌 형제들, 내 본교인들 그리고 나를 좀 아는 서울 분들이 다 모여들었다. 사람이 너무 많아 제대로 돌볼 수도 없는 형편이 되어 나는 교인 댁에 머물기로 하고 슬그머니 집을 떠났다. 백 집사님 댁에 뵐 낯이 없었다.

국가적으로 당하는 환란에 어쩔 도리가 없었다. 부산은 피난민으로 꽉 찬 것 같았다. 그뿐 아니라 전쟁에서 부상당한 군인들은 학교 같은 곳에서 치료를 받는데 그곳에서도 도울 사람이 모자랐다.

나는 임시 육군 병원에 심방을 다녔다. 또 곳곳에서 열리는 나라를 위한 기도회에도 교인들과 함께 참석하며 분주히 지내고 있었다. 대부분의 피난민들을 학교나 교회 건물에 모여 있게 하고, 담요 같은 것으로 칸을 막아 잠을 자고, 마당에 불을 피워 밥을 짓는 형편이었다. 그 속에서도 교인들의 생활은 보통 사람들과 달랐다. 비록 피난 생활이라고 해도 여기저기서 찬송소리가 들렸고 밤이면 천막교회 안에서 철야기도를 하며 활기가 넘쳤다. 비록 식량이 떨어지고 물이 없어서 물지게를 지고 멀리 다니며 날

라다 먹을지라도 불평이 없었다.

연합군들이 와서 다시 북으로 치고 올라가 한때는 압록강까지 올라갔지만 강대국들의 협의에 따라 다시 후퇴를 하고 38선은 다시 막혀 버렸다. 수많은 이재민과 전사자가 나오는 중에 각 가정마다 비보(悲報)가 들려왔다. 그러는 중에 사람들은 교회에 차고도 넘치게 몰려왔다. 역시 환난은 소망을 낳는다.

백남조 집사님의 가정과 피난시대

집주인 **백남조** 집사님은 폐결핵 환자였다. 늘 열이 있어서인지 불그스름한 볼에 가느다란 몸집을 하고 있어서 부잣집 귀둥이처럼 보였다. 그는 직업을 가질 만한 건강이 아니었다. 그의 부인은 미군 부대에서 가져오는 물건들을 세탁하면서 부모님을 모시고 아이들을 기르며 일곱 식구의 생활을 겨우 꾸려 가고 있었다. 부인은 그 당시 임신 8개월쯤 되는 무거운 몸이어서 나는 늘 안쓰러워했다. 그러나 얼굴 한 번 찡그리지 않고 모든 피난민의 심부름까지 겸손하게 응하곤 했다. 그런데 그의 남편 백 집사님의 병세가 나빠지는 듯이 보였다.

당시 부전교회에서는 교회 건축헌금을 모으고 있었다. 백 집사님은 자기 집을 팔기로 하고 내놓으셨다. 그 가족은 조그마한 전셋집으로 이사를 가기로 하고 나머지 돈은 건축헌금에 써달라고 했다. 담임 전도사님과 교회 장로님들은 백 집사님을 말렸다. 그러나 집사님은 기도하고 결단한 것은 바꿀 수 없다며 그대로 진행했다.

나는 20여 년 후에 여전도회 전국연합회 회장이 되어 장로교 총회 보고를 하기 위해 부산에 내려갔다. 그때 내게 많은 사랑을 베풀어준 백 집사님을 꼭 찾아뵙고 오려고 마음먹었다. 부전교회를 통해 백 집사님 주소를 알아내어 장로님이 되신 백 집사님 댁을 방문했다(부전교회는 총신 교단에 속해 있었다).

나는 꿈꾸는 것 같았다. 백 장로님은 큰 회사를 일구어 풍채 좋은 사장님 모습으로 변해 있었다. 그의 부모님들도 아직 건강하셨다. 백 장로님은 기업을 크게 일으키시고, 총신 측 신학대학 이사장이 되셨다고 했다. 신학대학 부지를 희사하고 총신 측 교단에서 큰 역할을 하고 계셨다. 그의 아들은 부전교회 수석 장로님이 되었고 그의 자부는 의사라고 소개하셨다. 그 저택의 위층에 있는 기도실을 소개하면서 이런저런 이야기를 해 주셨다.

하루는 백 장로님이 아들에게 회사 장부들을 가지고 기도실로 올라오라고 하여 장부의 내용을 일일이 설명해 주면서 이렇게 말씀하셨다고 했다.

"나는 내 아들에게 이렇게 이야기하며 넘겨주었어요. '이 모든 것은 내 것도 아니고 네 것도 아니다. 모두가 하나님의 것이니 내 마음대로도 말고, 네 마음대로도 말고 하나님의 뜻대로만 기도하면서 하라.'고 했습니다. 그렇게 약속을 받았습니다."

장로님은 마치 이 시대의 아브라함 같았고, 사모님은 사라 그리고 아들은 이삭 같았다. 나는 마음 깊숙한 곳에서부터 머리 숙여

더욱 더 큰 축복을 베풀어 주시도록 기도했다.

전쟁 중에 맞이한 크리스마스

전쟁 통에도 크리스마스는 다가왔다. 부산 거리는 복잡하고 슬픔에 가득 찬 피난민들의 탄식소리가 높아도 여전히 크리스마스는 기쁨의 절기였다. 교회마다 초라하지만 장식이 걸리고 아이들은 모여서 밤샘을 하며 새벽송을 기다리고 있었다. 아이들에게는 이때가 가장 기쁘고 즐거운 계절이다.

주님 탄생의 의미를 아는 교인들은 마구간 같은 곳에 머물고 있는 자신들의 삶에 더욱 감사함을 느꼈다. 피난살이가 어렵지만 우리의 소망과 생명 되신 주님의 탄생은 고생스럽기 때문에 더욱 행복한 날이었다.

밤샘을 하고 교인 집을 찾아다니며 〈기쁘다 구주 오셨네〉, 〈고요한 밤 거룩한 밤〉과 같은 찬송을 부르며 만백성 위에 내리신 크신 선물, 예수님의 탄생을 선포하며 다녔다. 나는 아직 부산 지리에 익숙하지 못해서 그저 사람들을 따라다니며 기쁘게 찬송을 부를 뿐이었다. 좀 멀리 떨어져 있는 곳을 간다는 생각은 했지만 북한 인민군 포로수용소를 찾아간다는 것은 몰랐다. 흰 눈이 온 세상을 덮었는데 어느 뚝방 같은 곳에 올라서서 보니 흰 눈이 덮인 콘셋 막사(반원형 막사) 수십 개가 큰 벌판에 흩어져 있었다. 우리가 뚝방에 올라선 채로 〈기쁘다 구주 오셨네〉를 부르자 뜻밖에 "할렐

루야!"를 큰 소리로 외치며 각 콘셋 막사에서 군인들이 뛰쳐나왔
다. 그들은 눈 위에 꿇어앉아 두 손을 움켜쥐고 기도하고 있었다.
나는 눈시울이 뜨거워졌다. 찬송을 부르는 내 목소리가 떨렸다.

'아, 불쌍한 형제들…. 강제로 끌려 나온 이들은 얼마나 자유가
그리울까? 찬송을 부르고 싶어 얼마나 속이 탔을까? 하나님, 자
유롭게 하나님을 찬양할 수 있도록 저들을 석방시켜 주십시오!'

이 기도대로 **이승만** 대통령은 이같이 자유를 갈망하는 사람들을
석방시키는 용단을 감행해 주셨다.

1959년에 브라질에 갔을 때였다. 10여 년 전 자유민주주의를 갈
망하여 석방된 포로들이 브라질에 와서 살고 있어 형제들 몇 사
람을 만나게 되었다. 그들은 10년 만에 만나보는 한국인이라며
나를 반겨 주었다.

영남대 영문과 편입과 가정교사

지금의 영남대학은 그 당시 대구대학이었다. 나는 영문과 3학년
에 편입했다. 숙식이 문제여서 어느 장로님 댁 가정교사로 들어
가게 되었다. 모두 가난한 때여서 내 방은 한옥집 부엌 위에 있는
다락방이었다. 문제는 부부가 사는 안방을 거쳐야 화장실에 갈
수 있는 방이라는 것이었다.

그 장로님 댁에는 자가용 기사와 집안일을 하는 식모도 있었다.
그 처녀아이가 내게 차려주는 음식이라고는 보리밥과 간장뿐이었

다. 가끔 간장에 참기름이라도 한 방울 떨어트려 주면 밥맛이 훨씬 좋아졌다. 밖에서 보면 부자 같은데 안에서는 내핍생활을 하는 것이 남한 사람들의 특징인가 하는 생각이 들었다. 북한 사람들은 비교적 음식에 치중하는 반면, 남한 사람들은 옷치장에 힘쓰는 모양인지 사모님의 옷이 좀 좋아지면서 나는 한두 번 술지게미를 얻어먹을 수 있었다. 잘 넘어가지 않아 조금 먹고 나니 취하는 것 같아 먹지 않기로 했다.

자녀들은 초등학교 4학년과 6학년 남자 아이 둘이 있었다. 작은 아이는 공부 시간이 되면 어디론가 나가 버리곤 했다. 가정교사가 결코 쉬운 일은 아니었다.

대구에서 사귄 친구

가정교사로 있던 집의 장로님이 나가시는 교회에 다니게 되었다. 그곳에서 봉사하며 교인들 및 청년들과 나누는 교제는 나에게 늘 힘을 주었다. 그때 한 친구를 사귀었는데, 함경도에서 내려온 **노설희** 집사였다. 키가 크고 잘생겼을 뿐 아니라 찬양대에서 솔로도 잘하는 여섯 아이의 엄마였다. 막내를 낳을 때는 나의 산파 기술을 사용하여 봉사했고, 아이의 이름을 에스더라고 지어 주었다. 그 친구의 기도는 힘이 있었다. 그이는 때때로 가난한 피난민으로 살면서도 애를 업고 혼자서 집집마다 다니며 축호(逐戶, 한 집도 거르지 않음)전도를 나가기도 했다. 추운 날도 애를 업은 채 집집에 다니며 전도하는 열심에 나는 탄복했다. 그이는 나의 기도 동역자로 문제가 있을 때마다 같이 기도하는 나의 멘토이기도 했다. 내가 고아원에서 일할 때도 늘 기도로 도와주는 언니 같은 친구였다.

그는 서울에 올라와서 염리동에 살면서 산등에 천막을 치고 전도하며 독립적으로 교회를 하다가 그 교회가 크게 부흥하여 건물도 잘 짓게 되자 남편을 장로로 삼고 자녀들의 도움을 받으며 목회를 잘하였다.

한때는 큰딸이 가출을 하는 바람에 그 딸을 찾아다니다가 윤락여성들에게 긍휼의 마음이 넘쳐 자기 집으로 데려다 같이 살기도 했다. 노 집사는 이미 세상을 떠났지만 그 자손들이 캐나다와 미국에 살면서 장로와 권사가 되어 주님을 섬기는 귀한 가정이 되었다. 그의 손녀딸 하나는 할머니를 꼭 닮은 열심스러운 청년이 되어 현재 예일대학에서 신학박사 코스를 밟고 있다. 자손들이 많은 축복을 받으며 교회를 섬기는 것을 보며 하나님께서 의인의 자손들을 수천 대까지 축복하시는 것을 알게 하셨다.

대구대학 영문과 과장을 맡으신 **장기동** 교수님은 독실한 장로님으로 조용하고 겸손한 성품을 가진 분이셨다. 나는 대구대학 영문과는 먼저 다니셨던 **이상근** 목사님의 소개로 진학하게 되었다.

박형룡 박사님께서 말씀하신 대로 미국 유학을 가려고 영어 공부를 택했을 뿐 영문학에 취미를 가진 것은 아니었기에 나에게는 무척 힘든 과정이었다.

그 반에는 실력 있고 영특한 젊은 학생이 있었는데 그 역시 황

해도에서 온 학생이었다. 공부를 아주 잘하고 민첩했는데 그이는 고려대학교로 옮겨 갔다가 시사영어의 개척자로 크게 성공한 기업가가 되었다. 바로 YBM 창립자 **민영빈** 회장이다. 아들은 하버드에서 일찍 박사학위를 받고 사장인계를 하여 수십만의 학생들과 교직원을 거느리고 있다. 지금도 나라를 위해 뒤에서 많은 물질과 교육으로 봉사하고 있는 아름다운 가정이다.

친구 이연옥과의 자취생활

하나님께서 가정교사의 어려움을 아시고 귀한 친구를 만나 자취생활을 하도록 인도하셨다. **이연옥**은 평양신학교에서 같이 공부하던 황해도 친구였다. 그 친구는 월남하여 장로회신학대학교가 대구로 옮겨와 있던 해에 신학교 공부를 하면서 대구 서문교회 교육전도사로 있게 되었다. 교회에서 사택으로 방 하나를 주었는데 안채는 부목사 사택으로 쓰고, 밖에 있는 좀 큰 방은 여전도사에게 주고, 남은 문간방 단칸짜리는 교육전도사인 **이연옥** 전도사방으로 주었다. 나는 **이연옥** 전도사의 호의로 그 단칸방에서 같이 자취하며 살게 되었다.

우리 두 사람은 성격이 비슷한 것 같지만 다른 점이 많아서 아주 재미있는 일들이 많았다. 나는 새벽에 일어나 공부하는 것이 효과적인 반면 **이연옥** 선생은 한밤중에 공부가 잘된다고 했다. 방은 침요 하나 펴고 앉은뱅이 책상 하나 놓으면 꽉 차는 넓이였다.

추운 겨울, 차가운 냉방에서 둘이 저녁을 먹고 나면 나는 찬 이불을 들추고 들어가 잠이 들고, **이연옥** 선생은 앉아서 공부를 시작했다. 나는 새벽 2시가 되면 일어나 공부를 하고 **이연옥** 선생은 그때부터 자리에 누워 잤다. 그이는 내가 따뜻하게 덥혀놓은 잠자리에 들어가 자게 되었다. 어쩔 수 없이 나는 늘 손해를 봤다.

하루는 우리 어머니가 밥솥을 사다주고 가셨다. 요즘 같은 전기밥솥이 아닌 가장 작은 사이즈의 밥솥인데, 하나 가득 밥을 해서 숟가락 두 개를 꽂아 둘이 먹으면 다 먹어 버렸다. 반찬은 마련할 수가 없어서 안방에 사는 부목사님이 김장을 하면서 버린 배추 잎사귀와 무꼬리 등을 주워 담아 된장찌개를 해먹는 것이 최고였다. 둘이 먹을 밥을 하기엔 밥솥이 너무 작았지만 점심 사먹을 형편은 아니어서 점심을 안 먹어도 배고프지 않을 것이 무엇일까 고민하다 찹쌀밥을 해먹기로 했다. 확실히 찹쌀밥은 점심을 안 먹어도 배가 그리 고프지 않았다.

사과가 먹고 싶어 사오게 되면 나는 홍옥사과 조그마한 것이나 벌레가 좀 먹은 것이 맛이 있다고 사갖고 들어왔다. 반면 **이연옥** 선생은 큰 것을 한두 개 사왔다. 나는 모든 것에 절약형이고 **이연옥** 선생은 일단 쓰고 보자는 형이었다. **이연옥** 선생은 나에게 "또 싸구려 사왔지?" 하고 놀렸다.

두 사람 다 공부로 바쁘게 살면서도 늘 소망 속에서 새벽기도는 빠지지 않았고 서로 아끼고 사랑하며 즐겁게 살았다. **이연옥** 선생은 성경을 가르치는 능력이 있어서 그때도 성경반에 사람들이 많이 몰렸을 뿐 아니라 교인들의 칭찬이 자자했다.

내가 미국에 다녀와서 충무로에 살 때 **이연옥** 선생은 정신여학교 교목실장으로 있으면서 우리 집과 가까이 살았다. 우리 두 사람은 옷 사이즈도 같아서 자주 오가면서 서로 옷을 나누어 입기도 하며 한 식구처럼 지냈다. 내가 여전도회 회장을 하고 숭실대학교에 있을 때 주말이 되면 함께 데이트하자면서 온양 온천에 가서 하루 쉬고 오기도 했다. 그이는 아무 데나 누우면 잠은 잘 잤지만 먹는 음식에 대해서는 까다로웠다. 나는 무엇이나 잘 먹는 대신 밤에 잠을 잘 자지 못하는 체질이었다.

내가 두 번째 미국에 갔을 때, **이연옥** 선생을 미국에서 만났다. 그때 열심히 공부하느라 몸이 무척 약해져 있었다. 겨울 코트가 다 무겁다고 했다. 나는 걱정이 되었지만 늘 농담으로 살던 버릇이 있어서 "여기 미국에 와서 꽃동산에 갈 생각이야?(미국의 공동묘지는 평토장이었고 꽃으로 많이 장식을 하고 있었다)"하면서 놀려 주었던 생각이 난다. 아직도 우리는 만나면 즐겁게 농담을 한다. 각자 맡은 사역에 대한 책임이 점점 많아지면서 만나는 시간이 점점 줄어들었다.

1년에 한 번씩 여전도회 전국연합회로 모일 때 명예회장인 **이연옥** 회장 옆자리에 내가 나란히 앉아온 것이 아마 수십 년은 되는 것 같다. 생각지 않은 장수의 복까지 주셔서 영광스러운 자리를 너무 오래 차지하고 있는 것이 아닌가 생각하기도 한다.

장로회신학교 **박형룡** 학장님의 말씀을 따라 나는 미국 유학을 가기로 마음먹었다. 학장님은 신학교에서 종교교육을 가르치기를 원했던 나를 장로교 선교부에 직접 데리고 가서 소개시키면서 여학생이 유학을 갈 수 있도록 선교부에서 좀 도와달라고 부탁하셨다. **박형룡** 학장님은 내가 남편을 떠나보낸 이후 이미 이런 계획을 가지고 계셨던 것 같았다.

장로교 선교부 대표는 아주 긍정적으로 말씀하셨다. "감리교에서는 여성 지도자를 많이 키우고 있습니다. 우리 장로교에서도 이제 여성 지도자를 키우기 위해 여자대학을 세우려고 준비하고 있습니다. 좋습니다. 먼저 선교사들과 의논하고 우리 본부에서 허락이 나야 합니다. 해보겠습니다."

마음이 무겁기도 했지만 하나님이 하시는 일이라 기쁘게 순종하기로 하고 영어공부를 시작했다. 영어회화를 배우려고 동산병원 간호사와 함께 대구 남산 선교사 **캠벨** 목사님 댁에 다녔다. 켐벨 부인은 책임감 있게 열심히 가르쳐 주셨다.

어느 날 선교사들이 걱정스러운 얼굴로 내게 와서는 대구 신망원이라는 고아원에서 소년들이 원장더러 나가라고 데모해서 그 원장 목사님이 그만 나가 버리고 지금 선생이 아무도 없으니 나에게 거기로 가서 좀 도와주면 좋겠다고 말했다. 나는 별로 가고 싶지 않았지만 주님의 일이니 우선 도와줄 수 있다고 약속을 했다. 안내해 주는 대로 대구 성당동에 있는 신망원으로 갔다. 성당동은 대구시 변두리 야산이었는데 복숭아밭을 일구어 자그마한 집을 짓고, 청소년 50명을 수용하고 있는 곳이었다.

그곳에 모여 있는 아이들은 한국전쟁 고아들이었다. 전쟁 때문에 집을 잃고 떠돌아 다니다가 도적질 등을 배워 비행을 저지른 아이들을 선교사들이 모아 놓고 공동체를 만들었다. 아이들의 언행은 거칠 대로 거칠어져서 지난번 원장이 엄하게 관리하려고 했던 모양이었다.

내가 들어갔더니 첫마디가 "깔치 왔네!"였다. 처음 듣는 말이라 나중에 무슨 뜻인지 알아보니 '여자가 왔다'라는 말이란다. 저녁이면 우르르 몰려가면서 "똥 누러 가자"고 했다. 이것 역시 은어로 '모이자'라는 말이었다. '토끼자'는 '도망가자'였다. 아이들이 나중에 가르쳐 줬기 때문에 알게 된 말들이다.

나는 사랑의 방법을 써보리라고 생각했다. 한두 아이씩 만나서 이야기를 나누고 따로 사탕도 주면서 그 방법을 찾으려고 노력했다. 하지만 이 아이들은 사랑을 받아 보지 못한지라 사랑을 받으려고 하지 않았다.

아침이 되면 내 신발이 없어지고, 어느 날 아침에는 밥그릇이 모자랐다. 아이들은 도망다니기 일쑤였고 자기들끼리 모여서 무슨 일들을 저지르는지 예측할 수 없었다. 나는 아이들이 무섭기까지 했다. 이토록 거칠어진 아이들을 어떻게 해야 할지 난감했다.

밤마다 무엇인가 하나씩 없어지는데 어쩔 도리가 없었다. 그때는 물건을 훔쳐 나가면 팔아먹을 수가 있었다. 아침밥이라야 안남미(동남아시아 쌀) 밥에 된장찌개인데, 밥을 50그릇 담았는데 모자란다고 했다. 밥이 적어서 훔치는 모양이었다. 나는 이 버릇을 고쳐 주기 위해 "밥이 없으면 내가 굶을게." 하며 금식을 하곤 했다. 그래도 아이들은 꿈쩍도 안 했다. "흥! 자기는 나가서 좋은 음식 사먹을 테니까 안 먹겠지!" 하며 코웃음만 쳤다. 사탕을 주면서 이야기를 하려고 해도 '나를 이용하려고 수단을 쓴다.'고 해석해 버렸다. 사람을 불신할 수밖에 없는 환경에서 자란 탓에 사랑을 받을 수 없게 된 것이다.

추운 겨울에는 난방도 변변치 않아서 미군 담요 4장씩을 가지고 삼면을 꿰매어 자루를 만들고 거기 4-5명의 아이들이 들어가 자도록 했다. 나는 원장이라 독방을 쓰게 되어 있었다. '이것은 아니다. 내가 친어머니라면 이렇게 할 수 있겠나?' 싶었다. 그래서 나는 몸집이 좀 작은 아이들과 함께 그 자루에 들어가 자곤 했다. 그래도 아이들은 조금도 감동이 없었다.

"하나님 내가 이 아이들을 어떻게 해야 합니까?" 빨리 후임자가 와 주었으면 했는데 선교부에서는 아무 소식도 없었다. "내 방법은 이제 없습니다. 하나님 방법으로 좀 고쳐 주세요." 하며 특별 기도를 하기 시작했다. 하나님께서 이 고아원을 내게 맡겨 주셨으니 하나님이 두려워서 도망갈 수도 없었다.

사랑을 못 받아 본 탓으로 알고, 나는 무조건 사랑을 보여 주어서 그것을 느끼도록 하면 될 줄 알았지만 그것도 쉽사리 나와 아이들 사이의 거리를 좁혀 주지 못했다. 그렇다고 절망만 하고 있을 수는 없었다. 내 수단은 끝이 났다. 이제는 기도하며 기적을 바랄 수밖에 없었다.

시간을 정하고 복숭아밭에 나가 정해 놓은 자리에서 무릎을 꿇고 기도하기 시작했다. 나 혼자 특별기도를 했다. 처음에는 중보기도하는 것이 힘들었지만 계속하다 보니 점점 기도의 힘이 생기는 것을 경험했다. 모세나 바울같이 생명을 내걸고 하는 기도까지는 아니어도 "하나님, 이 50명의 영혼을 구원해 주소서. 이 아이들이 불쌍합니다. 부모도 없고, 소망도 없고, 사랑을 모르고 사는 가장 소외된 아이들입니다. 하나님께서 원하신다면 내가 이 동산에서 살다가 이 동산 한 구석에 묻혀도 좋습니다. 미국 안 가도 좋습니다. 이 50명의 아이들을 살려 주옵소서. 십자가 사랑을 깨닫게 하옵소서." 기도했다.

나는 그 영혼들이 점점 더 불쌍하게 보이며 이들을 구하기 위해서라면 무엇이라도 할 수 있을 것 같은 사랑을 경험했다. 매일 아침 5시에 일어나 작정한 복숭아나무 밑에 가서 특별기도를 드리기 시작했다. 기도를 계속하는 동안 나 자신이 은혜를 받았다.

복숭아밭에서의 부흥회

신망원에서는 아침마다 밥 먹기 전에 예배시간을 가졌다. 어느 날 나의 기도 동역자 **한순애** 권사가 예배 인도를 했는데 이상하게 아이들 한두 명이 훌쩍훌쩍 울기 시작했다. 나는 아이들이 죄를 회개하고 있다는 것을 알았다. 성령이 역사하시자 온 방에 분위기가 확실히 달라졌다. 울음을 참는 아이들이 한 사람 한 사람 나와서 자기의 죄를 자복하기 시작했다.

"도둑질했습니다."

"나는 새엄마와 싸웠습니다."

"자전거를 훔쳤습니다."

"담요를 도둑질해서 팔아먹었습니다."

아이들은 울면서 계속해서 자복했다. 누가 시킨 것도 아닌데 회개의 울음소리가 커져 갔다. 밥 먹을 시간도 지났고, 학교 갈 시간도 지나 버렸다. 나는 고아원에 갑자기 사정이 있어서 아이들이 학교에 못 간다는 전화를 하고 집회를 이어 갔다. 끝으로 나는 복숭아밭으로 가서 마음놓고 기도를 하자고 권했다.

아이들이 복숭아나무 밑에 한 명씩 앉아서 울며 기도하도록 했다. 나는 어른들이 울며 회개 기도하는 것을 보았고 나도 터지는 울음과 함께 주님을 경험했지만, 아이들이 어른처럼, 아니 그보다 더 강력하게 통회하는 것을 본 일이 없었다. 그런데 기도하라고 해본 적이 없었는데도 이런 기적이 일어난 것이다. 할렐루야! 고아원의 부흥을 위해 기도하고 있었지만 이런 부흥이 현실이 되자 그만 어리둥절해서 꿈만 같았다.

우리 신망원의 부흥은 계속되었다. 다음날 아침이 되니 나보다 먼저 복숭아밭에 나와 기도하는 아이들이 생겼다. 새벽기도도 온전히 자발적이었다. 오직 성령의 역사가 아이들 속에서 일어나고 있음을 볼 수 있었다.

그로부터 며칠 후의 일이다. **'풍언'**이라는 13세 정도의 아이가 있었는데 어느 날 보이지 않았다. 도망갔을까 하는 생각도 들었다. 3-4일 후에 **풍언**이가 내 방문을 열고 종이쪽지를 하나 주고는 아무 말도 없이 도로 나갔다. 그런데 그 애의 얼굴이 수척해 지고, 큰 근심이 있는 듯 우울해 보였다. 우선 그 종이를 열어 보았다. 마음이 괴로워 어디 가서 금식하며 자기가 지은 죄를 깨닫게 해달라고 기도하고 왔다는 내용이었다. 그 아래에는 자신의 죄를 낱낱이 써놓았다. 그 애의 얼굴이 너무 심각해 빨리 쫓아가 같이 기도하자고 붙잡고는 복숭아나무 밑으로 데려왔다. 직원들도 같이 기도하는 것이 좋을 것 같아 **풍언**이를 중심으로 둘러앉았다. **풍언**이가 자신의 죄가 예수님의 십자가로 다 용서받았다는 것을 깨닫기까지 둘러앉은 직원들과 함께 찬송과 기도로 예배를 드리고 성경 말씀도 읽어 주며 애를 썼다. 그런데 **풍언**이는 계속 불안해 보였고 얼굴까지 까맣게 질려 있었다. 그렇게 몇 시간이 지났다.

"이제 마음이 평안하지 않니?"

"아니요, 내 죄는 너무 커서 안돼요."

그러면 또다시 기도하고 찬송하고 요한일서 1장 9절("만일 우리가 우리 죄를 자백하면 그는 미쁘시고 의로우사 우리 죄를 사하시며 우리를 모든 불의에서 깨끗하게 하실 것이요")을 읽어 주고 이렇게 하나님과 우리 앞에서 자복했으니 '아멘' 감사함으로 받아드리면 되는데 왜 그렇게 괴로워만 하느냐고 달래고, 설명하기를 몇 시간…. 정말 '해산의 수고가 이런 것인가' 생각하며 기다렸다. 우리도 모두 기진맥진했지만 **풍언**이를 이대로 둘 수는 없었다. 모두 조용히 묵상하며 쉬고 있는데 **풍언**이가 벌떡 일어서면서 두 손을 벌리고 하늘을 쳐다보며 밝은 얼굴로 찬송을 부르는 것이 아닌가!

"주 예수 내 맘에 들어와 계신 후 변하여 새 사람 되고 물밀듯 내 맘에 기쁨이 넘침은 주 예수 내 맘에 오심!"

나는 그때 일이 마음에 각인되어 지금도 그때를 떠올리면 **풍언**이의 그 빛난 얼굴이 보이고 그 아이가 부르는 찬송이 귓전에 들리는 것 같은 기쁨을 느낀다. 얼마나 시원하고 기쁘던지 직원들은 눈물을 흘리며 **풍언**이를 바라보고 있었다. **풍언**이가 말한 대로 그 아이의 죄는 너무 많고, 컸다.

1. 집에서 계모와 싸우고 물건을 훔쳐 가지고 나온 것

2. 집을 나와서 10번 이상 자전거 도둑질 한 것

3. 아이들과 싸운 것 수도 없음

4. 시장에서 훔쳐 먹은 것 수도 없음

5. 고아원에서 훔쳐 먹은 것 수도 없음

이외에도 183가지였던 것으로 기억한다. 근심과 금식으로 새카매진 **풍언**이의 얼굴을 보며 이 아이가 느꼈을 죄책감이 얼마나 컸을지 짐작이 되었다.

또 다른 아이의 이야기다. '안바보'라고 불리는 아이인데, 이 아이의 정식 이름은 잊어버렸다. 이 아이는 지능이 많이 떨어지는 아이였다. 안바보는 고아원 아이들이 "야, 바보야!"라고 하면 "아니야!"라고 대꾸했다. 그래서 "그럼 너는 안바보지?" 하면 "응, 그래." 하며 좋아했다. 그래서 안바보가 된 것이다. 방에서 공부할

때 보면 때로는 책을 거꾸로 들고 있기도 했다.

어느 날 새벽, 여전히 복숭아나무 밑 기도처에서 기도하고 있는데 발자국 소리가 들렸다. 혹시 개가 오는가 싶었는데 눈을 뜨고 보니 안바보가 앞에 와 앉았다. 씩씩거리더니 울음 섞인 소리로 무어라고 했다. 무슨 이야기인지 잘 알아들을 수 없었지만 이 아이도 하나님 앞에서 죄를 자복하는 모양이었다. 그래서 잠시 들어주고 성경을 펴서 "너는 하나님의 아들이 되었고 하나님 아버지가 너를 사랑하여 예수님의 피로 다 깨끗게 해 주셨다. 그래서 너는 새 사람이 된 것이야"라고 말하며 같이 기도하고 보내 주었다.

그날 아침 **풍언**이가 나에게 다가오더니 얘기했다.

"어머니!(신망원 아이들은 나를 어머니라고 불렀다.) 안바보가 전도사가 되었어요."

"그게 무슨 소리야?"

"새벽에 안바보가 밖으로 나가기에 이 애가 도망가나 싶어서 뒤따라갔더니 마을 감나무집 할아버지네로 가는 거예요. 뜰에서 마당을 쓸고 있는 할아버지에게 무어라고 하는데 잘못했다고 비는 모양이었어요. 그 집 감나무 열매를 따먹으러 다녔거든요. 할아버지는 욕도 안 하고 다신 그러지 말라고 하셨어요. 그러고는 밖으로 나오는 듯싶더니, 다시 할아버지한테로 가서 하는 말이 '할아버지 예수 믿으세요!'라는 거예요. 안바보가 전도를 하니까 전도사 아니에요?"

놀라우신 하나님, 우리 안바보를 전도사로 만드시다니! 이런 일은 계속 일어났다. 아이들은 성경책을 사달라고 했다. 전쟁 때라 어느 것 하나 쉽게 구입할 형편이 못 되었다. 게다가 나는 고아원에서 생활은 했지만 월급이나 수당을 받는 사람이 아니었다. 무료 봉사를 하고 있었다. 그런데 그 당시에는 이런 기관을 차리고 자기의 생활수단으로 삼는 사람이 많았다. 그래서 외부 사람들에게 내가 고아원에 있다고 하면 나를 부자처럼 생각하는 사람들이 있었다. 나를 그런 시선으로 바라보는 것이 내게는 제일 고통스러웠다. 사실 나는 그때 우리 어머니로부터 간단한 화장품값 정도를 받아쓰고 있었다. 아이들의 요청을 선교부에 이야기하여 충분하지는 못하지만 5학년 이상의 아이들에게만 성경책을 나누어 주었다. 아이들은 열심히 성경을 읽었다.

아이들은 저녁시간에는 "찬송가 부흥회 하자"고 하면서 자기들끼리 부흥회를 하기도 했다. 교회에 가려면 20-30분을 걸어가야 하는데 우리는 함께 떼를 지어 교회로 몰려가곤 했다. 집으로 돌아오는 길에 어느 애가 "어머니! 저기 하나님이 계셔요!" 했다. "뭐? 어디에?" 알고 보니 봄날 보리밭 길을 걸어오다가 보리가 한 주일도 안 되어 훌쩍 자란 것을 보고는 생명을 기르시는 하나님의 능력에 감탄하며 그렇게 표현한 것이었다. "그래 하나님은 어디서나 살아서 역사하신단다. 너희들도 지금 자라게 하고 계시지."라고 말해 주었다. 어떤 아이는 교회에 갔다 오는 길에 "어머니! 나는 우리 고아원이 천국 같아요!" 하며 소리쳤다.

우리는 완전히 새로운 공동체가 되어 모두가 기쁘게 살아가고 있었다. 복숭아밭의 기도는 날마다 뜨거워졌고, 우리가 나가는 대광교회 교인들도 이를 알아 우리 고아원을 기도원처럼 여기고 찾아와서 기도하기 시작했다.

신망원은 어느새 기도원이 되어 아침마다 아이들과 어른들의 기도 소리가 울려 그 언덕을 뒤흔들게 되었다. 성령의 역사는 하루 이틀로 끝나지 않고 계속되어서 나 자신도 그때 성령의 은사를 체험하게 되었다. 하나님은 내게 방언과 투시와 병 고치는 은사까지 주셨다. 하지만 나는 그 은사들을 잘 감당하지 못해서 지금 몇 가지 은사들은 주님께서 거두어 가셨는지 또 필요할 때 쓰게 해 주실지 이미 주님께 맡겨 드렸다. 그때 기도의 친구 **노설희** 집사와 **한순애** 권사가 나에게 큰 도움을 주었다. 부엌에서 도와주던 **신이섭** 권사는 나와 비슷한 나이였고 지금 목포 디아코니아에서 봉사하고 있다.

신망원에는 때때로 미국에서 구호물자로 옷가지와 식품들이 오곤 했다. 그러면 우리는 함께 모여서 감사 기도를 드리고 풀어 보았다. 아이들에게 감사기도를 시켰는데 얼마나 기도를 잘하는지 굉장히 성숙한 기도를 했다.

"하나님 감사합니다! 우리가 세상에서 고아가 된 것을 감사합니다. 우리가 집에서 자랐더라면 하나님을 몰랐을 것인데 지금 우리 신망원에 와서 하나님을 알게 된 것을 감사합니다. 이처럼 먼 나라 미국에서까지 우리를 사랑하게 해 주셔서 이렇게 좋은 선물을 받게 하시니 하나님 감사합니다. 우리도 성장해서 미국 교인들처럼 우리보다 가난하고 외로운 사람들을 도울 수 있는 사람이 되게 하옵소서!"

아이들에게 부어 주신 은혜

조안길이라는 아이는 머리가 아주 비상했다. 물자가 오면 이것이 얼마나 값이 나가며, 우리가 얼마 동안을 먹고 쓸 수 있는지 다 계산했다. 겨우 12살인데도 계산이 이렇게 빨랐다. 그런데 그 애는 한 가지 지병이 있었다. 밤에 오줌을 싸는 것이었다. 고아원에 오기 전에 밖에서 자다가 병이 생긴 것 같았다. 그러니 이 아이하고는 누구도 같이 방을 쓰려고 하거나 잠자리를 하려고 하지 않았다. 그래서 늘 소외되어 있었다.

안길이는 교회에 가서 예배드리다가 헌금 시간이 되면 집사님들이 눈감고 기도하는 순간 돈을 훔쳐 자기 주머니에 넣곤 했다. 그런 **안길**이가 추운 겨울 꽁꽁 얼어붙은 신망원 화장실 청소를 자원해서 맡았다. "주 안에 있는 내게 딴 근심 있으랴…." 찬송 소리가 화장실에서 요란하게 났다. **안길**이도 변했기 때문이다.

한번은 교회에 가면서 **안길**이에게 부탁했다.

"내 방 좀 지켜주지 않을래? 밖에서 도둑이 못 들어오게 막아 주면 돼."

"자신이 없습니다."

안길이가 웃으면서 말했지만, 나쁜 버릇이 아직 남아 있어서 자신이 없다고 하는 것을 보면 자기 스스로 자제하는 중이라는 뜻인 것 같아 웃어 버렸다.

복숭아밭 아랫마을에도 변화가 일어났다. 아이들이 아랫마을에 가서 해를 많이 끼친 모양이었다. 회개하고 내려가서 전도를 얼마나 했던지 마을 사람들이 나에게 와서 이런 말을 했다.

"신망원에 무슨 일이 일어난 모양입니다. 이 아이들이 그 전에는 도적질을 했는데 이제는 용서해 달라고 하면서 전도를 하는데 어른들이나 전도사님이 하는 이야기보다 알아듣기가 쉬워서 얼마나 좋은지 몰라요."

이런 이야기를 하며 마을 사람들도 기뻐했다. 교회에 가볼 생각이라는 어조를 은근히 풍기기도 했다. 한번은 아이 하나를 데리고 병원 진료를 받으러 가는데 **풍언**이가 따라왔다. 앉아서 기다리는 시간에 **풍언**이는 참지 못하고 앞에 나가서 전도를 했다. 나도 못하는 전도를 **풍언**이가 하는 것이다.

"여러분 나는 아직 작은 어린아이입니다. 그렇지만 죄는 얼마나 많이 지었는지 모릅니다. 그런데 내가 죄사함을 받았습니다!"

담대하게 간증으로 전도하는 것이 아닌가. 나는 놀라고 약간 불안하기도 했지만 여기에서도 기적 같은 일이 생기고 있는 것에 그저 감사할 뿐이었다.

신망원에 복숭아밭은 있었지만 한 번도 복숭아가 열리지 않았고 따먹어 본 일도 없었다. 우리는 복숭아밭을 살리고자 나무마다 인분을 주기로 했다. 신망원 화장실의 오물을 통에 담아 아이들과 내가 메고 다니며 처음으로 농사일을 해 봤다.

나무는 정직했다. 그 이듬해에 복숭아가 얼마나 잘 열렸는지 그렇게 좋은 복숭아 종자인 줄 몰랐다. 보통 때는 꽃이 피고 열매가 조금 달리면 아이들이 장난삼아 다 따먹곤 해서 구경도 못해 보았다고 했다. 추수 때가 되어 먹음직한 복숭아가 그대로 달려 있다는 것도 기적이었다. 얼마나 크고 좋은 열매인지 대구 시장에도 그렇게 크고 좋은 복숭아는 없었다. 우리에게 그 복숭아 열매는 기적과 같았다. 우리는 복숭아를 정성껏 따서 하나님께 바치는 마음으로 선교사님 댁에 보내드리고, 얼마는 팔고, 나머지는 우리 아이들에게 나누어 주었다. 이렇게 나눌 때도 하나님께 감사 기도를 드리기 위해 모였다. 내가 아이들에게 물었다.

"어떻게 이렇게 좋은 열매가 되었을까?"

"우리가 거름을 주어서요!"

"익기 전에 따먹지 않아서요!"

"우리가 그 나무 밑에서 회개의 눈물을 뿌렸기 때문에요!"

여러 가지 대답이 나왔다. 이렇게 되고 보니 원장인 나는 별로 할 일이 없어졌다. 아이들이 어느새 자기들이 알아서 통제하고, 지키고, 자기네들끼리 서로 도와주고 기도해 주며 잘 지냈다.

6학년쯤 되는 **최상호**라는 아이가 있었다. 삼형제가 황해도에서 왔는데 아버지는 장로님이셨다고 한다. 하루는 **상호**가 밥을 안 먹는다고 하자 걱정이 되어 왜 안 먹느냐고 물어도 웃기만 하고 대답이 없었다. "고향에서 무슨 소식이 와서 그러냐? 어디가 아프냐? 무슨 마음 상한 일이 있느냐?" 물어도 빙긋이 웃기만 했다. "네가 안 먹으면 나도 안 먹겠다."고 하니 그제야 이유를 말했다. "요새 감기가 와서 기도를 잘 못하고 있었더니 우리 방에 있는 황○○이 하나님을 저주하고 욕하는 소리를 해요. 내가 잘못해서 그 애가 그런 죄를 지었어요." '이 애가 나보다, 목사들보다 낫구나' 하는 생각에 머리가 숙여졌다.

지금도 이 아이는 우리 집에 찾아온다. **상호**는 대학을 졸업하고 큰 회사의 중역으로 일했다. 아들들은 둘 다 서울대를 졸업하고 교회 중책을 맡고 있다. 지금은 3층 집을 마련해서 은퇴하고 평안히 살 뿐 아니라 내외가 열심히 자원봉사를 하고 있다.

내가 숭실대학교에 있을 때 상도동 집에 한 군인이 찾아왔다. 해군사관학교 학생이 멋있는 제복 차림으로 문을 열고 들어와 "어머니!" 하고 불렀다. 나는 깜짝 놀라 "이게 누구야?"라고 하니 "저 **조안길**입니다!" 했다. 나는 반갑다는 말 대신 다짜고짜 "아이고, 너 그 병 나았어?"라는 말이 나도 모르게 튀어나왔다. 어릴 적 오줌싸개가 이렇게 훌륭하게 되었으니 놀랍고 감사해서 튀어나온 말인가 보다. "그럼요! 그러니까 사관생도가 되었지요. 기도하고 나았어요."

10월 초하루면 3군 사관학교가 운동을 하러 동대문운동장에 모이던 때다. 머리 좋은 **안길**이가 예수를 만나고 축복받아 사관학교 학생이 되었다니…. '하나님 감사합니다!'를 마음으로 되뇌었다. 또 하나의 기적이다. "서울대도 갈 수 있는 성적이 나왔지만 학비 문제가 있어 사관학교를 지망했지요." 한다. 대견했다.

해군사관생이지만 누구 하나 면회 가는 사람도 없었을 터이니 얼마나 외로웠으랴 싶어 나는 한 번 진해해군사관학교를 방문했다. 고아를 입학시킨 것은 **안길**이가 처음이라고 했다. 얼마 안 되어 **안길**이는 컴퓨터를 배우러 미국 유학을 갔다. 아마 그것이 1960년대 후반이었으니까 우리나라에서는 아직 컴퓨터가 널리 보급되지 않았을 때였다. 미국 해군사관학교에 가서도 1등을 한다는 소식이 들렸다. **안길**이는 귀국해서 해군본부에 있으면서 대학에 출강도 했다.

안길이는 예수님 잘 믿는 자매를 만나서 결혼하고, 해군본부에 살면서 아이들을 양육하다가 중령으로 퇴역하고 캐나다로 이민을 갔다. 10여 년 후 여행 중 캐나다 토론토에 들러 **안길**이 집에서 2-3일을 지냈다. 1남 2녀 다섯 식구와 함께 지냈는데 **안길**이는 컴퓨터 회사에 취직했고, 아이들도 아버지를 닮아 머리가 좋았다. 캐나다에서 중류층 가정으로 교회 생활도 잘하고 있었다. **안길**이를 보면서 흐뭇하고 마음이 참 좋았다.

또 **김태연**이라는 아이도 있었는데 나중에 장로회신학대학교를 졸업하고 목회를 하다가 은퇴했다. 그러나 요즈음에는 어디서 무엇을 하는지 그의 소식을 알 수 없어 안타깝다.

/ 신망원 김태연의 장로회신학대학교 졸업식에서 (1960년대 초)

200명 거지들과의 크리스마스

대구 신망원이 성령의 은혜로 큰 변화가 있었음을 보신 **밥 라이스(Bob Rice)** 선교사는 또 한 번의 큰 모험을 시도하셨다. 본래 신망원은 미국 워싱턴에 있는 체비체스 장로교회의 후원으로 세워졌는데 이 일의 주 역할을 **라이스** 목사님이 하셨다. 이 분은 태백에 사시던 성령파 신부님이신 고(故) **대천덕(Archer Torrey)** 신부와 가깝게 교제하고 계셨다.

크리스마스가 되면 교회에서는 집집마다 돌며 찬양을 불렀는데 비행 청소년들이나 구걸하는 사람들로부터 폭행을 당하거나 방해를 받는 일이 자주 일어났다. 그래서 교회에서 새벽송을 하느냐 마느냐를 놓고 논의가 많았다.

어떻게 접촉이 되었는지 몰라도 **라이스** 목사님은 대전에서 200명 정도의 거지들을 모을 터이니 같이 크리스마스 전후로 2박 3일 전도 집회를 하자고 제안하셨다. 해본 적 없는 일이지만 주님이 시키시는 일로 알고 순종하기로 했다. 대전 기차역 앞 광장에는 조그만 다리가 있었다. 그 다리 밑에 자갈밭이 있어서 거기에 크게 천막을 치고 숙식할 수 있도록 가마니를 펴고 큰 솥을 몇 개 걸었다. 잠자리는 많이 얻어 놓은 미군 담요로 준비했다.

어떻게 알았는지 저녁때가 되자 사람들이 몰려들기 시작했다. 200명 정도 모였는데 신기할 정도로 사람들이 말을 잘 듣고 군대처럼 움직였다. 그 후에 알게 된 일인데 거지 사회에는 아주 엄한 규율이 있었다. 우두머리, 소위 깡패 대장이 있고, 그다음에는 머리가 좋은 사람들의 그룹이 있다고 한다. 소매치기 하는 사람들은 중간층이고, 그 밑에 양아치, 즉 밥을 얻어먹고 윗사람들에게 공급하기도 하는 하층 계급이 있다는 것이다.

거지 사회는 규율이 강해서 소속 없이 다니는 사람은 얻어맞거나 죽이기도 한다고 했다. 그때 우두머리 되는 사람이 명령을 내려서 모두 집합하고 같이 숙식하도록 했던 것이다. 노천에 차린 큰솥 하나에는 흰밥을 짓고 다른 솥에는 소고기국을 끓여 미군 도시락 같은 것에 마음대로 넣어 먹도록 했다. 질서도 잘 지키고 아주 조용하게 식사가 끝났다.

식사를 마치고 나서 천막에 불을 켜고 집회를 했다. 찬송을 하는데 이들도 잘 따라 불렀다. 아마 교회에 나가 본 사람도 있었겠지만 거리에서 들은 크리스마스 찬송을 기억해서 따라하는 것 같았다. 제법 잘했다. 찬송은 누구나 부를 수 있는 것으로 택했다. 설교는 내가 하기로 했다. 무슨 설교를 했는지 기억할 수는 없지만 그들과 함께 크리스마스를 지낸다는 것이 너무 기쁘고 감사했다. 마구간에서 나신 예수님을 생각하니 이 천막에도 주님이 함께 계심을 느꼈다.

밤이 되었다. 나도 그들과 함께 이 천막 안에서 하룻밤을 지내기로 했다. 이 큰 천막에 연탄난로도 없이 그냥 장작을 때는 것뿐이었다. 처음에는 천막이 크니까 연기가 나도 지낼 만했다. 그런데 밤이 깊어갈수록 연기 때문에 목이 아프고 눈이 쓰렸다. 옷은 워낙 많이 껴입어서 그런지 춥지는 않았다. 모인 사람들의 대부분은 천막에 흩어져 담요를 덮고 잤다. 한 20명 정도만 불 곁에 모여 앉아 나와 이야기를 나누며 시간을 보냈다. 장작불이 꺼져

갔다. 저희끼리 쑥덕거리는 소리가 들렸는데 장작이 떨어졌다고 했다. 한참 있더니 불이 또 활활 타올라 다시 온기가 돌았다. 정말 이 불마저 꺼지면 새벽에는 더 추울 것 같아 걱정했는데 불을 피워 주니 고마웠다.

나는 장작이 떨어졌는데 이 장작은 어디서 가져왔느냐고 물었다. 그들은 아무렇지도 않은 듯 "마을에 가면 많이 있습니다. 아무거나 가져왔지요." 했다. '내가 크리스마스 이브에 나무 도둑질을 시켰구나' 하는 생각이 들어 "나는 춥지 않으니까 남의 장작은 가져오지 말아요." 했다. '이래서 사람들이 도둑질을 하는구나.'라는 생각이 들었다.

하나님의 은혜로 집회가 끝나는 날 아침이 밝았다. 대전 어느 교회 목사님께서 **라이스** 목사님과 나와 깡패 두목 두 사람을 아침 식사에 초대해 주셨다. 추운 몸을 녹이기도 하고 오랜만에 집에서 아침을 먹는다는 것이 좋았다. 두목 청년은 양복을 잘 차려 입었다. 함께 밥을 먹는데 왜 그리 땀을 흘리던지, 한참 먹다가 이야기가 나왔다. "우리는 이렇게 목사님 댁에서 얻어먹는 것이나 여러 어른들과 밥을 같이 먹어 본 일이 없습니다. 너무 감사합니다. 그런데 이렇게 살다 보니 많은 죄를 지었습니다. 사람들을 거느리면서 말을 잘 안 들으면 때로는 죽여서 땅에 묻어 버리기도 했습니다. 그런 사람들은 누구도 찾지 않습니다. 죄를 많이 지었지요."라고 고백했다. 우리는 같이 기도해 주고 다짐을 했다. 대전에 가면 "주 선생님!" 하며 찾아오는 사람들이 있다. 이 사람들은 그 천막에 있던 아이들이다. 너무 고맙고 항상 반갑다.

임시로 가게 된 신망 고아원에서 어느덧 2년의 세월을 보냈다. 대구 고등성경학교(현 영남신학대학교) 여자 기숙사 사감으로 오라는 통지가 왔다. **박형룡** 박사님과의 약속도 있었기 때문에 고아원

/ 대구 고등성경학교
여자 기숙사 사감 시절
(1955년경)

일은 늘 함께 기도하던 친구 **한순애** 권사에게 맡기고 **이상근** 목사님이 담당하시는 대구 성경학교로 출발했다.

강의도 한두 시간 맡기로 했다. 해방 이후 교회가 부흥하면서 지도자들이 부족하던 때에 많은 학생이 성경학교로 몰려왔다. 확실하지는 않지만 여자 기숙사에만 130-150명 정도의 학생이 있었던 것으로 기억한다. 사람이 많았지만 기숙사 건물이 신식으로 잘 지어져 별로 불편하지 않았다.

이상근 목사님은 미국 뉴욕성서신학교(지금의 뉴욕신학대학)에서 석사를 마치고 돌아오셔서 목회를 하셨고 성경학교 교장 일을 보셨다. **이상근** 목사님과 모든 교직원들은 화합된 분위기였고 나는 새벽기도회에서 은혜를 받고 기도생활의 즐거움을 맛보고 있었다. 내가 늘 기도하던 그 기도실의 분위기를 지금까지 아름다운 추억으로 간직하고 있다.

한편 기숙사에서는 저녁마다 예배를 드렸는데 하나님의 은혜로 부흥회처럼 뜨거운 성령의 역사가 일어났다. 기숙사는 남산 선교사 마을에 자리하고 있었다. 우리 학생들은 처음 맛보는 은혜로운 집회에 감사하며 찬송소리가 점점 커져 갔고, 통성기도를 하기도 했다. 개인기도를 할 때도 시골에서 큰 소리로 기도한 습관 때문인지 마음놓고 크게만 했다.

그러자 좀 조용히 해달라는 선교사들의 항의가 들어왔다. 나는 아이들을 자제시키기가 조심스러웠다. 이 학생들에게 시험이 될 것 같아 선교사들이 양보해 주었으면 하는 것이 나의 솔직한 심정이었다. 내 경험으로 보아도 처음 은혜받을 때는 크게 찬양하고 통성으로 기도하는 것을 억제하기 어려웠다. 세월이 가면 조용한 묵상이 좋아지지만 말이다. 시골 교회에서 갈급한 마음으로 와서 성령 체험을 한 이들을 어떻게 자제시켜야 할지 사감으로서 여간 곤란한 일이 아니었다.

한편 학생들이 학교에서 공부하는 낮 시간을 나의 공부 시간으로 정하고, 학교를 떠나 대구 미국문화원에서 영어공부를 하곤 했다. 오후에는 시장에 가서 찬거리를 직접 사 가지고 왔는데 고아원에서의 경험이 이때도 유익했다. 영양가 있고 싼 반찬거리를 사는 요령을 체득했기 때문에 가난한 살림을 이끌어 가는 데 보탬이 되었다.

기숙사에 있으면서 미국 유학을 위한 시험을 치르려고 여러 번 서울에 올라오기도 했다. **이상근** 목사님은 아무것도 모르는 나에게 미국 신학교 입학원서를 써 주시는 등 많은 지도와 편달을 해 주셨다.

그 당시에 미국 유학 시험은 3번 치르게 되어 있었다. 문교부에서 지정한 우리나라 역사 시험과 외무부에서 지정한 영어 시험을 치르고 나면 끝으로 미국 대사관에서 영어회화 시험을 또 치러야 했다. 이 모든 시험을 통과한 후에 또 신분조사를 했는데 이것이 오래 걸렸다. 자유당 시대에는 급행료를 줘야 한다고들 했지만 나는 그냥 기다렸다. 오래 걸려도 비양심적으로 하고 싶지 않았다.

이상근 목사님은 뉴욕성서신학교가 복음주의 초교파 신학교라서 우리 한국 교회에 맞는다고 일러 주셨고 기독교교육과를 하라고 권해 주셨다. 기독교교육과에 대한 별다른 정보가 없었지만 이 목사님 말씀대로 그 과를 선택했다. 그것이 얼마나 중요한 결정이었는지 나는 두고두고 하나님께 감사드린다. 하나님의 인도하심이었지만 지금은 하늘나라에 계신 **이상근** 목사님을 통한 지시였음을 알고 일평생 감사하고 있다.

5부

유학, 새로운 기회

드디어 수속이 끝나고 여행 준비도 마무리되었다. 미국 뉴욕연합 장로교 지도자 양성부에서 장학금 전액과 여비와 잡비까지 준다는 약속을 받았다. 공로 없이 받은 하나님의 선물이었다. 1956년, **박형룡** 학장님과 미국 유학을 가기로 약속한 지 6년이 지난 때였다.

미국을 가기 위해서는 전쟁 물자나 구제 물자를 운송하는 배를 이용하도록 되어 있었다. 부산까지 가기 위해 대구역으로 나왔다. 대구 기차역에는 나를 사랑해 주신 40-50분들이 나와 기도하고 송별해 주었다.

/ 대구역에서 미국 유학을 환송하는 학생들(1956년)

/ 임종호 선생님(1954년경)

　부산에는 평양신학교에서 나를 가르쳐 주시고 대학에 편입할 때 등록금을 보내 주시던 어머니와 같은 **임종호** 선생님이 계셨다.

　임종호 선생님은 구한말 부모님이 러시아 영사로 계실 때 태어나셨다. 아버지는 공산주의자가 되셨지만, 어머니는 독실한 기독교 신자여서 어머니에게 신앙교육을 받으셨다. 어머니의 권면으로 16살 때 한국으로 나와서 예수를 믿고 살다가 원산 마르다신학교에서 한국말을 배우면서 신학을 공부하셨다. 그 후 일본 고베(神戶)신학대학교에서 다시 신학을 공부한 뒤 평양신학교에서 여자부 교무주임을 맡으셨다. 결혼도 안 한 독신으로 일제강점기에는 교회 전도사로 사역하다 해방 이후 평양신학교에서 교수를 지내셨다. 그러다 러시아 군대의 총에 맞아 팔에 총알 자국이 생기기도 했다.

선생님은 38선을 넘어와서는 부산 평안교회 전도사를 하면서 지방으로 다니며 사경회를 인도하셨고 많은 사람의 존경과 사랑을 받고 계셨다. 강의 시간이면 "여러분의 손끝에 얼마나 많은 영혼이 달려 있는지 아느냐!"고 하시며 우리의 마음을 찔러 주시던 분이다.

나는 그분의 판잣집 사택에서 같이 머물면서 내가 타고 갈 배를 기다렸다. 배가 출항하기까지는 며칠 더 기다려야 했다. 선생님이 러시아식 토마토 국을 끓여 주셔서 먹었던 기억이 난다. 선생님은 나를 위해 몇 번이고 간절히 기도하셨다. 뜨겁고 간절한 기도회를 매일 가졌다.

내가 미국에서 귀국한 이후 뭔가 조금씩이라도 선생님께 보내 드리는 것이 즐거움이었다. 선생님은 교회 근처 조그만 방에서 오랜 기간 중풍으로 누워 외롭게 지내시다가 주님의 부르심을 받았다. 겨우 방학 때만 찾아뵙다가 장례식에 가게 되어 가슴이 아팠다.

태평양을 건너서

드디어 배가 부산항을 떠나게 되었다. 선객으로는 캐나다 선교사 내외분과 미국 청년 한 사람과 나, 네 사람뿐이었지만 선원은 얼마나 되는지 알 수 없었다. 뱃고동 소리와 함께 무거운 선체가 움직이는데 그제야 '정말 내가 고국을 떠나는구나!' 하는 슬픔과 두려움과 외로움이 한꺼번에 밀려왔다. 그 당시 나에게는 한국에서 미국으로 가는 것이 지구 이 끝에서 저 끝으로 가는 듯했다. 미국까지는 14일 걸린다고 했다. 환송 나온 사람들이 내 시야에서 사라졌고 부산의 산이 까마득히 보일락 말락 하는데 나는 난간을 붙잡고 하나님께 기도를 드렸다.

"하나님 한 분만 의지하고 떠납니다. 이제 저 까마득하게 보이는 내 조국에 유익을 주는 사람이 되어 돌아오게 해주옵소서! 만약 내 신앙이 떨어져서 유익을 주지 못하는 사람이 된다면 이 태평양 바다에 빠져 죽고 돌아오지 못하게 하옵소서!"

나에게 미국은 화려한 유혹의 도시, 타락하기 쉬운 위험한 향락의 도시로 인식되어 있었다. 그때 영화를 많이 보지는 못했지만 영화에서 나오는 미국은 죄를 많이 짓는 곳으로 보였다.

배는 넓은 바다로 나왔다. 사방은 푸른 바다와 하늘뿐이었다. 파도가 치는데 어지럽기 시작했다. 비틀거리며 배정받은 방으로 들어갔다. '뱃멀미가 오는구나! 꼬박 2주를 어떻게 지낼 수 있을까?' 걱정과 근심이 밀려왔다. 하나님 외에는 아무도 없는데…. 성경책을 붙들고 "하나님! 하나님!" 부르며 기도하기 시작했다. 그러자 마음에 평안이 밀려왔다. 멀미로 식사를 잘 할 수 없었다. 책을 읽을 수도 없어 잠이 들었다. 그간 피곤했던 것이 좀 풀렸는지 잠이 들면 다행히 멀미도 잊어버리는 것 같았다.

바람을 쐬려고 다시 갑판에 나가 보았다. 미국 청년이 서 있었다. 영어 연습도 할 겸 이야기를 나누었다. "크리스천이냐?"고 물었더니 그렇다고 하면서 나에게 "당신은 진실한 크리스천이냐?"고 물었다. 이상한 질문을 하기에 다시 내가 반문했다. 그랬더니 자신은 진실한 크리스천이 되려고 노력하고 있다고 했다. 나도 그렇다고 대답했다. 이야기가 통하는 사람이라고 생각했다. 그러다가 캐나다 노인 선교사들과도 좀 사귀었지만 지금은 더 이상 기억이 나지 않는다. 나는 배에서 먹지 못해 아마도 깡말라 있었던 것 같다. 뱃멀미 때문인지 서양 음식은 내게 맞지 않았다. 나는 엉뚱하게 날계란을 달라고 했다. 옛날에 먹던 생각이 나서 청했다. 흑인이 "너희는 날계란을 먹느냐?"며 놀랐다.

14일이 지나 샌프란시스코 항구에 도착했더니 **와그너(Miss Drothy Wagner)** 씨가 마중나와 있었다. 처음 보는 사람이었지만 아주 친절했다. 와그너 씨는 미국 장로교연합회 여성부 직원으로 한동안 중국 선교사로 갔던 일이 있어서인지 나에게 특별한 관심을 가져 주었다. 그 후 뉴욕 선교본부에서 일하는 동안 나를 자기 동생같이 사랑해 주었다. 뉴저지에 살고 있는 친동생 집에도 여러 번 같이 가기도 했고, 와그너 씨 개인 아파트에서 자기도 하면서 가깝게 지냈다. 그분의 집에서 하룻밤을 자고 다시 뉴욕으로 가기 위해 기차 정거장에 나왔다.

나는 3일간 대륙횡단 기차여행을 해야 했다. 상상도 해보지 못한 좋은 기차였다. 나는 안내해 주는 대로 들어갔다. 완전히 조그만 호텔방 같았다. 의자도 되고, 침대도 되는 자리가 있고, 주변에 거울도 많고 무엇인지 알 수 없는 조그만 스위치들도 있었다. 온갖 것이 다 있는데 식당만은 밖에 나가야 했다. 아침식사 때가 되어 식당 칸을 찾아갔다. 사람들이 나만 보는 것 같았다. 동양 사람이라고 모두 한 번씩 나를 쳐다봤다. 자리에 앉았다. 흑인 아저씨가 다가오더니 주문을 하라는 것 같았다. 그런데 갑자기 영어가 생각이 안 났다. 알고 있는 한 마디를 간신히 영어로 말했다.

“Rice and Chicken Please!”(밥과 닭고기를 주십시오)

이 사람은 깜짝 놀라 큰 소리로 되물었다.

“What?”(뭐라고?)

나는 왜 그러는지 알 수가 없었다. ‘내 영어가 잘못됐나?’ 나는 아침식사라는 메뉴가 따로 있다는 것을 몰랐다. 결국 나는 손으로 앞사람의 접시를 가리키며 ‘저거 달라’고 손가락질해 버렸다. ‘이제부터 얼마나 망신을 당해야 하는 걸까?’ 영어를 배웠노라고 했건만 그들의 식사 문화까지는 몰랐다. 다음부터는 다시 식당에 가고 싶지 않았다. ‘배에서도 굶었는데 기차에서도 굶어야 하나….’

붙잡고 이야기해 볼 사람도 없었다. 이따금씩 시커먼 흑인 아저씨들이 뭐라고 소리치며 지나가곤 했다. 정거장 이름을 부르는가 싶었다. 그때 나는 허리 사이즈 24, 키가 167cm로 미국 사람들의 중간치 정도는 되었지만 아마 그 여행 중에는 체중이 무척 빠진 것으로 기억한다.

벙어리처럼 완전히 촌놈이 되어 뉴욕에 도착했다. 선교본부에서 장학생들을 전담하는 **파킨슨** 부인(Miss Bethy Parkinson)이 나를 반겨 주었다. 무척 얼어 있던 나는 제대로 인사도 못하고 데려다 주는 대로 따라갔다. 그이는 모든 외국 학생들의 어머니 노릇을 해 주었던 아주 훌륭한 부인이었다.

/ 미국 선교부에서 장학생들을 돌보던 베티 파킨슨 부인
(Miss Bethy Parkinson, 가운데)

뉴욕성서신학교에서

뉴욕 3가 49번지에 위치한 뉴욕성서신학교(New York The Biblical Seminary) 건물은 오래된 듯 어둡고 육중해 보였지만 들어서자 분위기가 따뜻하게 느껴졌다. 사람들이 모두 명랑하고 친절했다. 복도에서 처음 보는 사람과도 웃고 인사하며 지나갔다. 나는 아직 그런 분위기가 익숙하지 않아 어리벙벙하게 지나가곤 했다. 신입생들에게는 학교 언니를 한 사람씩 정해 주어 친절하게 이것저것 안내도 해 주었다. 한 사람이 한 방을 사용하게 되어 천만다행이었다. 마음놓고 쉴 수 있으니 말이다.

선교사 훈련원에서

며칠 안 되어 선교본부에서 전화가 왔다. 선교사 훈련이 있는데 와서 같이 생활하면서 선교사 후보생들에게 한국 이야기도 들려주고 생활도 배우라는 것이었다. 나는 데려다 주는 곳으로 갔다. 그곳은 수십 명이 공동생활을 하면서 일도 하고 성경공부도 하고 있었다. 모두 선교사 후보생들이라 친절했고, 뭐라도 도와주려는 분위기였다. 나에게 참 좋은 정착 과정이었다.

/ 미국 장로회 선교부 장학생으로 미국 여선교회 순회여행 중
미국 여선교회 회원들과 함께(1956년경)

성경공부는 강의가 아니라 토의 형식이라 나는 열심히 알아들으려고 노력했다. 한 가지 놀라운 것은 이 사람들이 노동하는 시간이었다. 어느 큰 교회 지하실에 쌓여 있는 연탄을 트럭에 담아 운송하는 일을 했는데 나도 바지를 입고 8월 더운 여름에 삽으로 연탄을 떠서 트럭에 담는 힘든 작업을 함께했다.

나는 한국에서 여학교에 다닐 때 전쟁에 쓰려고 대동강 모래를 리어카로 나르는 일을 해 봤기 때문에 삽질 같은 험한 일을 익숙하게 감당했다. 이곳의 젊은이들은 한여름에 연탄을 퍼서 옮기느라 얼굴이 새까맣게 되고, 옷이 땀에 절어 몸에 들러붙는 고된 작업에도 웃음을 잃지 않았다. 한참 땀 흘려 노동을 하고 나면 육체적으로도 개운한 느낌이 들고 주님을 위해 노동을 한다는 흐뭇한 기분도 들었다.

미국 어머니들의 자녀교육

노동을 마치고 어느 목사님 댁에서 저녁식사를 같이 하게 되었다. 그 집에는 대여섯 살로 보이는 쌍둥이 남자애들이 있었다. 엄마가 저녁을 차리는데 이 두 애가 칭얼칭얼 엄마의 치맛자락을 붙들고 조르고 있었다. 나는 그 엄마의 행동을 흥미롭게 지켜보았다. 한국 엄마 같으면 방에 들어가 놀라고 소리를 지르거나 돈을 주면서 나가서 무엇을 사먹으라고 쫓아냈을 텐데 이 엄마는 하나도 귀찮아하지 않는 표정이었다. 아이들을 보며 "자! 이제는 수저를 놓는 거예요. 피터! 너 나 좀 도와주겠니? 요한! 너도 날 좀 도와줘. 여기 숟가락과 포크를 이렇게 놓는 거예요." 한다. 애들이 높아서 못한다고 하니까 엄마는 선반 같은 것을 엎어놓고 "여기 올라가서 놓아요."라고 했다.

'이렇게 참을성 있게 아이들을 대하는구나! 한국 엄마들이 이곳

엄마들에게 좀 배워야겠다'는 생각이 들었다. 아이들이 칭얼거리
는 것을 멈추고 엄마가 시킨 일을 다 했다고 손뼉을 치자, 엄마는
잘했다고 칭찬해 주었다. 이러한 가정교육 덕분에 이들이 1등 국민
이 되었구나 하고 깨달았다.

9월 새 학기가 되어 공부가 시작되었다. 한국에서 했다는 영어
공부가 여기서 얼마나 효과가 있을까? 우선 과목 선택과 수속 절
차부터 어려웠지만 신학교 언니가 도와주었다. 강의시간에는 수
업을 20%도 못 알아들었다. 숙제를 내주는데 받아쓰기도 힘들었
다. 학생들이 질문하는 것도 악센트가 달라서 못 알아들었다. 낙
심도 되고 긴장도 되었다. 이 공부를 어떻게 해낼까 스스로 의심
이 들었지만 어쩔 수 없었다. 해내야 했다!

하나님은 불공평하신가?

여학생 기숙사에 있는 자매들은 친절했다. 무엇이든지 도와주
려고 했다. 그래서 친구들의 노트를 빌려 다시 정리하고 숙제를
날마다 제출했는데 타이프도 서툴고 영어도 누군가가 교정을 봐
주어야 했다. 그러니 미국 학생들보다 잠자는 시간을 줄이고 외
출은 주일날 교회 가는 것 외에는 아무것도 못했다. 시간이 아까
워서 양치를 하면서도 무언가 보아야 했고, 전쟁하는 식으로 나
와 싸우며 지냈다.

그러다 보니 기도 시간이 없어졌다! '이것은 아닌데! 내가 주를

/ 뉴욕성서신학교 기숙사에서(1956년)

섬기기 위해 공부하는데 기도도 못하고 공부에만 열중하는 것은 내 정체성이 무너지는 것이다!' 한국에서 아침마다 조용히 주님과 교제하던 즐거움이 그리웠다.

"하나님 아버지! 나는 하나님과 교제가 끊어지면 죽은 사람입니다. 이렇게 살 바에는 내가 보따리 싸서 집으로 가는 것이 훨씬 낫습니다."

고향으로 가고 싶은 마음이 간절해졌다. 이대로 귀국해 버리면 우리 어머니와 주변 사람들이 얼마나 실망하실까? 마음의 싸움이 또 하나 생겼다. 전쟁을 겪은 지 몇 해 안 된 황폐한 나라에서 고통당하는 내 백성을 생각하면서 그들을 간절히 돕고 싶었다.

이곳 미국에 와 보니 물자가 차고 넘치는 데다 모든 것이 화려하고 사람들은 사치스러웠다. 쓰레기통만 보아도 이 많은 종이가 그냥 버려지는 것이 아까웠다. 모든 것이 사람들이 편리하게 살도록 마련되어 있었다.

"하나님! 왜 하나님께서는 이 나라는 이렇게 축복해 주시면서 우리나라는 일제강점기의 고통을 지나 이제 좀 살만 하니까 또 전쟁을 통해 많은 사람을 죽게 하십니까? 살아 있는 사람도 생필품이 모자라고 집 없는 피난민들은 또 얼마나 많습니까? 왜 농촌에서는 보릿고개를 넘기느라 힘겹게 살아가게 하십니까? 하나님, 불공평하십니다!"

나는 기숙사 방 담벼락에 태극기를 달아 놓고 잠깐잠깐 기도를 드릴 때마다 항의와 같은 말이 쏟아져 나왔다. 하나님은 나에게 대답해 주셨다.

"애야! 미국은 물질로 축복했지만 네 나라 한국은 영적으로 축복하지 않았느냐?"

"아멘."

정말 한국에는 찬송 소리와 기도 소리가 드높았다. 하지만 여기에서는 찬송 소리도, 기도 소리도 들어 볼 수가 없었다. 나는 기쁨으로 일어났다!

"예! 하나님, 우리가 받은 축복이 더 큰 축복입니다!"

가난한 나라에서 왔다는 열등감 때문에 식당에서 식사를 잘하면 '역시 가난한 나라에서 와서 저렇게 잘 먹네.' 하고 손가락질하는 것 같았고, 식사를 조금 하면 '가난한 나라에서 왔으면서 건방지게 적게 먹네.' 하는 것 같았다. 쓸데없는 열등감이 나를 떠나지 않았다.

그런 생각을 떨칠 수 없게 하는 일들이 있었다. 교회에 가면 벌거벗은 한국 사내아이 그림이 붙어 있었다. 한국 고아를 도우라는 광고판이었다. 한국전쟁에 대한 그림이 곳곳에 붙어 있었다. 어쩌다가 방학 때 백화점에 가서 물건을 사는데 나에게 "일본 사람이냐? 아니면 중국 사람이냐?" 하고 묻기에 "아니, 나는 한국에서 왔다."고 했더니 이 아주머니가 돌아서서 눈물을 닦았다. 나는 놀라서 왜 그러느냐고 물었더니 "내 아들이 너희 나라에 가서 죽었다."라고 말했다. 할 말을 잃어 죄송하다는 말만 남기고 돌아왔다. '우리나라는 빚을 지고 있는 나라구나. 선교사를 보내 주고, 위험할 때 싸워 주고 목숨까지 바친 이 나라에 무엇으로 갚을 수 있을까?'

일본 사람과의 화해

마음에 걸리는 문제가 또 하나 생겼다. 기숙사 옆방에는 일본 여학생이 있었다. **기타가와 아이코**라는 친구다. 키는 나보다 훨씬 작지만 영리하고 애교도 있고 나보다 영어도 잘하고 많은 사람의 사랑을 받는 학생이었다. 하지만 나는 우리나라가 해방된 지 11년 만에 만나는 일본 사람이라 마음에 늘 좋지 않은 감정이 있는 데다가 여러모로 나보다 앞서는 것이 시기가 나서 일본말을 잘 알면서도 모르는 척하고 만나면 "하이!" 하고 인사만 하며 지냈다. 아무렇지도 않은 것처럼 지나쳤지만 내 마음은 늘 불편했다.

그뿐만이 아니었다. 언제부터인가 기도가 막혔다. 죄를 지으면 기도가 안 되는 법. 형제를 시기하고 미워하는 죄를 짓고 있었기 때문이다. 실제로 나타나는 죄가 아니라 마음의 죄를 짓고 있었기 때문에 화해를 할 수도 없었다. 같이 공부하는 **홍동근** 목사님께 고민을 이야기했다.

"나도 그런 죄를 짓고 있는 걸요."

"그러면 어떻게 하면 좋지요?"

"우리 그러면 주일 저녁마다 한국 사람끼리 드리는 예배에 **아이코**를 초대해서 일본말로 예배를 드리면 어떻겠습니까?"

"아! 그거 좋은 아이디어입니다!"

"그럼 다음 주일에 그렇게 합시다."

주일 저녁 **아이코**가 웃으며 내려왔다. 한국 사람은 4명, 일본 사람은 **아이코** 혼자였다. 우리는 일본말로 찬송가를 불렀다.

그곳에 모인 한국 사람들 모두 일본말로 찬송하는 것은 문제가 안 되었지만 기도는 좀 어려웠다. 일제강점기 때 일본말로 예배를 드린 예가 없었기 때문이다.

"기도는 누가 할까요?"

"제가 하지요!"

김득렬 목사님이 자원했다. 우리는 안심하고 고개를 숙였다. 김 목사님은 키도 크시고 목소리도 굵으셨다. 천천히 기도를 시작했다.

"텐니 마시마스 가미사마(하늘에 계신 하나님이시여)! 가미사마께서…."

'가미사마'는 하나님이라는 일본말이고 '께서'는 한국말이다.

일본말로 기도하는 것이 서툴러 일본말과 한국말이 섞여 나왔던 것이다. 한 사람이 킥 소리를 내며 웃었다.

그런데 두 번째 '가미사마께서'라고 하니까 또 한 친구가 킥 하고 웃음을 참는 소리를 냈다. 세 번째 '가미사마께서' 하니까 모두 눈을 뜨고 웃어 버렸다. 그런데 **아이코**는 그냥 고개를 숙이고 있었다. 우리는 모두 일어나 웃어 버리고 나니 죄책감이 들었다.

"각각 자기 말로 기도합시다."

"그래요. 하나님께서 한국말, 일본말 가리시겠어요?"

우리는 기도하기 시작했다. 그러면서도 하나님 앞에 죄송한 마음이 들었다. 마음의 눈으로 십자가를 보면서 용서해 달라고 기도하는데 우리 둘레 안에 십자가가 서 있는 것 같았다. 십자가 앞에 있으면 우리는 모두 하나님의 자녀요, 십자가가 없으면 너나 나나 우리는 모두 새까만 죄인이다. 내가 왜 하나님의 자녀를 미워했나, 주님의 십자가로 용서받았으면서 미워하는 것은 살인죄인데….

"주님 내 죄를 용서하옵소서!"

나는 **아이코**를 껴안아 주며 그렇게 말했다.

나는 통곡했다. 성령의 역사로 우리 모두 자복하고 회개하는 시간을 가졌다. **아이코**는 일어나서 두 손을 비비며 우리의 심정을 알았는지 잘못했다고 빌고 있었다.

"잘못은 우리에게 있다. 우리가 너를 미워했다."고 하자, **아이코**가 대답했다.

"제가 외국에 나온 것은 여기가 처음인데 일본 사람들이 한국과

/ 뉴욕성서신학교 기숙사 친구들(왼쪽에서 두 번째가 '아이코', 1957년)

/ 뉴욕성서신학교 동창 김득렬 목사, 김인실 박사와
온누리교회에서 재회(2005년경)

동남아시아에서 얼마나 나쁜 일을 했는지 잘 모르고 살았어요.
일본 사람들이 얼마나 나쁘게 했으면 여러분이 이렇게 괴로워하
겠습니까."

아이코는 계속 울면서 서 있었다. 우리는 그날 큰 부흥회를 가졌
다. 그 후 나는 **아이코**가 내 언니같이 사랑스러워졌다. 기적 같은

187

일이었다! 때때로 부엌에 가서 밥도 지어먹고 일본 음식, 한국 음식을 만들어 먹으며 즐거운 시간을 가졌다. 알고 보니 **아이코**의 아버지는 동경제국대학(현 도쿄대학) 총장을 지내셨고, **아이코** 자신은 일본 귀족들이 다니는 학습원에서 영어 교사를 했다고 한다. 가족으로 대학 교수인 남편과 딸이 하나 있었다. 신학교 졸업 후에도 내가 미국에 갈 때면 아이코를 찾아 만나곤 했다.

쉬지 말고 기도하는 길을 찾다

나에게 기도는 생명줄과 같다. 열심히 공부해야 했지만 공부가 기도만큼 가치 있는 것은 아니었다. 열심히 기도하려면 공부를 못하고 열심히 공부하려면 기도를 못했다.

'하나님 이것을 어떻게 해야 합니까?' 아침 기도를 하려고 일찍 일어나 침대 밑에 앉아 눈을 감으면 졸기 일쑤였다. 그러다가 아침밥도 못 먹고 강의실로 직행하기도 했고 강의시간까지 졸고 앉아 있을 때도 있었다. 이것이 나에게는 큰 고민이었다.

내 영어 실력도 어느 때는 좀 되는 것 같다가 어느 때는 아주 낙심이 될 때도 있었다. 영어가 안 될 때는 '외국 사람이니까 어쩔 수 없지' 하고 마음 편하게 생각할 수 있었다. 하지만 기도를 못하면 항상 불안했다.

어느 날 아침 기도하다 졸고 나서 일어나는데 새로운 아이디어가 떠올랐다. 기도를 앉아서 하지 말고 일어서서 다니면서 하자!

복도에서 식당으로 가면서, 엘리베이터를 타지 말고 걸어다니면서, 화장실을 가면서 기도하면 줄지 않을 것 아닌가! 눈을 뜨고 다니면서 모든 복도를 기도실로 삼고 기도하며 다니자! 나의 큰 고민이 쉽게 해결되었다.

일부러 복도로 다니며 혼자서 중얼거리기도 했다. 누가 내 말을 알아들을 것도 아니니까! 기도가 잘됐다. 어떤 때는 복도에서 눈물이 뚝뚝 떨어지도록 감동이 올 때도 있었다. 화장실에서도, 목욕하면서도 나는 주님과 즐거운 시간을 가졌다. '아, 쉬지 말고 기도하라는 것이 이것이구나!' 깨달았다. '20세기, 21세기 크리스천들은 이런 기도시간이 필요하겠구나!'

그때 익힌 기도 습관은 귀국 후에도 이어져 학교에 출근하면서, 집으로 가는 길에 끊임없이 기도했다. 60세에 배운 운전으로 차를 몰고 출근하는 1시간 10분, 퇴근하는 1시간 20분의 시간은 하나님과 대화하는 기도 시간이자 예배를 드리는 시간이었다. 누구도 듣지 않는 독방의 기도였다. 때로는 여기에 녹음기를 틀어 놓고 나의 기도를 녹음해 볼까 하는 생각도 했다.

지금도 나의 묵상기도는 아침 새벽기도뿐만이 아니라 일상의 기도도 포함된다. 일상의 묵상기도가 있게 된 것은 그때 하나님이 주신 은혜의 선물이다. 가장 바쁠 때 가장 기도를 많이 할 수 있다고 생각한다. 요즘 들어 시간이 많아지면서 도리어 일상생활의 기도가 약해지는 것을 느낀다. 어떻든 기도에 깨어 있어야 인생에서 승리할 수 있다.

창고에서 시작된 기도운동

"너 이른 새벽에 어디를 그렇게 일찍 갔다 오는 거냐?" 기숙사 같은 층에 있는 미국 처녀 **앨리스**가 나에게 물었다. 얼마 전 새벽기도를 하고 싶어서 일찍 일어나 13층 옥상에 올라가서 두리번거리다 조그만 창고를 찾아 냈는데 그 날도 그곳으로 기도하러 나가는 길이었다. 카펫과 짐 같은 것들이 가득한 창고였다. 나는 '여기를 기도처로 해야겠다.' 생각하고 들어가 보았다. 냄새는 좀 났지만 앉을 자리가 있었다. 하루이틀 기도를 했는데 한국에서처럼 포근한 느낌이 들었다. 그래서 나는 옛날 교회학교 부장이시던 **이광혁** 장로님이 그린 그림('요한복음'이란 글자로 가시면류관 쓰신 예수님을 표현한 그림)을 벽에 붙여 놓고 기도하기 시작했다.

앨리스는 엘리베이터가 덜컥거리는 소리에 나왔던 모양이다. 잠을 깨운 것 같아 미안한 마음이 들었다.

"나는 믿음이 없어서 새벽에 나가서 따로 기도하는 습관이 있어."

"얘, 이상한 말 한다. 믿음이 없어서라니?"

앨리스는 깔깔대고 웃었다. 미국 학생들은 조용히 간단하게 하는 기도도 전기 코드에 꽂는 것처럼 아주 힘 있게 했다. 얼마 후에 **앨리스**가 같이 기도하러 가면 안 되냐며 따라왔다. 또 다른 여학생들 두세 명이 같이 와 자리가 좁아졌다. 얼마 후에는 남학생들이 오겠다고 했다. '미국 사람들은 호기심이 많아서 한 번 와 보는 것이겠지' 하고 생각했다. 하지만 계속 참석하는 바람에 할 수 없이 자리를 옮겨야 했다. 부부 기숙사로 옮겨 남녀 학생들이 모였다.

이곳 미국 사람들이 기도하는 모습을 보며 나는 속으로 웃었다. 키 큰 남자가 두 다리를 쭉 뻗고 커다란 커피 잔을 들고 의자다리에 기대어 눈을 감고 기도했다. 누가 기도 인도를 하는 것도 아니고 그냥 묵상하거나 성경을 읽거나 하다가 마음대로 하나씩 흩어지는 식이었다. 때때로 "선애! 너희 나라에서는 어떻게 기도하는지 이야기 좀 해 줘."라고 묻기에 새벽기도, 철야기도, 금식기도, 산기도에 대해 이야기해 줬다.

그런 이야기를 하다가 내가 경험한 고아원 아이들이 회개하고 거듭난 이야기를 해주었더니 흥미롭게 들었다. 한번은 "얘! 철야기도는 어떻게 하는지 좀 해 보면 안 되니?" 하고 물었다. 나는 전화부에 있는 교회를 찾아서 전화를 걸어 문의했다. 우리가 밤에 철야를 좀 할 수 있겠냐고 여러 교회에 물었지만 한 곳도 허락하지 않았다.

미국 교회는 청소년들이 주말에 교회 지하에 가서 맥주 마시고, 춤추는 것은 허락하면서 밤에 철야기도는 못하게 하는 것을 보고 혼자 한탄했다. 내가 철야기도를 할 수 있는 교회를 찾지 못하자 다른 미국 친구가 전화를 해서 알아보겠다고 했다. 한 교회에서 허락을 얻어 주말 저녁에 5-6명이 1시간 정도 전철을 타고 갔다. 마침 저녁예배가 있었는데 예배를 인도하던 목사님이 "우리 모두 한국식으로 통성기도 하자"고 제안하셨다. 우리 학생들은 놀라서 나를 쳐다보면서 들어가 앉았다. 후에 알았는데 그 목사님은 한국전쟁 때 군목으로 참전했던 분이었다.

그 예배가 끝나고, 우리는 자유롭게 다시 기도로 들어갔다. 함께한 미국 친구들은 그 시간이 참 좋았다며 만족한 얼굴로 돌아왔다. 사실상 나는 미국에서 주일 낮예배만 보고 끝나는 것이 못마땅했다. 그러던 중 주일 저녁예배를 드리는 곳을 한 곳 찾게 되었다. 뉴욕 중심에 있어서 그리 어렵지 않게 찾아갔다. 선교협의회(Missionary Alliance) 같은 교회였는데 분위기가 마음에 들어 주일 저녁에 친구 한두 명과 함께 가곤 했다. 어떤 때는 주일 저녁을 먹고 나오는 길에 살짝 "저녁예배에 갈 사람 없어요?" 하고 광고를 했더니 지나가면서 누군가 "선애, 너는 전도하러 여기 왔니?" 하며 놀리기도 했다. 나는 이들에게 무엇을 도와주거나 강요하거나 할 마음은 없었다. 그저 동행해 줄 사람을 찾고 있을 뿐이었다.

얼마 후의 일이다. 총장님의 저녁 초대가 있었다. 내가 외국 학생이라 초대를 하는 모양이라고 생각하고 갔다. 식사 자리에는 총장 내외와 총장님의 장모 되시는 분이 계셨는데, 학생은 나뿐이었다. 나는 얼떨떨해하며 저녁을 먹으며 이야기를 주고받았다. 식사 후에 총장님은 나에게 새벽기도회에 대해 말씀하셨다. "선애, 그런 모임은 네가 귀국해서 고향 교회에 가서 하고 여기서는 하지 않으면 고맙겠다." 나는 그러겠다고 했다.

여름방학이 되었다. 나는 선교본부의 위촉으로 청소년 캠프 상담자로 가게 되었다. 임무를 마치고 기숙사로 돌아왔더니 친구 **톨(Miss Dove Toll)**이 나를 기다리고 있었다. 이 친구는 항상 내 영어 숙제도 교정해 주고 늘 다정하게 도와주던 나보다 7-8살 어린 학

/ 뉴욕성서신학교 친구 톨(Miss Dove Toll, 1956년)

생이었다. 어머니는 유대인이고, 아버지는 그리스 사람으로, 키는 작지만 영리한 친구였다. 그 친구는 내가 기숙사에 돌아오자마자 "일주일 내내 너 오기를 기다렸단다. 지금 마음이 많이 괴로워서 죽겠는데 기도 좀 해줘."라고 말했다. 나는 지금 캠프에서 막 돌아와서 정말 피곤하니 내일 기도하자고 했더니 안 된다며 오늘 꼭 해 줘야 한다고 했다. 그러면 "나는 한국말로밖에 못한다."라고 했는데도 좋다고 하기에 내 침대에 머리를 대고 둘이서 무릎을 꿇고 앉아 기도를 시작했다.

이 친구가 처음에는 훌쩍거리더니 눈물을 흘리며 울다가 결국 나중에는 정신없이 큰 소리로 울기 시작했다. 그러다 결국에는 기숙사에 다 들릴 정도로 크게 소리를 지르며 엉엉 울었다. 한참 울도록 두었지만 또 총장님에게 불려갈까 봐 걱정스러웠다. 이 친구는 인도네시아에 선교사로 가기로 하고 루터파 교회 선교부에서 장학금을 받고 공부하는 학생이었다. 나중에는 한국에 와서 5-6년간 세계기독교봉사회의 직원으로 일하면서 내가 하는 일을 많이 도와주었다.

예수님을 머리로만 믿다가 주님의 살아 계심을 체험하고 나를 따라온 것이다. 한국에서 당시 전도사였던 **조용기** 목사님에게 영어를 가르쳐 드리기도 하고, 내가 학교 일과 여전도회 전국연합회 일로 바쁠 때 나에게 큰 도움을 준 하나님의 일꾼이다. 나중에 내가 두 번째 미국 유학을 갈 때도 재정적으로 도움을 주었다.

그 친구는 결국 인도네시아 선교사로 가는 일은 포기하고 한국에서 일했고 한국말도 자유롭게 할 수 있게 되었다. 한국에서의 사역을 끝내고 본국으로 돌아가서 결혼하고 살 때 한 번 방문했었다.

미국 학생들의 산기도

하나님의 오묘한 섭리는 헤아릴 수 없이 놀랍고 크다. 새벽기도 그룹에 있었던 전형적인 미국 청년 세 사람이 나를 찾아왔다. 방학 때라 미국 학생들은 모두 집으로 돌아가고 나 같은 외국 학생만 남아 있는데 무슨 일로 나를 찾았는지 조금 놀랐다. 방이 너무 작아서 다 들어오라고 할 수도 없는 형편이었다. 그들이 말했다.

"우리는 깊이 고민하다 너를 찾아왔어. 지금 우리 마음이 많이 괴로워서 기도를 하고 싶은데 방법을 찾다가 산기도를 가기로 했어. 그런데 우리는 산기도에 대해서 아무것도 몰라. 선애, 네가 같이 가면 좋겠다고 생각해서 찾아왔어.”

“지금 같이 갈 수는 없어. 나 혼자서 너희들과 같이 갈 수는 없지 않니? 다른 친구들이 더 많이 간다면 모르지만….”

나는 그들이 참 고맙게 생각되었지만 거절할 수밖에 없었다. 이 친구들이 이해하지 못하는 것 같아 나는 산기도에 대해 좀 더 설명을 해주었다.

“산기도는 개개인이 다른 사람들로부터 아무 제약을 받지 않고 그저 자유롭게 하나님과 사귀는 기도야. 산에 가서 소리를 지르기도 하고, 소나무 뿌리를 잡고 씨름을 하기도 하고, 먹고 싶으면 먹고, 먹고 싶지 않으면 안 먹고, 자도 좋고 안 자도 좋고 자유롭게 하나님과 나만의 시간을 갖는 거야.”

그들에게 이야기해 주고 한번 해 보면 알 것이라고 했다. 결국 그들만 간다고 하기에 지하철 정거장까지 배웅을 나갔다. 그 친구들은 용기가 잘 안 나는지 나에게 다시 한 번 이야기했다.

“야! 선애, 너는 참 우리를 괴롭히려고 왔구나. 우리가 정말 고통스러워하고 있다는 거 알고 있니?”

“나도 알고말고. 너희들이 고통스러워하는 것만큼 하나님께서 큰 은혜를 주실 것이니까 믿고 가봐!”

나는 그 후에 한국으로 귀국해서 그 일을 다 잊어버리고 있었다. 아마 26년이 지났던 것 같다. 서울에 있는 미국 선교부에서 사무를 보는 **마리안**(Miss Marian Show)에게서 전화가 왔다.

"당신 이름이 주선애(Sun Ae, Chou) 맞나요? '700 Club' TV 방송국 사장 **로버트슨(Pat Robertson)**의 자서전 첫 부분에 당신 이름이 나와 있어서 맞는지 확인하려고 전화했어요."

한참 기억을 더듬으니 이름이 생각났다. 새벽기도회도 같이 하고, 산기도에 같이 가자고 왔던 키 크고 잘생긴 남학생, 예일대에서 법학을 공부한 변호사라고 했던 것 같다.

나는 그 후에 순복음교회에서 번역문으로 출간된 그의 책《지붕 위에서 외쳐라》를 읽어 보았다. 26년 전 그날 밤 나를 찾아온 청년들은 산기도에 가서 큰 체험을 하고 비전을 받아서, 지금은 아주 큰 TV 방송국을 이끌며 세계적으로 선교를 펼치고 있다는 사실을 알게 되었다. '하나님의 놀라운 은혜의 역사가 이렇게 이루어지는구나!' 하나님께 감사할 따름이었다.

몇 년 후에 나의 육촌동생 **주선영** 목사가 은혜 체험을 하고 기독교 TV 방송국을 시작하려고 한다면서 "누님, '700 Club'을 방문하고 싶은데 함께 가봅시다."라고 하기에 밤새 차를 몰고 방송국에 가서 **로버트슨(Pat Robertson)**을 반갑게 만났다.

그는 역시 겸손했다. 그는 나를 보자마자 "하나님께서 너를 어떻게 쓰시는지 너도 몰랐지?" 하고 말했다. 그들은 그날 밤 산에 가서 기도를 하는 중에 하나님께서 크게 역사하셔서 성령의 은사를 많이 체험하고 왔다고 했다. 방언의 은사와 함께 환상으로 보여 주신 내용은 기독교 TV 방송국을 통해 세계 선교를 하는 것이었다고 했다.

그리고 산기도에 같이 갔던 **화이트(Dick White)**는 캄캄한 감방에 있는 죄수들에게 전도하는 환상을 보여 주셔서 국무성의 청탁으로 미국과 더불어 세계 재소자 선교를 하고 있다는 소식을 전해 주었다. 산기도를 함께 갔던 또 다른 한 친구인 **유진 피터슨(Eugean Peterson)**은 훌륭한 목회자이자 저술가로 활동하는 축복을 받았다고 했다. 그때는 위성방송이라는 이야기조차 생소하던 시절이었는데 그들은 위성방송으로 이미 중국과 소련으로까지 방송을 내보내고 있다고 했다. 그는 당시 어마어마하게 넓은 지역에 커뮤니케이션 대학원과 대학교를 운영하고 있다고 하면서 한국에서도 학생을 보내 달라고 했다.

언젠가 **로버트슨**이 700 Club 방송에 출연해 사람들이 보낸 기도 요청 종이를 손에 쥐고 기도해 주는 모습을 본 기억이 난다.

어느 날 학교(장로회신학대학교)로 편지가 왔다. **로버트슨**이 부통령에 출마하니 기도하고 성원해 주기 바란다는 내용이었다. 학교에 여러 번 전화를 했지만 연결이 되지 않았다는 내용도 있었다. 그때 우리 학교 교환수가 영어를 못한 탓인가 보다.

나는 그가 부통령 출마를 한다는 것에 찬성할 수가 없었다. 그이는 선교의 사명을 받은 사람이지 정치를 할 사람이 아니라고 생각했기 때문이다. 역시 그는 중간에 탈락하고 말았다. 그가 두어 번 여의도순복음교회에 왔을 때 전화가 와서 만나러 갔었다. 핸드폰이 없던 때라 만나기가 힘들어 교회 안내자에게 겨우 물어 찾아갔지만 허락이 안 되었다. 어떻게 교회 당회장 목사님의 손님을 찾아야 하는지 몰라 겨우 **조용기** 목사님의 장모인 **최자실** 목사님을 찾아서 소개를 받아 **로버트슨**을 어렵게 만났던 기억이 난다.

그가 지금도 여전히 활동하고 있다는 소식을 뉴욕신학교 총장
님을 통해 전해 들었다. 내가 뉴욕신학교에서 시상하는 김마리아
상을 받게 되었는데, **로버트슨**은 오지 못하지만 영상으로 축하 메
시지를 보내 준다는 소식이 전해졌다.

나는 부족한 사람이다. 그저 내 기도 습관을 붙잡고 살아온 것밖
에는 아무것도 한 것이 없다. 그저 하나님이 나를 도구로 잠시 사용
하신 것뿐이다. **피터슨** 목사는 목회에서 은퇴한 지금도 저술에 열중
하고 있으나 **화이트** 목사의 소식은 모른다고 한다. 세상을 떠난 것
이 아닌가 생각된다. 모두가 90대가 되었으니 말이다.

내가 만난 와이코프(Wycoff) 장로님

미국 장로교 선교부 지도자 양성부의 **파킨슨** 부인으로부터 전화
가 왔다.

"오늘 뉴욕 어느 호텔에 12시까지 나올 수 있지? 수업시간이 아
니라면 함께 점심 하자."

식사를 하기로 한 호텔은 최고급이었다. 식사 자리에 갔더니 외
국 학생들만 모여 있었다. **와이코프** 장로님이 종종 마련하시는 외
국인 학생 식사초대 자리였다. 갖가지 피부색의 학생이 15-16명
씩 모여 있었다.

장로님은 70세가 넘어 보이는 깡마른 체구의 신사였다. 이 분은
펜실베이니아주에서 백화점 두 곳을 경영하면서 한 달에 두어 번

씩 뉴욕으로 와서 일을 보셨다. 장로님은 아주 보수적 신앙인으로
직원들 중에 담배를 피우는 사람은 일체 축출해 버린다고 했다.

/ 와이코프(Wycoff) 장로님

외국인 학생들이 모이면 장로님은 학생들에게 다 손을 잡으라
고 하셨다. 그러고는 일어서서 큰 소리로 기도를 해 주셨다. 미국
에서는 아주 특이한 일이었다. 그리고 아주 비싼 음식을 주문해
서 먹도록 해 주셨다. 각각 자기소개도 하고 이야기도 나누는 시
간들을 통해 서로 잘 사귈 수 있도록 배려하셨다.

장로님은 늘 나를 자기 옆에 앉으라고 하셨다. 그러고는 "옛날
한국 학생이었던 누구누구를 아느냐?"고 묻곤 하셨다. 그중 늘 물
어보시던 분이 **전성천 박사**'였다. **전성천** 박사님은 예일대에서 박

사학위를 받고 한국에 오셔서 그 당시 공보처 장관을 하셨던 분이다. 나는 그런 높은 사람은 모른다고 했다.

식사가 끝나면 호텔에서 꽃을 사주시면서 "선애, 누가 물어보면 네 남자친구가 사주었다고 해!"라고 농담을 하셨다. 나는 아직 촌뜨기라 어리둥절할 뿐이었다. 방학이 되었다. 장로님은 늘 방학 때 자기 집에 놀러오라는 말씀을 하셔서 장로님 댁을 찾아갔다.

두 분 모두 검소한 독일계 사람들로 그의 부인은 뚱뚱한 체격에 선한 인품을 가진 분이셨다. 처음 할아버지 장로님 댁에 찾아가기 위해 백화점을 묻자 사람들은 "Papa Wycoff"(와이코프 할아버지)라고 부르며 친절하게 가르쳐 주었다. '이분의 선행이 온 동네에 미치고 있구나.' 하는 생각이 들었다.

장로님은 나를 반갑게 맞아 주시며 백화점을 안내해 주셨다. 이곳저곳 진열된 화려한 물건들을 구경하고 있을 때 저편에서 한 어머니가 서너 살 정도 된 아기의 손목을 잡고 우리 쪽으로 걸어오고 있었다. 아기를 보자 할아버지는 자기 주머니에 손을 넣어 무엇을 꺼내셨다. 할아버지가 꺼내 보인 것은 아주 작은 일본제 강아지 장난감이었다.

장난감을 꺼내 들고 아기 앞에서 흔들어 보여 주자 아기는 깜짝 놀라 그 강아지를 보더니 할아버지를 물끄러미 쳐다보았다. 할아버지는 아기와 눈을 맞추고 부드러운 표정으로 환히 웃으셨다. 할아버지는 아기의 해맑은 웃음에 덩달아 즐거워지셨다. '아! 멋지고 아름다운 광경이다.'

할아버지는 이런 아기들이 들어오는 것을 보기만 하면 똑같이 멈춰서 놀아 주셨다. 그래서 내가 주머니에 있는 것들을 좀 보자고 했다. 주머니에는 돼지, 말, 토끼 등 아기들의 새끼손가락만 한 장난감이 많이 들어 있었다. '나도 나중에 나이가 들면 저런 모습이 되어야지' 마음을 굳게 먹었다.

주일이 되었다. 할아버지는 아침 일찍부터 나를 찾으셨다.

"선애, 나와 같이 가보지 않겠니?"

"어딘데요?"

"그 동네 고아원에 가서 아이들을 회사 버스에 태우고 교회에 갈 거란다."

할아버지의 선행은 그것뿐만이 아니었다. 학생들의 방학 기간에 백화점 버스를 이용해서 그 동네 보이스카우트 학생들과 함께 캐나다로 여행을 가셨고, 때로는 역사탐방을 위해 남쪽으로 3-4일씩 카라반 여행을 떠나곤 하셨다. 70세 노인 사장님이 대장이 되어 아이들과 교회 청소년부 교육목사, 나까지 모두 30여 명이 한 식구로 여행을 떠났다.

차가 떠날 때마다 할아버지는 〈Happy on the way〉를 선창하여 모두가 따라 불렀다. 가다가 쉴 때면 과일이나 간식을 주시고 식사 때가 되면 적당한 식당이나 호텔에 들러 넉넉히 먹여 주셨다. 밤에는 어느 교회당 부속 건물에서 자거나 숲속에 들어가 자곤 했다.

여행을 하면 할아버지는 꼭 학생들과 같이 행동하셨다. 침낭에서 따로따로 자고 아침이면 할아버지가 휘파람 부는 소리를 들으며 잠에서 깼다. 어떤 때는 교회와 약속하고 저녁예배와 성찬식을 갖기도 했다. 나는 이런 여행을 두 번 따라갔었다. 한번은 내

가 아이들에게 동양 음식을 만들어 주기도 했다. 개울가에 가서
밥을 짓고 야채와 고기를 볶아서 볶음밥을 만들어 놓고 나무를
깎아 젓가락을 만들었다. 아이들에게 젓가락질을 가르쳐 주면 무
척 좋아했다.

한번은 할아버지가 온 동네 사람들과 함께 배를 타고 웨스트포
인트 육군사관학교 관람을 간다고 했다. 그 큰 배 역시 할아버지
회사 배였다. 할아버지는 자기 돈을 들여 마을 사람들 200-300명
이 육군사관학교를 관람하도록 했다. 오가는 길에 함께 먹고 마
시고 교제하며 즐거운 시간을 가질 수 있는 자리를 마련한 것이
다. 자기의 유익이 아닌 기독교 사랑을 실천하는 모습이었다.

한국으로 귀국하게 되어 인사차 할아버지를 찾아뵈었다. 할아
버지는 백화점에서 갖고 싶은 것이 있으면 좋은 것으로 하나 고
르라고 하셨다. 나는 한참 다니며 생각했다. 한국에서 생산되는
것이 별로 없던 시절이라 갖고 싶은 것이 너무 많았다. 결국 나는
짐을 싸서 귀국할 트렁크를 하나 달라고 했다. 마지막 인사를 하
고 나오는데 할아버지가 불러 세우며 물었다.

"먼 미국에서 잠시나마 살면서 새로운 경험을 했는데 한국에 가
면 없는 가장 아쉬운 것이 무엇이냐?"

'한국엔 이런 것이 없는데….'라고 할 만한 것이 무엇일까? 한
참 생각하다 대답했다.

"할아버지 같은 사람이 없을 것 같아요."

한국 크리스천들은 말도 잘하고 기도도 많이 하지만 그리스도
의 사랑을 일상의 삶에서 실천하는 사람이 부족하다고 대답했다.

귀국해서 숭실대학교에 있을 때 갑자기 할아버지가 전화를 하셨다. 지금 서울 조선호텔에 있는데 와서 같이 점심 먹을 수 있냐고 물으셨다. 나는 왜 오셨냐고 묻지도 않고 달려갔다. 만나자 마자 어떻게 한국에 오셨느냐고 물었다. 그러자 "크리스천 심방 왔다"고 하시는 게 아닌가. 내게 늘 말씀하시던 당시 공보실장 **전성천** 박사가 감옥에 갇혀 있어서 심방을 오셨다는 것이다. 전 박사님 부인과 함께 감옥에 가서 면회를 하셨다고 한다. 나는 할아버지에게 물었다.

"할아버지, 제가 도와드릴 일은 없을까요? 미국 백화점에 비하면 작지만 한국에도 백화점들이 몇 개 있는데 좀 보고 가실래요?"

내 말에 오히려 할아버지는 이렇게 말씀하셨다.

"나 여기 크리스천 심방 왔지 사업으로 온 것 아니야. 선애, 내가 선물도 하나 못 가지고 왔네. 선물 하나 줄까?"

그러면서 주머니에서 아기들에게 항상 주시던 강아지, 돼지 모양 장난감 몇 개를 꺼내 주셨다. 나는 그것을 소중히 잘 간직하다 이사를 하면서 그만 잃어버렸다.

나는 어린 아이들을 사랑하는 그분의 모습을 닮아 보려고 노력했다. 신학대학에서 5월이면 홈커밍데이(Home coming day)를 하는데 아이들을 데리고 오는 졸업생들이 꽤 있었다. 그래서 그 전날이면 동대문 시장에 가서 장난감을 두어 박스 사갖고 와서 졸업생들이 데리고 온 아이들에게 나누어 주곤 했다. 아이 엄마들이 "얘, 학교 할머니가 선물 주신다!" 하며 하찮은 장난감 선물도 감사하게 받는 모습을 보곤 했다.

뉴욕성서신학대학은 아주 작은 초교파 신학교다. 온건한 복음주의여서 평안하고 아늑한 분위기였다. 미국 교회가 한창 복음주의로 옮겨가던 때, 빌리 그레이엄 대집회가 뉴욕 메디슨스퀘어가든에서 열렸다. 10만 명의 관중석이 꽉꽉 찼다. 부활절이 되면 모두 새 옷을 입고 여자들은 색색의 모자를 써서 축제 분위기를 돋우었다.

내가 선교본부에 소속되어 있어서인지, 한국전쟁이 일어났던 나라에서 온 사람이라는 호기심에서인지 주말마다 교회에서 오라는 초청을 많이 받았다. 뉴저지의 웬만한 장로교회는 지금도 이름이 낯익다.

또 하나 기억나는 것은 토요일 저녁이면 학생들이 한국 성경책, 고무신, 젓가락, 부채, 한복 같은 것을 빌리러 오던 일이다. 체험학습을 좋아하는 미국 교회학교 아이들에게 실물을 가져다 보이면서 해외 선교정신을 일깨워 주기 위함이었다.

귀납적 성서연구

내가 흥미를 가지고 공부한 과목은 귀납적 성경연구다. 4학기 내내 4학점씩 성경연구 시간이 있었다. 이 과목 교수들이 숙제를 내줄 때 미국 학생은 8시간 이상 하지 말고 외국 학생은 16시간

이상은 하지 말도록 주의를 준다. 한국에서 이런 식으로 숙제를 해본 사람이 과연 있을까. 나는 왜 이런 시간 제약을 두는 것인지 궁금했다.

수업 첫날 귀납적 성경연구가 무엇인지를 설명해 주는 시간이 있었다. 성경 본문을 제시하고 귀납적 방법으로 연구해 보라며 숙제를 내준다. 여러 가지 질문에 답을 해야 했는데 다 하려고 하니까 정말 16시간이 모자랐다. 그래도 정직하게 시간을 지켜야 하는 학교 분위기 때문에 집착하지 않고 바로 끝냈다.

수업시간에 가서 보니 학생들의 답이 모두 달랐다. 교수님은 "답이 다른 것은 당연하다. 그것이 은혜다."라고 하셨다. 그 다음부터는 학생들이 일주일 전에 질문을 미리 만들어 오도록 했고, 다음 시간에 질문을 만든 사람이 나가서 자기가 풀어 본 것을 가지고 토의하며 의견을 나누어 보게 했다.

내 차례가 되었다. 본문은 '에스더'였다. 내가 먼저 연구해 보고 질문을 만들어 학생들에게 나누어 준 다음, 그 다음 주에 앞에서 가르쳐 보았다. 그 내용은 지금도 잘 기억하고 있다. 준비 시간도 16시간을 지켰다. 한국에 와서도 이 방법을 사용하고 싶었으나 분위기가 조성이 안 되어 못해 보다가 기독교교육과 대학원에서 한번 시도해보았다. 그후 신대원 선택 코스로 가르치던 1980년대에도 해보았다. 그 다음해 선택과목으로 학생들을 모집했더니 150명이 넘게 몰려들어 당황했다. 결국 팀 티칭(Team teaching)으로 **정태일** 목사와 함께 수업을 진행했다.

우리 신학교에서 꼭 해보고 싶은 또 한 가지는 연중행사 '기도의 날'이었다. 이날 하루는 강의가 없고 전체 학생들이 기숙사에서 하룻밤을 자도록 했다. 아침에 찬양대의 찬양으로 학생들을 깨우면 다 일찍 일어나 같이 식사를 하고 주어진 성경 본문을 가지고 묵상기도를 하며 특별히 회개의 시간을 두었다. 그리고 한두 번 모여서 중보기도와 간증 시간을 가졌다. 이 날만은 숙제의 부담에서 완전히 벗어나서 주님과 깊은 만남을 갖게 했다. 이런 기도의 날 행사는 떠들며 수양회를 하는 것보다 더 효과적이었다.

또 하나 재미있던 학교 행사가 있다. 그것은 '호보 파티'(Hobo Party)다. 이날 저녁 식당에 가면 테이블보는 신문지고, 빵과 우유 등 간단한 음식이 놓여 있다. 시간이 되면 교수님들이 거지 차림이나 미친 사람 분장을 하고 입장한다. 학생들은 점잖은 교수님들이 변장한 모습을 보고 놀라고 웃고 야단이 난다. 그런 모습으로 학생들과 함께 식사를 하는 것이다. 이스라엘이 광야 생활하던 것을 기억해 보는 행사다. 우리나라에서는 한국전쟁을 기념하는 날을 정해 이렇게 해봤으면 하는데 이루지 못했다. 우리도 주먹밥을 먹는 날을 정했으면 옛날을 기념할 수 있으련만….

학교에 있는 동안 공부도 공부지만, 교수님들의 성숙한 그리스도인의 품격에 늘 감동을 받곤 했다. 지금은 천국에 가신 **와그너**(Dr. Wagner) 박사님과 **가버**(Dr. Garber) 박사님 두 분은 동양 여성적인 외모에 결혼을 안 한 독신으로 참 다정다감하신 분들이셨다. 늘 내게 친절하게 대해 주셨는데 내성적인 촌놈 기질 탓에 언제나 그분들을 어려워만 했던 것이 후회스럽다.

지금은 위험해서 뉴욕의 밤거리를 다닐 수 없지만 그때는 밤에 공부하다가 졸음이 오거나, 주말에 아르바이트를 마치고 돌아오던 새벽 1-2시에도 노래를 부르며 길을 다니곤 했다.

내가 했던 아르바이트는 아기를 봐주는 일, 파티에 가서 심부름하는 일 또는 빈집의 개를 보는 일 정도였다. 이런 아르바이트를 하면 책 한 권 또는 간단한 옷 한 가지라도 사 입을 수 있었다. 1950년대의 미국은 참 평화롭고 가장 안정된 사회였다.

과테말라 선교여행

/ 에큐메니칼 팀과 함께 과테말라·멕시코 선교여행(1958년)

나의 석사논문은 나를 유학시켜 준 선교부의 요청대로 기독교 여자대학을 구상하는 성경 중심의 기독교대학 교육과정에 대한 것이었다. 한창 논문을 쓸 때는 식당에 가는 시간도 아까워서 우유나 빵 정도로 끼니를 때우면서 제출할 날짜에 맞춰 끝내기 위해 조급한 마음으로 지냈다. 그러던 어느 날 선교본부에서 전화가 왔다. 전화를 건 사람은 에큐메니칼 팀으로 과테말라와 멕시코에 한 달간 단기 여행을 가도록 준비하면 좋겠다고 했다. 논문 제출일은 학교에 얘기해 선교부에서 연기 신청을 해줄 테니 그 걱정은 말라고 했다.

1958년 1월 뉴욕 비행장에는 눈이 하얗게 내려 있었다. 우리 팀은 인도에 선교사로 갔던 **나이스(Miss Nice)** 씨와 레바논 여성 지도자, 그리고 필리핀 여자 변호사와 나, 네 사람이었다. 나를 제외한 세 사람은 모두 영어권에서 살고 50세가 넘은 분들이셨다. 나만 아직 30대 초반이었다.

나는 무척 긴장이 되었다. 얼마나 큰 하나님의 은혜인가? 꼭 10년 전 그 무서운 공산당을 피해 38선을 넘어왔는데 어쩌다가 내가 남미에까지 선교를 가게 된 것인가? 꿈만 같은 일이었다. 놀라우신 하나님의 은혜에 감사하며, 찬양하는 마음으로 뉴욕을 떠났다. 내가 선교를 간다는 것은 꿈도 꾸지 못했다. 비행기에 앉아서 10년 전 38선을 넘을 때 당했던 일들을 하나하나 더듬었다. 내 눈시울이 뜨거워졌다.

드디어 과테말라에 도착했다. 그곳은 완전 여름 날씨였다. 화려한 꽃들이 우리를 반겨 주었다. 공항에 환영 나온 이곳 여성들이 우리 한 사람 한 사람을 좌우로 안으면서 그 나라 나름의 인사를 했다. 쉴 사이도 없이 과테말라 여전도회 총회로 갔다. 우리 팀은 간단히 인사를 했다. 물론 통역사가 우리가 하는 영어를 통역해 주었다.

과테말라는 매우 아름답고 평화로운 곳이었다. 버스 운전기사도 콧노래를 부르며 운전을 하고, 상점에 들어가도 점원들이 흔들흔들 노래를 불렀다. 이름 모를 꽃들이 만발하고 자연도 사람들도 아름답고 평화로웠다. 우리 팀은 교회 모임에 가서 각자의 나라와 교회를 소개하고 간단한 메시지를 전하는 일을 했다. 나는 영어를 써서 하려고 했지만 성령님의 인도하심에 따르기로 하고 자유롭게 군중과 소통하려고 노력했다. 무엇보다도 과테말라가 한국과 처지가 비슷한 가난한 나라여서 더 마음을 열고 진심으로 사랑하며 돕고 싶었다.

과테말라 여전도회 임원들은 모두 부잣집 여성들 같았다. 그들은 목걸이와 귀고리를 하고 자가용을 타고 교회에 왔다. 그와 반대로 일반 교인들은 대부분이 가난해 보였다.

그들은 외국 손님들을 환영하는 의미에서 입구에서부터 강대상까지 가는 길에 솔잎을 가득히 깔아 놓아 솔향기가 가득했다. 내가 할 수 있는 일은 복음이 이들의 가난한 영혼을 채워 주시기를 기도하는 것밖에 없었다. 한번은 어떤 기독교 학교를 방문했는데 환영하는 의미로 우리 팀원들의 국기들을 강단에 붙여 놓았다. 미국, 레바논, 필리핀. 그런데 우리나라 태극기 대신 인공기(북한 국기)가 걸려 있었다. 나는 그때 인공기를 처음 보았다. 우리나라가 이렇게 알려지지 않았다는 것이 부끄럽기도 하고 슬프기도 했다.

그들은 곧 인공기를 떼고 태극기로 대체해 주었다. 1958년 당시 우리나라 GNP는 68달러였다. '국력이 약하면 세계에서 이토록 업신여김을 당하는구나!' 혼자 탄식할 뿐이었다.

우리들이 이 조그마한 나라에서 하나의 뉴스거리가 된 모양이었다. 가는 곳마다 갑자기 마이크를 들이대는 바람에 긴장했다. 나는 38선을 넘어온 피난민이며 지금도 한국전쟁으로 인해 우리 국민들은 고통당하고 있다는 것, 그러나 그리스도의 복음으로 크게 위로받으며 살고 있음을 솔직하게 이야기했다. 우리 팀들은 대체로 자기 나라의 아름다움과 특징 등을 소개하기에 바빴다. 그런데 이 가난한 사람들은 가난한 한국 이야기가 더 듣고 싶은 모양이었다. 그래서 가는 곳마다 나를 "세뇨리따, 코리아나. 한국 여성!"이라고 부르며 더 많이 찾았다. 민망하고, 팀 어른들께 죄송스럽기도 했다.

그들 중에 어떤 지도자는 내게 "선교사들은 대개가 서양 사람들인데 서양 선교사들이 하는 전도보다 동양 사람이 하는 것이 더 알아듣기 쉽고 마음에 와 닿는다. 당신이 여기 선교사가 되면 좋겠다."라고 말하기도 했다. '정말 고생이 무엇인지 잘 아는 사람이 십자가의 도리를 전해 주어야 하는데, 하나님께서 우리 한국이 복음을 세계에 전하는 역할을 감당하게 하시려고 남다른 고통을 겪도록 하셨구나!' 하는 생각이 들자 '미국 사람은 물질적으로 축복했지만 한국 백성에게는 가난과 고통 속에서 영적으로 부요하게 하셨다'는 하나님의 말씀이 다시 내 마음에 떠올랐다.

나는 하나님의 뜻을 물으면서 나를 선교사로 부르시는 것이 아닌지 잠시 기도해 보았다. 그리고 그 지도자에게 대답했다.

"고국에 돌아가서 세계 선교사를 양육하는 일이 제 사명인 듯합니다."

잊지 못할 추억이 또 있다. 하루는 사람들이 야자수 밑에 이 나라 음식을 잔뜩 차려 놓고 여러 손님들과 함께 나를 불렀다. 나는 아무 것도 모르고 사람들이 기다리는 야자수 아래로 가고 있었는데, 갑자기 나를 향해 생일 축하 노래를 부르는 것이 아닌가? 그날은 2월 20일 내 생일날이었던 것이다. 나는 까맣게 잊고 있었다. 뉴욕 선교부에서 내 생일을 기억하고 전화로 알려 주어 생일상을 차리게 된 것이라고 했다. 이렇게 먼 이국땅에 와서 하나님의 사랑으로 이국 형제들이 차려 주는 생일잔치를 받게 하시는 하나님의 오묘한 섭리와 사랑에 또 눈물이 났다. 오! 놀라우신 하나님! 나는 그날 생전 처음으로 망고와 듀란, 파파야 등 남쪽나라 과일로 가득한 생일상을 받았다.

과테말라에서 지방 순회를 갈 때 기차를 타면 목을 조심해야 한다고 누가 일러 주었다. 기차가 급정거하기도 하고, 흔들리기 쉽기 때문이란다. 여러 시간 험난한 길을 달린 끝에 어느 조그만 정거장에 도착하니 미국 선교사들이 우리를 기다리고 있었다. 이 깊은 산까지 오셔서 선교하는 노부부가 그렇게 아름다워 보일 수 없었다.

우리는 그 선교사님들과 함께 지내기로 했다. 하룻밤을 지내고 다음날 아침식사 시간에 우유 같은 것을 그릇에 담아 주셨다. 한 모금 마셨더니 도저히 넘길 수가 없었다. 좀 미안해서 마셔 보려고 다시 시도했지만 또 실패하고 말았다. 그것은 옥수수 가루를 삭혀서 우유와 섞어 만든 것이었는데, 소금도 설탕도 없이 그대로 마시는 토착 음식이라고 했다. 미국 선교사님들은 아무 표정 변화도 없이 잘 마셨다. 선교사의 고충을 조금씩 알게 되었다. 그곳 사람들의 풍습이 얼마나 다른지 우리는 더 경험할 수도 없었지만 잠깐이라도 훈련받은 것이 우리에게 감동을 주었다.

대개 남미의 여러 나라는 천주교가 강한 곳이다. 과테말라의 천주교는 오래되어서 하나의 의식이나 전통문화로 변질된 것 같았다. 천주교라고 해도 잠깐 마리아 성상 앞에서 무릎을 꿇고 십자가를 손으로 그리고 일어나는 식이다. 과테말라는 주일마다 시장이 열린다. 그래서 개신교는 이들이 아침 시장을 다 본 후에 모여서 예배를 드린다. 우리도 시장 가까이 있는 의자도 없는 조그만 단칸방에서 모두가 서서 주일예배를 드렸다.

울긋불긋한 열대지방의 꽃들과 그 속에서 태평스럽게 콧노래를 부르며 살아가는 과테말라 자매들 그리고 그들의 따뜻한 온정을 지금도 기억하며 하나님의 사랑이 이 착한 사람들을 영원한 생명길로 인도하시는 날이 오기를 간절히 소망한다.

멕시코 선교여행

우리가 과테말라에서 멕시코로 떠나는 날 나는 또 하나의 미지의 세계로 간다는 흥분을 안고 멕시코 공항에 도착했다. 입국 수속을 하는 도중 멕시코 직원들이 나의 여권을 보더니 무슨 일이

난 것처럼 서로 염려스러운 표정으로 의논하는 듯했다. 도대체 무슨 일인지 영문을 몰라 어리둥절했다. 그러더니 우리 선교팀 사람은 다 통과시키고 나 하나만 남겨두었다.

나는 겁이 났다. 무엇이 잘못되었는지 알 길이 없었다. 그때 인도 선교사로 갔던 **나이스** 선교사가 여기 와 있는 미국 장로교 선교사를 전화로 불러왔다. 그가 도착해서 알아본 결과 공항 직원들이 나를 북한에서 온 사람으로 착각했다는 것이다.

이들은 그때까지 남한이 공산권인지 북한이 공산권인지 분간을 못하고 있었다. 결국 선교부에서 보증금 1천 달러를 내고 입국을 허락받을 수 있었다. 약소국가의 국민으로 세계여행을 하는 것이 얼마나 고충이 많은 일인지 경험하게 되었다.

한편 내가 어디를 가든지 나의 배경이요, 힘이 되어 준 미국 장로교 선교부에 대한 뜨거운 감사의 마음은 말로 다 표현할 수 없었다. 그뿐 아니라 내가 우리나라를 떠나면서 이 조그만 나라에 조금이라도 유익한 존재가 되겠노라고 다짐했던 일을 되새기고 내 나라를 위한 기도를 거듭거듭 하나님께 올릴 수밖에 없었다.

한 달 동안의 여행을 끝마치고 뉴욕 선교본부에 왔더니 직원들이 얼마나 기뻐하며 환영해 주는지 어리둥절할 정도였다. 떠날 때 나는 나의 경험 없음과 부족한 영어 때문에 염려했는데, 약한 자를 들어 강한 자를 부끄럽게 하시는 하나님의 오묘한 섭리로 이번 여행이 아름답게 이루어졌음에 감사하며 함께 예배를 드렸다. 나는 석사과정을 끝내고 계속 박사과정을 하고 싶었다. 그래서 선교부 직원들과 상담한 결과 '아니요'라는 결정이 내려졌

/ 1958년 뉴욕성서신학교 졸업

다. 서울여자대학교(그 당시는 장로교여자대학으로 통했다) 건축이 시급
하므로 빨리 귀국해야 한다는 이유였다. 같이 공부한 **김득렬** 목사
는 하트포드신학교 박사 코스로 진학하는데 나는 허락이 안 된다

고 하니 좀 고민이 되었다. 그러나 이 모든 것이 하나님의 뜻인 줄 알고 순종하기로 하고 짐을 쌌다.

서울여자대학교를 위한 귀국

1958년 8월에 귀국했다. 갈 때는 배로 갔지만 돌아올 때는 비행기를 타고 여의도 공항으로 왔다. 선교부에서 비행기 티켓을 마련해 주셔서 여의도 조그만 콘셋 비행장에 내렸다. 당시만 해도 여의도는 정말 시골이었다. 제일 보고 싶은 어머니가 나와서 반겨 주셨다. 어머니는 더 늙어 보였다.

짐을 풀고 우리 집 어른이신 **주요남** 장로님께 인사를 드리려고 뚝섬 자택을 찾았다. 몸이 좋지 않으셔서 누워 계시다가 일어나 앉으면서 반겨 주셨다.

"고맙다. 그래도 네가 우리 집안에서는 처음으로 미국 유학을 다 하고 왔으니 용하다! 너는 하나님의 종이요 일꾼이니 돈을 모르고 살아야 한다. **한경직** 목사님이 사람들의 존경을 받는 훌륭한 성직자가 된 것은 그분이 돈과 관계없이 살았기 때문이다. 그분은 돈을 전혀 모르고 사신다. 그 집 식모가 증인이다. 너는 어려서 가난하게 살았기 때문에 돈에 많은 관심을 갖기가 쉽다. 요새 여자들같이 계하고 그러지 마라."

"네! 명심하겠습니다."

그분의 말씀은 내 일생에 경종이 되었다. 사람이 어찌 돈에 관심을 가지지 않고 살 수 있으랴마는 허영과 욕심으로 내 마음이 기울어질 때마다 백부님께서는 "너는 주의 종이니 돈에는 관심을 가지지 마라!"고 일침을 주셨다.

나는 내 분수에 넘치는 사치를 하지 않으려고 일평생 노력해 왔다. 아직 덜 되어서 그것 하나도 여간 힘든 일이 아니다. 언젠가 내가 옛날 스타일의 옷을 입고 강단에 서는 것이 불쌍하게 보였는지 어떤 분이 찾아와 "교수님, 많지 않은 월급으로 사시느라 힘드셔서 그렇지요?"하며 상품권을 주셨다. 물론 감사하게 받아야 한다. 하지만 나는 "아니에요."하며 사양을 하다가 받았다. 며칠 동안 나는 마음이 괴로웠다. '나를 이렇게도 이해해 주지 못하나? 내가 그저 가난뱅이로만 보이는가?' 싶었다. 가끔씩 졸업생들을 만나면 "교수님! 교수님은 늘 우리가 학생일 때 입던 옷을 입으시잖아요. 너무 그러지 마세요!"라고 한다.

나는 아직도 30년이 넘은 원피스, 블라우스 등이 있다. 여성들의 사치는 타락과 음란으로 통하는 길이 될 수도 있다. 연예인이라면 이해가 되지만 기독교 여성 지도자들은 삼가야 한다고 생각한다.

한번 기독교 여성들의 양심에 묻고 싶다. 북한에 있는 우리 민족의 형제자매들이 어느 정도 고생을 하는지 아느냐고. 쇠똥에 섞여 나온 강냉이 알을 골라 먹고 쥐를 잡아먹어야 생존할 수 있다는 사실이 안 믿어지겠지만, 사실이다. 우리의 양심이 되살아나야 한국이 살고, 도덕적 수준이 높아져야 통일이 온다는 사실을 알아야 한다. 기독교 여성들이 영원을 소유한 사람답게 살았으면 한다.

　선교부에서는 **박형룡** 박사님과 의논도 없이 으레 나를 여자대학 (서울여자대학교) 사람으로 알고 나에게 일을 맡겼다. 그때 신학교와 여자대학을 합쳐서 건축하느냐 별개로 건축하느냐 의견이 분분하다가 결국 따로 짓기로 결론이 났다. 그래서 나는 총회 임원들과 함께 여자대학이 세워질 태릉의 건축현장을 가보았다. 작은 소나무들만 있는 야산이었다.

/ 정신여고 김필례 교장선생님, 서울여자대학교 초대총장
고황경 박사님과 함께(1959년)

　한편 여자대학 학장을 누가 맡을지 의논 중이었다. 대다수의 사람들은 정신여고 교장이신 **김필례** 선생님을 학장으로 모시고자 했다. 그러나 **김필례** 선생님이 완강하게 사양하시면서 "나는 중고등학교를 떠날 수 없습니다. 중고등학교가 저의 사명입니다." 했다. 대신 이화여자대학 사회학과에 계신 **고황경** 박사님을 강력하게 추천하셨다. 그때 **고황경** 박사님은 UN 참석차 서울에 계시지 않았다.

/ 서울여자대학교 건축현장에서 고황경 박사님과 친구 톨(Dove Toll)과 함께

/ 서울여자대학교 건축을 위해 쌀을 헌납하는 여전도회 전국연합회 회원들(1960년)

　　종로 2가 장로교 총회 사무실에 책상 하나를 더 놓고 여자대학 설립 사무실로 쓰면서 나는 날마다 그곳으로 출근하고 있었다. 그 사무실에는 나만 빼면 전부 목사님과 장로님들의 세상이었다.

나는 당시 서울여자대학교 건축 헌금 모금을 위해서 전국 노회에 참석하여 건축헌금에 대해 광고하고 모금하는 역할을 맡았다. 그 당시 지방 교회에서는 의자도 없이 모두들 맨 바닥에 앉아서 예배와 회의를 하고 있었다. 나는 가능한 한, 한복을 입고 장로님과 목사님들 앞에 서서 광고를 하곤 했는데 아직 30대 중반으로 많지 않은 나이라 무척 떨리고 부끄럽기도 했다.

그보다 더 어려웠던 것은 학교 설립 사무를 보러 중앙청에 출입해야 했던 일이었다. 자유당 시절이라 정부가 부정직한 것을 요구하는 듯 수속이 잘 진행되지 않았다. 나는 부정직과 타협할 수 없었다. 이런 갈등이 내가 결국 서울여자대학교 일을 그만두고 숭실대학교로 옮기게 된 이유였다.

고황경 박사님과 학생 모집

나는 1년 동안 **고황경** 박사님을 도와서 서울여자대학교 홍보 겸 학생모집차 전국 순회강연을 따라다녔다. 그 시기는 교육자로서의 나의 생애에 가장 고귀한 훈련과 교훈을 얻는 소중한 경험이었다. **고황경** 박사님의 풍성한 지식과 솔직담백한 성품, 신앙에 기초한 뚜렷한 교육에 대한 비전 그리고 실질적이며 능동적인 삶의 스타일, 어느 것 하나도 버릴 것 없는 그분의 인격에서 많은 것을 배울 수 있었다. 나는 어머니처럼 때론 언니처럼 그를 따랐고, 선생님은 딸처럼 동생처럼 나를 사랑으로 대해 주셨다.

우리가 숙박하던 곳은 담배 냄새가 짙게 배어 있는 시골 여관집이었다. 점심식사는 100원짜리 냄비우동이었다. 선생님은 아침이면 냉수마찰과 맨손운동을 하시며 짜임새 있는 삶을 사셨다. 한 번씩 강단에 서시면 섬세한 생활원칙까지 말씀하시는가 하면 사회 전반이 추구해야 할 폭넓은 사회철학을 토로하시곤 했다. 나는 그분을 깊이 존경하게 되었다.

세계장로교대회

그럼에도 불구하고 나의 미숙함과 미련함이 그분의 마음을 아프게 한 일이 있었다. 1959년 브라질 세계장로교대회, 즉 지금의 세계개혁교회연맹(WARC, World Alliance of Reformed Churches)의 전신인 Reform Church World Allience에 총회 임원 목사님들과 함께 참석하고 돌아오는 길이었다.

비행기 안에서 숭실대학교 학장이신 **김성락** 박사님을 만났다. 이야기 중에 숭실대학교에 기독교교육과를 신청한 일과 교수가 없다는 말씀을 하셨다. 나는 서울여자대학교에서 하는 일과 나의 고충을 말씀드리게 되었다. 나는 정말 가르치고 싶은데 경험도 없이 엉뚱한 설립 행정을 하게 되었다고 하면서 내가 숭실대학교에 가면 안 되겠느냐고 물었다. **김성락** 박사님은 "나야 물론 기쁜 일이지만 내가 후에 **고황경** 박사님께 매 맞는 일이 될까봐 걱정"이라고 하셨다. 나는 "아니에요. 제가 책임지겠습니다. 그건 걱정

/ 1959년 브라질 세계장로교대회 총대들과 함께

/ 한국전쟁 후 반공포로 석방으로 자유의 몸이 되었던
브라질 교포들과 총회 임원들과 함께

마세요."라고 경솔하게 답하고 말았다.

지금 같으면 "기도해 보겠습니다"라고 했을 것인데 사회 경험이 전혀 없는 젊은 날의 객기로 대답했던 것이다. 그렇게 나는 숭실 대학교에 가기로 결정해 버렸다.

고황경 박사님이 뉴욕에서 돌아오셔서 그 소식을 듣고 노발대발하셨다. 전화로 분을 터뜨리셨다. 나를 사랑하고 기대했던 것만큼이나 실망이 컸던 것이다.

"그런 행동을 나에게 말도 안 하고 일방적으로 한단 말이오? 이제 알았으니까 당신은 우리 학교에 다시는 발을 들여 놓을 수 없을 것이오!"

나의 경솔한 행동을 하나님 앞에 회개했다. 이제부터 모든 것을 하나님께 여쭤보고 또 어른들과 의논해야 한다는 것을 다시 한 번 깨닫고 배워야 했다.

그후 나는 그분과 같이 대한 YWCA 이사를 하면서 아무 일도 없었던 것처럼 이야기하고 지냈지만, 고 박사님이 은퇴하기까지는 한 번도 나를 학교로 부르시지 않았고 내가 먼저 찾아갈 일도 없었다. 그러나 은퇴하시고 그 학교 교목이 비어 있을 때 교내 교회에서 예배 인도를 여러 번 맡으면서 고 박사님을 찾아뵐 수 있었다. 병석에 계실 때 찾아가 뵈었는데 무척 반가워하시며 찬송을 많이 부르라고 하시던 기억이 새롭다.

숭실대학교 기독교교육학과를 시작하며

사람들은 나를 한국의 기독교교육학과의 시조라고 소개하곤 한다. 그러나 숭실대학교에서 기독교교육학과가 처음으로 개설될 때 내가 전임 강사로 발탁되어 커리큘럼을 짜고 가르친 것은 맞지만, 나보다 앞서 기독교교육을 공부하고 오신 분이 계신다. 그분은 바로 감리교 **김폴린** 선생님이시다. 선생님은 한국기독교교회협의회(KNCC) 교육부에서 교회학교 학습방법을 바꾸는 일을 시도하고 계셨다.

지금 생각하면 어떻게 한국에 없던 기독교교육학과를 혼자서 개척하고 기반을 놓으려 했는지, 나의 지나친 만용이 아니었나 싶기도 하다. 열심히 일하는 것을 보시면서 **김성락** 박사님은 "산골 개가 범 무서운 줄 모른다더니"라고 말씀하셨는데 그때는 그것이 무슨 말씀이었는지 이해조차 못했다. 미국에서 겨우 2년 공부하고 와서 큰 일들을 자진해서 하겠다고 덤벼든 것은 아직 세상을 모르고 의욕만 가득했던 나의 어리석음 때문이었다.

기독교교육학과 과장이라고 해도 그 과를 책임질 사람은 나 하나 외에 아무도 없었다. 먼저 기독교교육학과의 커리큘럼을 만들어야 했다. 교수야 있든 없든 우선 미국에서 가져온 기독교교육학과 소개 책자들을 참조하여 4년간 이수해야 할 과목들을 짜보았다. 이화여자대학교에 기독교학과가 있었고 연세대학교 대학원에 기독교 과목이 있을 뿐이었다. 기독교교육학과는 아무 곳에도 없었다. 문제는 이 다양한 과목들을 누가 가르칠 것인가 하는 것이다. 막막하기만 했다. 처음에는 다행히도 교양 과목이 대부분이어서 어떻게든 진행할 수 있었다.

사람들은 기독교교육학과가 무엇을 가르치는 학과인지 묻는다. "주일학교 선생 하는 것이냐" 하며 모두들 고개를 갸우뚱한다. 나는 우선 교회학교 선생들부터 교육을 해가면서 기독교교육학과의

/ 1960년대 숭실대학교 교수들과 함께

/ 1961년 숭실대학교 기독교교육학과 제1회 학생들

정체성을 알리고 얼마나 필요한 교육인지를 가르쳐야겠다고 생각했다. 그래서 여름방학 때 여름성경학교 교사강습회를 하기로 했다. 숭실대학교 기독교교육학과 주최로 시행한 이 강습회는 비교적 성공적이어서 해가 갈수록 더 많은 사람들이 모여들었다. 우선 실제적인 것부터 가르칠 수밖에 없었다.

강습회가 연례행사로 자리잡으면서 일반 교회에 기독교교육에 관한 관심이 확산되어 갔다. 학생들 중에는 신학교를 졸업하고 일반 대학을 다시 다니고자 찾아든 사람들이 꽤 있었다. 그들은 나이 많은 학생들이어서 30대 중반인 나와 별 차이가 없었다. 처음 수업시간에는 젊은 여자교수에게 수업을 받아본 경험이 없었기 때문에 나를 쳐다보지도 않았다. 실상 여자교수는 그 당시 아무리 잘 가르쳐도 학생들에게 점수를 많이 깎이는 경향이 있었다.

개척자가 가는 길은 어디나 험하다. 나의 고충은 강의를 부탁할 사람이 없다는 것이었다. 다른 학과 과장님들에게는 강사를 하게 해달라고 쇠고기를 사들고 온다는데 나한테는 찾아오는 사람 하나 없었다. 오히려 내가 다음 학기 강좌를 맡기기 위해 다른 학교로 품앗이를 하러 가야 했다. 이화여자대학교 기독교학과 그리고 한국신학대학교로 출강을 가곤 했다. 때마침 대광고등학교 **장윤철** 장로님이 예일대학에서 석사학위를 받고 오셨다. 얼마 후에는 **이성화** 박사가 학위를 끝내고 연세대학교에서 기독교교육을 가르치게 되었다. 다행스럽게도 이분들에게 과목을 부탁할 수 있었다.

기독교교육학과 학생 오인탁

　학생모집 첫 해에 우리 과에 온 **오인탁**이라는 학생은 한 학기를 하더니 내게 찾아왔다.

　"교수님, 나는 하나님이 계시는지 확실히 모르겠습니다. 기독교교육을 공부하고 나중에 하나님에 대해 가르치게 되면 그건 거짓말이 될 텐데⋯. 아무래도 학과를 옮겨야겠습니다."

　그는 목사의 아들이었다. 그럼에도 솔직하게 이야기하는 것이 고맙기도 했다. 무척 똑똑하고 진실한 학생을 놓치고 싶지 않았지만 할 수 없었다.

　"그래! 전과는 2학년 때까지 가능하니까 우선 있어 보면 어떨까?"

　2학년이 되어도 그 학생은 아무 말이 없었다. 하루는 내가 넌지시 물었다.

　"오인탁, 전과 안 하나?"

　"하나님의 존재가 확실하지는 않아도 우리 아버님을 보면 하나님이 계신 것 같아요. 그래서 좀 더 눌러 있어 보겠습니다."

　그가 아버지의 인격을 보면서 하나님의 존재를 조금씩 알아가고 있음을 느낄 수 있었다. 그는 연세대학교 대학원 석사과정을 거쳐 독일 튀빙겐대학에서 교육철학 박사학위를 하고 장신대에서 같이 교수를 했다. 그후 연세대학교 교육과 교수로 옮겨 지금은 정년퇴직을 한 장로요, 명예교수로 지금까지 두터운 친분을 유지하고 있다.

김성락 학장님은 숭실대학교가 한국의 최초 대학이요, 최소 대학임을 자랑스럽게 생각하셨다. 당시 학교를 확장하기 위해 학생을 많이 입학시키고 비리를 저지르는 대학이 많이 있었기 때문에 최소 대학임을 자랑하신 것이다.

나는 본래 평양 숭실대학교가 있는 마을에서 소꿉장난하며 자랐다. 어린 시절 그 대학 강단을 통해 세계적인 지도자들의 강연을 들으며 꿈을 키워온 나는 하나님의 섭리로 숭실대학교에 돌아오게 된 것을 늘 감사해하며 지냈다. 숭실대학교에서 만난 여러 신앙의 친구, 교수님들과도 잘 어울리며 행복하게 지냈다. 교수님들 중에는 북한이 고향이신 분들이 많았다. 그래서인지 그분들과 영화관에도 가고 가끔 모여 대화도 하면서 교제를 나눴던 따뜻한 기억들이 남아 있다.

나는 기독교교육학과에 교수 없는 과장이면서 유일한 여자 교수로 여학생 과장이기도 했다. 남녀공학이 아직 자리 잡히지 않아 더 많은 여학생을 모집하려고 여학생은 등록금을 반액만 받기로 했다. 얼마 안 되는 여학생들은 수줍어서 자기들끼리 뭉쳐 다녔다.

1960년 4·19가 일어났다. 학생들이 강의를 거부하고 흥분하여 시내거리로 뛰쳐나갔다. 여학생들이 내 연구실로 들어오면서 "우리는 어떻게 해요? 데모에 나갈까요, 말까요?"를 묻는다. 등록금을 반만 냈다고 해서 반쪽짜리 학생이 아니다. 엄연한 대한민국의 대학생이다. 자신이 의견을 결정할 권리가 있다고 말해 주었다. 나에게 있어서 여성교육은 기독교교육 못지않게 중요한 과제였다.

　1963년이 되자 장로회신학대학에서 강사로서 여전도사 교육을 맡으라고 했다. 총회에서 특별 위탁이 왔는데 교수가 없으니 초급 대학 과정으로 여전도사 교육을 해주어야 한다고 했다. 나는 바쁘다는 이유로 교역자를 키우는 일을 거절할 수 없었다. 그래서 광나루의 장로회신학대학교와 상도동의 숭실대학교를 오가며 강의할 뿐 아니라, 여전도사 교육을 위한 교육과정도 계획하게 되었다.

/ 1959년 장로회신학교 졸업식에서 여학생들과 함께

장로교 여전도회 전국연합회 회장이 되다

　미국 장로교 선교부 장학생인 나는 장로교 여성대회인 풀듀대회(미국 장로교 여성대회 3년차 대회)에 참석할 기회를 얻었다. 여성 대표들이 전국적으로 약 5천 명이 모여 앞으로 3년 동안 활동할 방향을 결정하고 배우는 중대한 회의였다.

우리 한국 여전도회는 정신여학교 교장선생님이신 **김필례** 회장께서 17대부터 20대까지 여전도회 전국연합회를 이끌어 오셨다. **김필례** 회장님은 일제강점 말기 신사참배 문제로 여전도회를 모으지 못했고, 다시 한국전쟁을 겪으면서 폐허가 되었던 여전도회 전국연합회를 재건·발전시켜 왔다. 미국에 체류하시는 동안에 한국전쟁이 발발하여 미국에서 순회 여행을 하면서 한국을 알리는 귀한 사명을 감당하셨다. 미국 선교부와 긴밀한 관계를 맺고 있던 선생님은 풀듀대회 체험담을 여전도회 전국연합회에서 보고하도록 약속한 터였다. 나는 기쁜 마음으로 응답했다.

여전도회 전국연합회에 한 번도 참석해 본 일이 없는 나는 풀듀대회에서 큰 감명을 받았다. 내가 그 대회에 참석한 것은 한국 여성운동의 꿈과 방향을 생각해 보게 된 절호의 기회였다. 그러나

/ 1959년 여전도회 전국연합회 임원들과 함께

나는 여전도회 회장이 된다는 생각은 꿈도 꾸지 못했었다. 그런데 그 다음날 내가 여전도회 회장으로 절대 다수의 표를 받아 피택되었다.

나는 두려움에 떨면서 사양했다. 정말 경험이 하나도 없는 사람이 어떻게 이 전국적인 대회를 맡을 수 있겠느냐고 사양했다. 그러나 받아들여지지 않았다. 나는 하나님의 명령인 줄 깨닫고 "주의 여종이오니 말씀대로 이루어지이다"라고 고백했다. 35세 나이에 회장이 된 것이다. 역사에 없던 일이었다. 임원들은 모두 50대 이상이었다. 임원들이 다 내 어머니처럼 생각되었다. 그분들도 나를 무척 아껴 주고 사랑해 주셨다. 또한 젊은 내 친구 **이필숙** 전도사를 총무로 택해 주셨다. 이런 일은 교회 안에서 별로 볼 수 없었던 일인데 어떻게 젊은이를 모험적으로 세우셨는가 하는 것을 때때로 생각해 보곤 한다. **김필례** 회장님은 여전도회를 젊은이에게 맡겨 시대를 이끌어 가도록 한다는 의도를 갖고 모험을 하신 것으로 이해된다. 총무는 나보다도 3년 아래였다.

1959년 장로교 총회 분열과 합동운동

1959년 9월 44회 대한예수교장로회 총회가 대전중앙교회에서 열렸다. 여전도회 전국연합회 총회장은 방청으로 참가하게 되어 있을 뿐만 아니라 총회에 여전도회 전국연합회 총회보고를 할 의무가 있었다. 나는 **이필숙** 총무와 함께 참석했다. 총회 방청하는 것도 처음이었다.

개회예배가 끝나고 회원 점명을 하고 있었다. 그런데 누군가가 회장을 부르기 시작하더니 언성이 높아지면서 싸움이 벌어졌다. 부끄럽게도 몸싸움으로 확대되었다. 회의 장소인 대전중앙교회 목사님은 나가라고 소리를 질렀다. 금방 휴회가 되어 버렸다.

이것이 소위 복음주의운동(NAE)과 교회일치운동(Ecumenical Movement)의 분쟁과 분열이었다. 생전 처음 맞는 분쟁이었다. 너무 떨리고 무서워서 우리는 아무 말도 못하고 눈물을 흘리며 돌아왔다. 뒤이어 에큐메니칼 운동은 서울 연동교회에서 모이고 복음주의 운동은 승동교회에서 각각 모였는데 우리는 어디에도 갈 수가 없었다. 다만, "하나님! 이 일을 어찌 하오리까?" 하고 부르짖을 뿐이었다. 하나님 외에는 호소할 곳이 없었다.

이것은 나 개인의 일이 아니었다. 우리 여전도회 회원들에게 앞으로 닥칠 분쟁과 분열을 상상해 보니 기가 막혔다. '나 개인은 **박형룡** 박사님의 보수적 복음주의에서 벗어날 수 없지 않은가? 나에게 미국 유학을 할 수 있도록 한 것은 에큐메니칼 교단이 아닌가? 세계교회일치운동이 나쁜 것이 무엇인가?' 하지만 어느 편으로도 갈 수가 없었다. 나와 총무는 **김필례** 회장님댁을 찾아갔다. 김 회장님은 차분하게 한참 생각하시더니 말씀하셨다.

"우선 갈라지지 않도록 기도하고 노력하되 최선을 다해야 할 것입니다. 수년 전 기독교 장로교와 예수교 장로교가 싸울 때 여성들이 끼어들어 개교회에서 더 흉악해졌지요. 또 그런 일이 생기면 안 될 거예요."

쌍방이 다시 교회 화평위원회를 조직하여 분열을 막자는 노력을 기울여 보았다. 여기에 찬동하는 교회 청장년연합회 회장 **황성수** 박사와 주일학교 연합회 **고응진** 장로, 여전도회 전국연합회 등 세 단체가 총회 분열을 원치 않는다고 성명을 냈다.

한편 우리 여전도회 전국연합회 임원들이 모여 교회 분열을 막고 평화 합동을 위한 기도회를 하기로 하고 전국의 연합회 임원들에게 편지를 보냈다. 그리고 서울 시내 큰 교회로 다니며 밤에 이것을 위한 기도회를 주관하고 여성들만이라도 평화를 유지해 주기를 호소했다.

기도는 점점 뜨거워졌고, 호응은 확대되어 갔다. 절대 분열되어서는 안 된다는 몇몇 목사님들을 만났다. 거기에 용기를 얻어 이 기도운동은 여성뿐 아니라 목사님들이 주동이 되어야 한다는 생각으로 목사님들을 개별적으로 방문하기 시작했다. 전화도 별로 없던 시절이었다. 목사님들이 계실 듯한 초저녁이나 밤중에 찾아다녔다.

나는 이때 깨달은 것이 있었다. '내가 이렇게 혼란한 때에 회장이 된 것, 이것은 이때를 위함이 아닌가?' 에스더 4장 14절의 말씀이 생각났다. **이필숙** 전도사는 우리 집에 찾아와 기도하다가 대성통곡을 하기도 했다. 한편 목사님들에게서 여전도회 사무실로 전화가 왔다. "여전도회는 제3의 세력을 만드는 것이 아닌가? **주선애** 회장은 **박형룡** 목사를 배신하는가?" 등으로 공격이 들어왔다. 둘 사이에서 중보를 한다는 것은 어느 한쪽을 지지하는 것보다 훨씬 어렵다는 것을 체험했다.

미국 장로교 임원단 내한

우리 총회가 분열된 데 대한 조사와 대책을 위해 미국 장로교 임원단들이 내한한다는 말을 들었다. 그 말을 듣고 보니 급하게 해야 할 일이 생각났다. 미국 장로교 선교본부와 캐나다 교회 선교부 그리고 호주 장로교 선교본부에 있는 우리 목사님들과 평신도들의 중보 역할을 시도하는 단체들에 호소문을 보내야겠다는 생각이었다.

이때도 하나님이 준비해 두신 도우미가 있었다. 이런 공문을 써서 외국으로 연락할 내 친구 **톨(Miss Toll)**이 있지 않은가? 영리한 톨은 그 사정을 잘 알고 호소문을 당장 써서 각 나라의 선교부로 보냈다. 한쪽 편만 돕지 마시고 꼭 힘을 합치도록 설득시켜 주시기를 부탁한다는 내용의 호소문이었다. 그러고는 중보 역할을 할 분들과 함께 기도하며 기다리자는 호소도 계속 보냈다. 이런 비상시에 또 재정적으로 흔쾌히 거금을 주신 분이 계셨다. 지금은 하나님 나라에 가신 **고은진** 장로님께서 당시 돈으로 10만 원을 헌금하셨다.

드디어 미국 장로교 임원단들이 오는 날이었다. 나는 다시 편지를 써서 핸드백에 넣어 가지고 비행장에 마중 나갔다. 편지의 내용은 이분들과 우리 중보기도팀의 목사님들이 동석하시도록 저녁 초대에 응해 달라는 것이었다. 그것도 마중 나온 총회 임원들이 알지 못하도록 살짝 포켓에 넣어 드렸다. 장소는 충무로 '한국의 집'이었다.

김계용 목사님, **임옥** 목사님, **방지일** 목사님, **엄두섭** 목사님, **고은진** 장로님 등이 오셔서 함께 식사를 했다. 미국에서 오신 손님들은 기쁘게 참석해 주셨고 놀라긴 했지만 한편 안도감을 느낀다고 말씀하셨다. 서로 격려가 되는 시간이었고 함께 기도하는 시간을 가졌다. 나는 이 일을 하나님이 시키시는 일로 믿고 밤낮을 뛰어다녔다.

여러 교회로 다니며 합동하도록 기도회를 인도할 때 총무와 친구 **톨**이 함께했다. 총회에서도 여러 차례 모임을 갖고 힘썼으나 결국은 합치지 못하고 예수교장로회 통합 측과 예수교장로회 합동 측, 두 교단으로 나뉘고 말았다. 그러나 각 노회나 개교회 분열은 비교적 조용히 이루어졌다.

우리 여전도회 전국연합회는 1년 동안 갈라지지 않았지만 총회가 나뉘면서 가슴 아파했다. 이듬해에 여전도회 전국연합회 회원들이 함께 모인 자리에서 합동 측 대표인 부회장 **설병수** 권사 및 합동 측으로 갈 분들과 부둥켜안고 울면서 기도와 예배를 드렸다. 우리는 그들이 원하는 것을 다 갖고 가라고 하고 모두 양보했다. ‘평화로운 분열’이 된 셈이다. 하나로 합쳐지지는 않았으나 하나님께서 우리의 노력을 귀히 보시리라 믿고 기다린다.

분열된 우리 여전도연합회는 다시 용기를 내어 재기하기로 결단했다. **이필숙** 총무와 함께 처음으로 영락교회 정문 앞에 우리 사무실을 마련했다. 선교 달력을 만들어 각 지회에서 팔았고, 판매 금액으로 외지 선교헌금을 했다. 그때 성화를 보기도 어렵던 때라 달력에 성화를 넣어 교인 가정에 걸도록 했다. 이로 인해 선교비 충당이 원만히 이루어져 달력 제작은 수십 년 동안 계속 이어졌다.

한편 우리 개교회 여전도회들이 선교의 방향이 일치하도록 하며 같이 기도하고 실천할 사항들을 넣어서 '여전도회 월례회' 책을 만들어 매달 보며 예배와 성경공부를 도와주도록 했다. 또한 우리나라의 산업화 과정에서 수많은 젊은이들이 공장으로 몰려가는 것을 보며 이들을 돌보고 전도하도록 산업 전도사를 두어 활발하게 활동할 수 있게 했다.

전국연합회 총회에서는 주입식 공부나 강연보다는 그룹별로 모여 자기 경험들을 나누며 문제를 갖고 토의할 수 있도록 프로그램을 개편했다. 해방 이후 처음으로 파송한 **최찬영** 선교사와 **김순일** 선교사를 돕는 한편 대만으로 피난 간 조선족을 복음화하기 위해 **정성원** 권사를 선교사로 임명하여 대만 전도에 활기를 불어넣었다.

여전도회 전국연합회 회장직을 다시 맡다

2년의 회장 임기를 끝내고 내가 가르치는 일에 집중할 수 있었다. 그런데 또 뜻하지 않게 (21대를 끝낸 후 25대) 다시 여전도회 전국연합회 중책을 맡게 되었다.

23대 회장이 여전도회를 발전시키기 위하여 헌장을 완전히 바꾸고 새로 조직을 개편하였기 때문이었다. 즉, 지방연합회에게 각각 책임을 주어 여전도회 재정을 더 많이 만들어 활동하고자 한 것이다. 각 지방연합회, 예를 들어 경기연합회는 교육부를, 경북연합회는 내지 전도부를, 어느 연합회는 외지 선교부를 각각 맡아 여전도회가 더 열심히 활동하도록 하는 방법을 고안한 것이다. 이런 방법으로 각각 경쟁의식을 가지고 활동하도록 하는 것은 좋았으나 하나의 단체가 전국적으로는 총회를 이루지 못하고 지방연합회들이 별개의 모임으로 분산되는 현상이 나타나게 되었다. 이것을 찬동하는 사람도 있었지만 연합회를 파괴한다는 반대 의견도 만만치 않았다. 여기서 두 그룹의 갈등을 해결하기 어려워서 나를 다시 택하게 된 것이다. 어려운 상황에 또 한 번 몸살을 겪게 되었다.

나는 이번만은 꼭 사양하고 싶었다. 어머니 같은 어르신들의 싸움에 개입하고 싶지 않았다. 그래서 회의 장소인 영락기도원을 뛰쳐나와 산속에 숨어 버렸다. 기도를 하며 몸부림을 쳐도 결정할 수 없었다. 얼마 후에 나를 찾는 소리가 들렸다. 산속을 다니며 "주 회장님! 주 회장님!" 하고 나를 찾았다. 하나님의 명령이면 도

/ 1970년 미국에서 오신
  여선교사님과
  이연옥 회장과 함께

/ 제2회 목회자
  사모 세미나(1986년)

/ 여전도회 전국연합회
  증경회장단들

망갈 수가 없다고 생각했기에 기도원 밖으로 도망치지 않고 뒷산
으로 숨었던 것이다. 대답을 안 하고 있는데 내 마음에 번뜩 "꼭

요나 같구나" 하는 음성이 들렸다. "나는 주의 여종이오니…" 하며 산에서 내려왔다. 할 수 없이 그들 앞에 나타났다. 나는 십자가를 다시 지게 되었다.

나는 우리 장로회 증경총회장 목사님들을 찾아가서 이런 헌장을 어떻게 해야 하는 것인지 물었다. 그들은 한결같이 이런 헌장은 회가 두 쪽이 나더라도 고쳐야 한다며 이런 총회는 있을 수 없다고 하셨다. 기도하고 임원들을 소집하고 헌장 개정을 다시 시작했다. 그 후 지방연합회가 모아둔 돈을 다 가져오라고 했다. 한 사람도 여기에 동의하는 임원이 없었다. 나는 완전히 외톨이가 되었다.

여전도회 총회가 모이는 날이 다가왔다. 총회 전날 밤 임원회는 분위기가 무거웠다. 나는 "이 돈은 총회 돈이요, 하나님의 돈입니다. 그러므로 지금 이대로 그냥 두고 넘어갈 수는 없습니다. 나는 공적 사무를 이행해야 하기 때문에 조금도 양보할 수는 없습니다."라고 밝혔다. 그러고 둘러보니 내 의견에 동의하는 임원은 한 사람도 없었다.

나는 그날 밤 혼자서 철야기도를 했다. 그날 아침 어찌 된 일인지 마음이 아주 편했다. 어느 임원이 나의 의견에 반대하는 전단지를 뿌리고 있었음에도 내 마음은 고요하고 평온했다. 강대상에 나가 사회를 볼 때도 평온한 마음은 변함이 없었다. 드디어 헌장 문제가 나왔다. 새로 만든 헌장을 조목조목 읽었다. 그리고 설명했다. 다시 회중에게 물었다.

"이 개정된 헌장에 동의하는 분은 다 일어나 주십시오."

기적처럼 회중 전체가 일어났다. 나는 다시 보았다. 꿈인가 싶어 보고 또 보았다. 하나님의 역사였다. 만장일치로 통과된 것이다. 나는 또 한 번의 기적을 경험했다. 할렐루야! 나의 기도는 응답되었다. 아멘! 우리 임원들이 얼마나 사랑스럽던지! 회계장부가 각 연합회에서 들어오고 다시 옛날 같은 조직으로 돌아와 더 열심으로 봉사하며 활동할 수 있도록 하나님께서 축복해 주셨다.

하지만 나를 반대하기 위해 전단지를 뿌리던 분은 잘 용서가 되지 않았다. 꼭 화해를 해야 하기에 고민하며 기도했다. 내가 결단하고 그 가정을 방문해야 할 것으로 생각되었다. 그런데 대문 밖에서 안으로 들어갈 용기가 나지 않았다. 되돌아오고 싶었다. 주

/ 미국 여선교회로부터
여전도회 전국연합회
40주년 기념품을 받으며

239

님이 십자가에서 원수를 위해 비시던 생각이 났다. 다시 힘을 얻어 들어갔다. 그러고는 또다시 승리의 기쁨을 맛보았다. 그뿐 아니라 그분에게서 많은 자료를 얻어왔다. 그 자료들은 훗날 내가 《장로교 여성사》를 쓸 때 큰 도움이 되었다.

제2차 유학의 길

약한 자요 미련한 자를 들어 쓰시는 하나님께 택함을 입은 여종으로서의 정체의식은 점점 더 확실해져 갔다. 그러나 기독교교육과를 운영하는 데 있어서 좀 더 연구해야 한다는 생각이 간절했다. 1961년에 다시 유학의 길을 떠났다.

뉴욕대학교(NYU)는 뉴욕성서신학교의 석사과정을 인정해 주어서 종교교육학 박사과정을 밟게 되었다. 내가 경험한 신학교와는 전혀 다른 분위기였지만 보다 넓은 사회를 접하게 되어 보람이 있었다.

교수님들도 깊은 신앙의 소유자여서 좋은 경험을 할 수 있었다. 2년 코스를 다 마치고 박사논문을 쓰기 위해 논문 자격시험(Matriculation Examination)을 치렀는데 그만 낙제를 하고 말았다. 나는 이 시험에 대한 준비는 미처 생각하지 못한 것이다. 생물학에 대한 단어나 동물학에 대한 단어들이라 알 리가 없었다. 미국에서 고등학교를 다닌 사람들에게는 생소하지 않겠지만, 외국 신학생에게는 낯선 이야기였다.

한 번 낙제를 하자 다시 도전할 생각이 나지 않았다. 포기하고 귀국하는 것이 하나님 뜻이라 믿고 귀국을 서둘렀다. 학위는 받지 못했어도 보다 많은 것들을 얻고 좋은 자료도 구입하여 돌아오게 되었다.

6부

교육은 실천이다

나의 새로운 가정

숭실대학교에 봉직하면서 교회 분열에 조금이라도 중재 역할을 해보느라 많은 목사님들을 만났다. 여전도회 전국연합회 일과 총회 교육부 일을 맡아 독신으로 남성들 틈에서 일하면서 자존심이 상하는 일들을 경험하게 되었다. 내가 누구의 부인이 아니라 독신이기 때문에 쉽게 만나줄 수 있는 사람으로 여겨지는 것이 마음이 언짢았다. 앞으로 계속 일을 하려면 재혼하는 것이 더 안정감 있게 일할 수 있을 거라는 생각이 들었다.

잠깐이나마 미국 문화를 경험하면서 재혼에 대한 나의 인식이 바뀌었는지도 모르지만 가정생활이 원만해야 스스로도 건전해지고 남들도 원만하게 보아 줄 것이었다. 그러나 독신으로 살려고 마음먹고 18년 넘게 그 결심을 지켰는데, 이제 와서 재혼을 하게 되면 우리 교회와 사회가 나를 어떻게 받아들일 것인가 걱정이 되기도 했다. 한편 이제는 재혼이 죄가 아님을 한국 사회가 알아야 할 때가 되었다는 개혁의 의미도 없지는 않았다.

때마침 미국에서 같이 공부하던 **김득렬** 목사님을 만났다. 이분은 뉴욕성서신학교 동창이기도 했지만 나의 육촌동생 **주선영** 목사 부인의 오빠이기도 해서 사돈이라고 부르곤 했다. 늘 쾌활해서 가까운 친구로 지낼 뿐 아니라 기독교교육학 박사학위를 하고 오셔서 기독교교육 분야에서 서로 많이 돕고 있었다. 연세대학에

서 가르치면서 내가 급할 때마다 강의를 맡아 주셨던 분이다. **김
득렬** 목사님은 자기와 사돈이 되는 사람이라며, **김명식** 집사(새문
안교회)를 소개해 주었다. 상처(喪妻)를 했는데 그 부인이 **김득렬** 목
사님의 친척이고 지금은 6학년짜리 아들 하나를 데리고 산다고
했다. 일본에서 공부했고 고등학교 교사와 교장으로 있다가, 현재
는 화신산업 사무국장 일을 하고 있다고 했다. 만나 보니 별로 싫
지 않은 감정이 들었다.

내 마음에 18년간 혼자 살아 왔는데 과연 이 일을 하나님이 기
뻐하실까 하는 의문이 들었다. 그래서 결론을 얻기 위해 기도했
다. 결국 원칙을 세웠다. 결혼은 안 해도 좋고 해도 좋은데, 하나
님의 일을 안 해서도 안 되고, 그 일에 방해가 되어도 안 된다는
원칙이었다. 우리는 그 원칙을 갖고 같이 의논했다. 그는 신앙생
활을 하다가 지금은 신앙심이 많이 떨어졌다며 이제 신앙생활에
도움을 줄 사람을 찾고 있으므로 하나님의 일을 하고 있다니 더
욱 좋다고 했다. 그와 얘기하다 보니 내가 하는 일에 가정이 크게
부담이 되지 않을 것이라는 생각이 들었다.

1967년 새문안교회 **강신명** 목사님의 주례로 간단한 결혼식을 올
렸다. 재산은 집 한 채와 200평 되는 대지 정도였다. 우리는 창덕
궁 근처 원서동 한옥 집에서 살았다. 남편은 디스크로 고생하면서
쉬고 싶다고 하여 결혼 후 1년이 지나 회사를 그만두게 되었다.
쉬면 신앙생활에 집중할 수 있을 것이란 생각에 나도 퇴직을 권했
다. 그 후 남편은 서울장신대 야간 성서반에서 공부를 했다.

남편은 퇴직 이후 몸은 회복되었는데 또 하나의 사건이 발생했

다. 남편의 제자라면서 차를 갖고 와서는 남편에게 자기네 회사에 회장이 되어 달라고 부탁했다. 요청에 못 이겨 나가서 일을 보는 것 같더니 금방 그 회사가 부도가 나 우리 한옥집이 날아가게 되었다. 나는 사업을 모르는 사람으로 할 말이 없었다. 그저 하나님께 구할 수밖에 없었다.

나는 남편의 퇴직금과 갖고 있는 땅을 팔아서 도시계획이 외곽으로 확장되는 망원동에서 싼 땅을 물색했다. 채소밭으로 한 600평 되는 땅을 샀다. 거기에 200평 대지를 잡아 우리 집을 짓게 되었다. 1972년의 일이었다.

나는 미국에서 보았던 좀 넓은 정원을 꾸밀 계획을 했다. 넓은 잔디밭을 만들고 우리 학교의 제3세계 학생들이나 교수님들을 모시고 가든파티를 벌일 생각에 기뻤다. 다행히 육촌 오빠가 건축을 하셔서 내가 원하던 지하 1층, 지상 2층 70평의 예쁜 집을 지

/ 망원동 집에서 왕마려 교수와 이필숙 등 친구들과 함께

/ 망원동 집에서 여성지도반과 제3세계 학생들과 함께(1960년)

어서 이사를 갔다. 어머니의 취미를 위해 20평짜리 텃밭도 만들고, 물고기가 헤엄치는 조그만 연못도 만들었다. 날마다 어머니가 잔디를 가꾸고 온갖 유실수를 심어 마당을 꾸미셨다. 그 마당에서 마음껏 교수님들과 여성 지도자반 학생들을 모시고 가든파티를 열었다.

생활하는 신앙교육

언제나 위기 속에 살고 있는 분단된 내 민족을 어떻게 구원하고 한국 교회를 어떻게 섬겨야 할 것인가 하는 문제는 내 마음속에서 떠나지 않는 일생의 과제다. 나는 신앙교육을 통해 이 과제를 조금이라도 이루어 나가도록 부름을 받았다.

그런데 이 교육은 우리가 처한 사회 안에서 이루어지는 '하나의 사회화 과정'이므로 단순히 서구사회의 그것을 모방하거나 이식(移植)할 수만은 없다. 그러므로 교육을 한다는 것은 직접 교육 현장에 학생들을 동참시키는 실제적인 과정이 있어야 한다고 항상 생각해 왔다. 뿐만 아니라 근래에 와서 우리 한국 사회가 역동적인 변화(새마을 운동)를 일으키고 있다. 그 소용돌이 속에서 가장 올바른 방향으로, 즉 기독교 진리를 기초한 사회로 발전 변화할 수 있는 길을 먼저 탐구하여야 할 것이다. 또한 이상적인 사회 건설을 목표로 한 교육을 통해 올바른 변화를 가져오게 하는 것이 기독교 교육의 사명이라고 생각했다.

사회가 올바른 방향으로 발전하도록 하는 것은 각 개인이 그리스도를 닮아간다는 의미이고 이로써 보다 나은 교회와 사회를 이룩하게 될 것이다. 이런 교육자의 노력은 사람들이 관념적으로만 받아들이지 않고 삶의 현장에서 직접 체험하면서 배워 가는 것이어야 한다고 생각했다.

사도행전 1장 1절에서 "예수께서 행하시며 가르치시며"라는 구절은 예수님의 가르침 역시 행함이 따르는 교육이었다는 것을 의미한다. 그래서 나도 가르침의 효과를 얻기 위해 실천해 가면서 가르치고자 노력해 왔다. 실제로 해보면서 변화를 일으키는 교육을 찾고 있었다.

교육에는 2가지가 가장 중요하다. 복음의 핵심과 신앙생활의 기본적 가치가 그것이다. 이것은 영원히 변할 수 없다. 그러나 그것을 가르치는 방법은 시대에 따라 항상 유동적이다. 그러므로 학생들로 하여금 복음을 깨달아 복음에 기초한 가치를 찾도록 하는 것이 중요하다. 그리고 그 복음의 가치를 삶의 현장에서 적용할 수 있는 창의력을 개발시켜 가도록 도와주는 것이 현대 교육의 가장 중요한 핵심이다.

우리나라의 선배 애국자들의 예를 들어 보면 그들은 기독교 교육을 학문으로 배운 일이 없다. 그러나 나라를 살리기 위해 분연히 일어나 나라의 지도자 양성의 시급성을 알고 먼저 기독교교육에 힘을 모았다. 그래서 **진덕기** 목사의 상동청년학원, **안창호** 선생의 대성학교, **이승훈** 선생의 오산학교처럼 기독교 청년 학교들을 세워 인재들을 양성함으로써 낙후되고 혼란에 빠진 민족 구원의 길을 열어 왔다. 갑신정변이 실패하고 일본으로 갔던 **박영효** 선생이 한국 선교 초기에 한국에 입국하려는 **스크랜턴**(William B. Scranton) 선교사를 만나서 부탁한 말이 좋은 표본이 된다.

"한국을 살릴 수 있는 길은 헌법을 고치기 전에라도 얼마든지 있습니다. 백성을 기독교로 교육하는 데 있습니다."

나는 교회와 나라를 살리는 길은 신앙을 생활화하는 지도자들을 키우는 일이라고 믿는다. 나 역시 기독교 지도자 양성의 화급함을 느껴 학문의 부족함을 스스로 알면서도 깊이 있는 학문적 탐구보다 교육에 마음을 더 기울였던 것이 사실이다. 또 하나님의 뜻 안에서 우리 교회가 이런 소명을 안고 있는 나에게 통로를 열어 주어 평생을 이 일에 종사할 수 있도록 해 주신 데 대해 하나님과 한국 교회에 무한한 감사를 드린다.

별로 많은 공부를 하지는 못했지만 1960년대 초에 이르러 우리 장로교 총회가 교육부로부터 교회학교 교재 편찬에 일익을 담당하게 해 주었을 뿐 아니라 1970년대에 와서는 예장총회 교육부 교재 개발 위원장의 책임을 맡겨 주셨다. 황송한 마음으로 받아들여 최선을 다하기로 결심하고 동지들과 협력하기로 했다.

'성서와 생활' 커리큘럼

그동안 교회학교 교재는 예수교장로회, 기독교장로회, 감리교, 성결교 네 교단의 연합인 한국기독교교회협의회(KNCC) 산하 교육부가 주관하는 것을 사용해 왔다. 그러나 아무래도 교단 간 신앙 노선의 차이가 사람들에게 혼란을 일으키는 폐단이 되었다. 그래서 대한예수교장로회 총회가 시대의 변화에 따라 보다 발전된 새로운 교재를 분립하여 개발하자는 데 의견을 모았다.

교재 개발은 먼저 교육의 목적을 설정하고, 이 목적에 따라 교육과정을 개발하고, 이에 따른 요목을 작성하고, 집필자를 훈련하며 교재를 집필하게 하고, 이를 다시 전체적으로 감수하고 검인하는 종합적인 작업이다. 나는 교재 개발 위원장으로서 교육부에서 위임받은 여러 위원들과 기도하고 모이면서 많은 시간과 노력을 기울였다. 처음 시작하는 일이라 재정적인 뒷받침이 매우 미약했지만 모두가 기쁘게 헌신하며 마음이 일치 하여 작업에 임하게 하심도 하나님의 은혜였다고 생각한다.

우선 기독교교육의 목적을 설정하기로 하고 오랜 작업 끝에 작성하여 예수교장로회 총회에서 정식으로 인준을 받았다. 그 교육

목적은 다음과 같다.

대한예수교장로회 총회 교육부에서 제정된 교육 목적

성령을 통하여 예수 그리스도 안에서 자기를 계시하시는 하나님의 실재와 구원하시는 사랑을 경험함으로써 예배와 순종으로 그에게 응답하고 나아가서는 자기를 알고 우주와 자연 및 사회와 역사의 의미를 깨달아 성경 말씀으로 생활하며 그리스도와 같은 성품으로 성장함으로써 그의 몸된 교회의 선교와 연합의 역군이 되어 소망 가운데 하나님의 사랑과 정의에 터한 사회 건설의 사명을 수행할 수 있는 능력을 발전시켜 주는 데 있다.

교육 목적은 대개 한 문장으로 한다는 원칙에 따라 길지만 한 문장으로 표현했다. 새로운 커리큘럼의 총 제목에 '성서와 생활'이라는 이름을 붙였다. 성경 말씀이 하나의 지식이나 관념에 머물지 않고 그 말씀이 생활화되도록 한다는 데 강조점을 두고 편찬하기로 한 것이다.

특히 교회에서 강조해야 할 점은 신앙과 생활의 조화로 생활이 없는 믿음에서 벗어나야겠다는 생각이 우리 위원들의 합의점이 된 것이다. 한편 목표로 하는 인간상을 몇 가지로 정해 보았다.

목표로 하는 인간상

1. 하나님과의 관계에서 자기를 발견한 사람
2. 마음껏 자랄 수 있는 자유인

3. 창조적 인간

4. 과학적 인간

5. 소망(비전)을 주는 인간

6. 사회적 책임을 지닐 줄 아는 인간

7. 선교의 사명자

이와 같이 설정하고 각 연령층의 심리적 발달 단계에 맞는 교재 개발에 착수했다. 이런 것들은 그 당시 한국 사회가 우리 기독교 교육을 통해 하나님 나라를 이루어갈 수 있도록 변혁을 일으키고자 한 것이다.

우리 사회에서 요구되는 인간상은 다음과 같다.

우리 사회에서 요구되는 인간상

현재 사회인 >>	>> 바람직한 인간상
자아 상실	자아 발견 / 자주성
의뢰심	자율적 / 창조적 인간
비과학적 인간	과학적이고 이성적인 신앙인
미래가 없는	비전이 있는 사람 / 소망인
개인주의적 인간	사회적 책임, 역사의식을 지닌 사람
거짓과 허례를 좋아하는 사람	정직하고 진실한 사람

이와 같이 발전시켜 나가자는 뜻을 품고 《성서와 생활 교육과 정지침》을 발간했다.

오인탁 교수는 나의 이런 교육적 노력을 다음과 같이 평했다.

"기독교교육은 그에게 있어서 '한국을 구원할 수 있는 교육', '미래 지향적 교육', '세계 선교를 위한 교육'이라고 집약하고 있다《한국 기독교교육학의 개척자》233쪽)."

사실《성서와 생활 교육과정지침》내용 중에는 늘 그런 정신이 담겨 있다. 80세가 넘은 나이에도 나는 그 뜻을 굽히지 않고 한국 사회의 변화와 통일 한국의 꿈을 이루기 위해 작은 분야에서나마 탈북자 돕기와 통일 지도자 양성을 시도했다. 이런 활동은 나의 의지가 지금도 변함이 없음을 증명하고 있는 것이다.

1959년에서 1960년대 초는 기독교교육의 태동기였기 때문에 가장 큰 문제가 교수와 학생들이 참고할 책이 부족한 것이었다. 기독교교육과를 운영하는 데 과장이라고는 하지만 '인격 발달과 기독교 교육' 같은 필수 과목을 가르칠 교수가 없었다. 할 수 없이 내가 이 과목을 책임져야 했다. 그래서《어린이 성장의 이해》라는 소책자를 부족한 대로 저술하여 주일학교 어린이 교사들과 기독교교육과 학생들의 교재로 삼았다.

연구 업적이라고 하기에는 늘 부족했지만 필요에 의해 조금이라도 교회에 유익이 된다면 하는 생각이었다. 내가 부끄러움을 당한다 해도 담대하게 해내야 한다는 사명감에서 교재를 만들었다. 지금도 제자들을 만나면 늘 미안하고 죄송한 마음이 든다.

충분히 연구하지 못한 채 많은 과목을 가르친 데다가 총회 교육부 교재 개발과 영락교회의 주간학교(어린이들을 위한)와 교사양성부, 여전도사 양육을 위해 장로회신학대학교에서 개설한 2년제 기독교교육까지 맡았으니 어느 것 하나 충분한 것이 있었겠는가.

여교역자 양성 명령

내가 1970년대에 맡은 과제는 여성들의 신학교육이었다. 우리 예장 총회의 결의에 따라 신학교에서 여전도사를 교육하도록 하고 초급대학 과정을 개설해 나에게 이 책임을 맡겨 주었다. 숭실대학교를 떠날 수 없다고 했더니 '반 전임'으로 숭실대와 장신대가 협의하여 두 학교의 짐을 지고 번갈아가며 다닐 수밖에 없었다.

내가 주님을 만난 뒤로는 무엇이나 나에게 요청해 오는 것은 모두 하나님의 손에서부터 주어지는 것이라고 믿고 순종하기로 작정했다. 그래서 나는 누구의 요청이든지 거절하지 못한다. 시간이 중첩되지만 않으면 "예" 하고 순종한다. 이것은 나의 성격이 되어 버렸다. 선교사님들이나 나를 사랑하는 친구들도 당신은 왜 사양을 하지 못하느냐고 충고하지만 나는 주님과의 약속이기 때문에 사양할 수가 없다. 지금까지도 정말 아파서 불가능한 때는 할 수 없지만 나는 "주의 여종이오니 말씀대로 내게 이루어지이다."(눅 1:38)라고 반응한다. 그래서 하나님께서 지금까지 나에게 비교적 건강을 유지하게 해주시는 것이라고 생각하면서 감사드린다.

여전도사 양성과는 초급대학과 같았다. 정부의 입학 자격시험과 무관하게, 다만 하나님의 일에 소명을 받은 사람으로 인격에 결함이 없다고 여겨지는 사람들을 선택해서 교육하기로 했다.

나는 이들을 가르치면서 우리나라 여전도사가 어떻게 생겨났는지 또 그 역할이 본래 무엇이었는지를 조사해 보았다. 절대적인 남존여비의 사회에서 여성이 집밖에서 사람들에게 전도하거나 가르친다는 것은 상상할 수도 없는 일이었을 것이다. '맏딸은 살림 밑천'이라는 말처럼 딸은 일을 부리는 종처럼 여기거나 가난하면 팔아먹을 수 있는 재산 목록의 하나로 취급했던 사회였다. 그런데 '어떻게 여전도사 제도가 생겨났을까?' 하는 질문을 갖고 시골에 갈 때마다 연로하신 장로님들과 목사님들을 찾아 면담을 하면서 몇 가지 사실을 알아냈다. 때마침 사회에 개화운동과 함께 나라의 독립운동, 절제운동, 기독교교육 운동, 문맹퇴치 운동 같은 사회운동이 일어났으며 이때 전도운동도 함께 펼쳐졌다는 사실이다.

그러면 '해방 이후는 왜 전도사의 역할이 도리어 축소되었는가?' 하는 의문이 생긴다. 그 이유는 일제 말기가 되면서 독립운동과 계몽운동 등 여성들의 활발한 사회활동을 일본 정부가 제재하고 핍박했기 때문이다. 그래서 많은 여전도사들은 산으로 숨거나 가정으로 들어가 버렸고, 세월이 흐르면서 그 활발하던 모습들이 사라져 버렸다.

광복 이후에 여전도사 제도가 복구되었으나 그 활동 분야는 초기 때보다 아주 축소되고 말았다. 가정 심방과 목회자를 돕는 일에서 벗어나지 못하였고, 1980년대에 들어와서는 교회에서 여전도사 무용론까지 제기되기도 했다.

이런 현상이 발생한 배경에는 일본의 정치적 박해뿐만 아니라, 여성들의 자아의식도 문제가 있었다고 본다. 그때 내 동료들만 봐도 일본 식민시대에 자라나면서 여성은 조용히 집에 있어야 아름답고 사회에 나와 활동하는 여자는 특별한 사람으로 인식하도록 교육을 받았다. 물론 목회자들이 남존여비 사상에서 벗어날 수 없었고 개화기에 가졌던 새로운 사회 건설의 기세를 여성들이 이어가지 못한 탓이기도 하다. 즉 우리 사회에 선배 여성 지도자들이 없었던 탓에 여전도사들의 역할이 축소될 수밖에 없었다고 할 수 있다. 한편 그동안 신학교에서 여성 목회자에 관한 관심이 없었던 것도 이유라고 할 수 있다.

나는 '우리나라 신학교 여학생 교육에 대한 고찰'을 5대 교파 신학교를 중심으로 조사하기도 하고, 여교역자 양성에 관한 글을 꾸준히 쓰면서 그 개선 방향을 찾아보았으나 실제 교계에는 별 영향을 미치지 못했다. 이런 여교역자 양성 문제에 대한 연구는 나에게 한국 교회 여성사에 대한 호기심을 불러일으켰다.

《장로교 여성사》 출간

그러던 중 여전도회 전국연합회 50주년(1978년)을 앞두고 여전도회 전국연합회 임원회에서 《장로교 여성사》를 만들어야 하는데 역사학자에게 맡기려고 해도 예산이 없으니 **주선애** 선생이 써보시오"라고 결의를 해 버렸다. 꼭 1년 안에 책을 만들어 내야 한다고 했다. 그것은 불가능한 일이었다. 나는 원래 전문가도 아닌데다 자료가 없다는 등 못한다는 이유를 얼마든지 댈 수 있었지만 또 순종했다.

일반 한국 교회사는 많이 연구되어 있어도 여전도회 역사에 관한 자료는 약간의 여전도회 기사만 있을 뿐 거의 찾을 수 없었다. 할 수 없이 생존해 계신 어른들을 찾아다녀야 했다.

자료를 찾던 중 지금은 돌아가신 **김양선** 목사님이 소장하셨던 미국 장로교 선교사님들의 보고서 복사본을 **양성담** 사모님으로부터 받게 되었다. 그것을 기초자료로 시작했다. 나는 집에서 학교까지 적어도 왕복 3시간 이상 걸렸다. 학교에서는 여전히 대학부 학부장 겸 기독교교육학과 과장으로 많은 시간을 가르치면서 장로교 여성사를 쓰는 것은 여간 고통스러운 일이 아니었다.

너무 급하게 서둘러 쓴 탓에 부끄러운 점이 많았지만 결국 1년 만에 하나님의 은혜로 여전도회 전국연합회 희년 총회에서《장로교 여성사》를 배부할 수 있었다. 어찌나 긴장하고 밤잠을 설치면서 애를 썼던지 두통이 끊이지 않아서 병원 약을 먹어 가며 끝을 냈다.

어찌되었든 내 생애에서 모든 일을 주님의 손에서 받아 순종한다는 원칙을 붙들고 살려고 노력할 때 주님은 꼭 축복을 주시는 것을 늘 체험하면서 살아 오고 있다.《장로교 여성사》도 예외가 아니었다. 이 책을 쓰면서 주님은 나에게 크고 소중한 3가지 진리를 새롭게 깨닫도록 해 주셨다.

첫째, 주님의 십자가는 그 고통이 큰 만큼 가치도 지대하므로 그 대가를 치를 수가 없어서 그 은혜를 그저 무(無)값으로 주셨다는 것이다. '가장 귀한 것은 대가가 없다. 거저 준다. 무상이다.'

나는 너무 바쁘고 긴장되어 '내가 이 고생을 왜 해야 하지?' '어떤 대가를 받아야 마땅할까? 천만 원? 1억?' 나는 10억을 준다 해도 이 고생의 대가는 될 수 없다고 생각했다. 그러다 다시 곰곰이 생각해 보면서 이런 깨달음이 왔다. '아! 십자가의 고통이 너무 값비싸고 너무 큰 고통이기 때문에 그것은 값으로 칠 수 없다. 무 (無)값이다. 그저 은혜의 선물로 우리에게 주셨구나!' 깊이 묵상할 수록 감격스러웠다. '옳습니다. 주님!' 그래서 나는 결정했다. '이 원고료는 돈으로 받을 수 없다. 무값이다. 돈 하나도 안 받고 쓴다!' 마음이 어찌나 기쁜지 측량할 수 없었다.

둘째, 우리 선배들의 위대함을 깨닫게 된 것이다. 움직이는 목석처럼 학대받아 온 우리 여성들이었다. 그러나 복음의 빛을 받자 상실되었던 자아를 찾았다. 그래서 안방 문을 박차고 나와서 잃어버린 국권을 찾아 잘사는 나라를 만들어 보고자 온갖 어려움을 무릅쓰고 활약했다. 나는 그 선배들의 발자취를 보며 놀랐다. 그래서 그들은 새생활 운동, 문맹퇴치 운동, 금주금연 운동, 사경회 운동, 전도 운동, 생명을 건 독립운동 등으로 내 나라, 내 사회, 내 교회 사랑하기를 내 몸 같이 했다. 그런 선배들의 발자취를 보며 말할 수 없는 감동을 받았다.

그들의 피가 나에게도 흐르고 있다고 느낄 때 잠들었던 내 영혼을 일깨워 주기에 충분했다. '나 하나가 한 알의 밀알이 되어 썩어져 서 내 나라가 의로워지고 평화롭고 밝은 나라가 될 수 있다면' 하고 하나님께 아뢰게 되었다. 나의 또 한 번의 헌신이요, 결단이었다.

셋째, 나는 꿈을 얻었다. 그것은 바로 한국 여성의 무한한 잠재력이다. 얼마든지 개발되기만 하면 나라와 민족과 교회를 위해 크게 쓰임받을 수 있다는 확신과 비전을 얻은 것이다.

1978년 9월에 《장로교 여성사》가 여전도회 전국연합회 50주년 기념으로 배부되었다. 그런데 그 책이 3천 원에 판매되는 것이었다. 나는 마음이 아팠다. 그 책은 꼭 무료로 배포되어야 했는데 여전도회관 건립을 위한 기금 마련이라니…. 급하게 만들어져서 미비한 부분이 많았지만 여전도회 회원들에게 읽히는 책이 되게 하기 위해 가능한 쉽게 쓰려고 노력했다. 그 후에 한국에도 여성 신학 연구가 제기되면서 많은 저술과 논문이 나오기 시작했다.

/ 1978년 《장로교 여성사》 출판기념회

한국여신학자협의회 시작

광복 이후 신학교마다 남녀공학이 되면서 신학을 졸업한 여성들의 수가 많아졌다. 초교파적 차원에서 우리 스스로의 발전을 도모하고 한국 교회에 이바지하기 위해 처음으로 한국여신학자협의회라는 이름으로 모이게 되었다. 그나마 일찍 신학교에서 교육하기 시작해서인지 내가 회장으로 선출되었다. 교단 배경이 다 다르고, 각 교단 나름으로 봉사하는 일들로 바쁜 사람들이라 자주 모이지 못하는 약점이 있었다. 그러는 가운데 한국 교회에도 해방신학이 들어오면서 한국여신학자협의회가 해방신학에 관심을 많이 갖게 되었다.

/ 1979년 한국여신학자협의회 제1회 모임

그러나 나는 해방신학에 바탕을 둔 여성신학 연구에 관심을 기울이지 않기로 했다. 내가 받은 보수주의 복음의 신앙적 바탕 때문이었다. 그래서 1980년대 초 '한국 교회사 측면에서 본 여성신학'이란 글을 한 번 쓴 것으로 여성신학은 접어두고, 한국여신학자협의회에 회장이었으면서도 나의 신학과는 차이가 많아서 참석하지 않고 있었다. 그래도 나에게는 한국여신학자협의회를 통해 우리 역사에 없던 우리나라 교회 여성 지도력을 잘 활용하기만 하면 우리 한국 여성들을 다시 일깨울 수 있다는 소신을 가지고 회장에 임했다.

현재는 급속한 경제 부흥에 따라 풍족하고 안일한 생활에 빠져들어 민족적 분열의 아픔과 도덕적 타락에 대해서도 거의 무관심한 사람들이 늘어나고 있다. 우리 여성들이 또 한 번 깨어 일어나기만 하면(개화기 때처럼) 의롭고 평화로운 강국을 만들어 낼 수 있다. 온 세계에 복음의 빛을 비출 수 있다.

선교 초기의 개화운동에 앞장섰던 그 기질이 우리 한국 교회 여성들에게 분명히 존재한다. 그 큰 잠재력을 일깨워 교회 여성들이 의식을 바꾸고 지도력을 갖추게 되면 우리 민족 중흥의 초석이 될 것이라는 신념이 생겼다. 그래서 그 꿈을 현실화해 보기로 했다.

평신도들을 위한 교회여성지도자교육원

장신대는 월요일에는 공간이 많이 비고 교수님들도 시간을 좀 낼 수 있었다. 나는 기도하며 교수회의 의논을 거쳐 봄학기에 '교회여성지도자교육원'을 개원하기로 결정했다.

나는 언젠가 50대의 한 여성으로부터 전화를 받은 적이 있다.

"선생님! 대학을 다닐 때는 꿈도 많았는데 이제 결혼하고 애들을 키워서 대학에 보내고 나니까 남편은 일에 취해 밤중에 들어오고, 아이들 역시 자기 생활에 시달리고, 나는 혼자 종일 집에 앉아 있기만 해요. 이렇게 허무하게 세월만 보내고 있어도 될까요? 내가 무엇을 할 수는 없을까요?”

우리 교회와 사회에 이런 중년 여성들이 적지 않다. 이들은 시간과 돈은 있으나 그것을 자기의 삶과 사회에 유용하게 쓸 수 있는 길을 찾지 못하고 있었다. 그래서 많은 여성들이 허무를 느끼며 허영과 사치로 세상을 더럽히고 있는 것이다. 이런 사람들을 일깨워 보자! 이들에게 꿈을 주고 믿음의 동력을 얻도록 하자! 이것은 하나님이 나에게 주신 소명이었다.

대학을 졸업하고 자녀들을 학교에 보낸 여성들이 처음부터 60-70명이 몰려왔다. 나는 영락교회에서 어머니 반을 맡아 성경과 어린이 교육을 가르친 경험이 있었다. 그때 어머니들이 “성경을 여기저기서 배웠지만, 일관성 있게 배우지 못해서 조각 같이 흩어져 있어요.”“성경개론 같은 것을 좀 배웠으면 해요.”라는 요청을 받은 적이 있었다.

그래서 성경개론을 반드시 넣을 뿐 아니라, 조직신학 개론과 기독교교육, 인간 발달심리, 상담학 등 2년제 교육 과목을 짜고 월요일마다, 1시간 30분짜리 과목을 3과목씩 들을 수 있도록 했다. 수업시간은 오전 10시부터 오후 5시까지이고 점심시간에는 서로 교제를 나누면서 신학대학 캠퍼스의 아름다움도 만끽하도록 했다. 이렇게 중년 여성들이 공부도 하고 휴식도 즐기는 프로그램을 만들었다.

예상 외로 좋은 반응을 얻었다. 그 다음 새 학기에는 더 많은 사람들이 입학했다. 뿐만 아니라 여전도사 계속 교육반과 사모반을 분리했다. 평신도 지도자반 1, 2학년 반을 합쳐서 5개 반에 300명 정도가 모였다. 2년을 수료하고 계속해서 나오는 사람들이 있어서 또 한 반을 만들었기 때문에 새로운 과목을 계속 넣어야 했다.

다양한 기관 견학

제정된 교과목 외에도 특수 과목으로 1년에 한 번씩 실제 사회 변화를 의식할 수 있도록 견학을 가기로 했다. 복지 단체 또는 산업 관광, 특수 선교 등을 관찰함으로써 각 학생들이 앞으로 자신이 해야 할 역할을 찾아보는 데 도움을 줄 수 있게 했다.

예를 들어, 일산에 있는 장애아들을 위한 복지 재단이나 두레

/ 여성지도자반원들과 가나안 농군학교 방문

마을 공동체, 신림동 빈민 선교지, 오리 농장 등 다양한 기관 견학을 하나의 과목으로 정해 실제 견학 소감 등을 써오도록 했다.

한번은 일산 장애아들을 위한 '완다 학교'(지금의 홀트학교)를 방문하는 중에 그곳에서 모든 아이들의 언니로 불리는 미국 선교사요 설립자의 딸에게 나는 우리 여성들에게 잠깐 말씀을 주시도록 부탁했다. 검소한 옷차림의 노인이 된 그는 유창한 한국말로 "나는 말하는 사람이 아닙니다. 기저귀 갈아 주는 사람입니다."라고 말하며 잠깐의 간증을 나누었다. 나에게는 그 말이 지금까지 잊히지 않는 말씀으로 각인되어 있다. 수백 명의 아이들을 얼마나 사랑하는지가 그 말 속에 그대로 담겨 있었다. 30년이 넘도록 꼼짝 못하고 누워 있는 아이들을 돌보는 그 손길, 그 선교사 언니가 장애 아이의 대소변을 받아낼 때 "마르다야!"라고 부르면 아이들은 환하게 함박웃음을 보였다. 마치 몸은 불편하지만 마음은 천국에 사는 아이들 같았다.

인간관계 훈련

여성지도자교육원 수업 중에는 하루 종일 따로 날을 잡아서 20명씩 그룹으로 교육하는 프로그램이 있는데 바로 '인간관계 훈련'이다. 이 과목은 누구나 필수로 들어야 한다. 자신을 발견하면서 다른 사람을 이해할 수 있는 워크숍은 늘 흥미진진하게 진행되곤 하였다.

어떤 사람은 여성지도자교육원을 통해 중단되었던 학구열이 되살아난 듯 새로운 비전을 갖고 신대원을 다녔고, 목사와 선교사가 되거나 상담학 박사학위를 취득해 교수가 되는 등 뛰어난 지도력을 발휘하기도 했다. 또 어느 권사님은 자기 여학교 동창들을 모아서 성경반을 조직하여 성경공부를 하고, 그것을 직접 생활에 적용하는 조건으로 활동하면서 즐긴다고 했다. 그런 생활의 변화 덕분에 남편들이 모두 신앙인이 되는가 하면, 추석에 시댁에 가서 일을 제일 많이 하기로 작정하고 실천했더니 시집 식구들이 변화된 이야기를 나누기도 했다는 보고를 받았다.

/ 장로회신학대학교 여성지도자 양성 중 인간관계 훈련을 끝내고

여전도회 전국연합회에서는 회관을 크게 짓고 넉넉한 공간에서 우리와 흡사한 프로그램을 평생교육원이라는 이름으로 개원하여 지금까지 계속해 오고 있다. 이처럼 곳곳에서 여전도회 지도자들의 질적 향상을 도모하고 있으니 감사한 일이다.

<h2 style="text-align:right">여자신학교육원</h2>

1979년 여자신학교육원이라는 장로회신학대학교 부설 기관을 또 시작했다. 대학부에서 기독교교육을 가르치다 보면, 아직 19-20세의 어린 사람들에게 성숙한 지도자인 양 교육학을 가르칠 수밖에 없다. 이들은 고등학교를 졸업하고 대학 입학시험의 긴장에서 겨우 벗어난 사람들로, 아직 철저한 소명의식을 갖지 못한 경우가 많았다.

또한 하나님께로부터 소명은 받았지만 대입시험을 놓친 사람들도 많이 있었다. 그런 이유로 이들에게 교육의 기회를 주어야겠다는 생각에서 '여자신학연구원'이라는 3년제 과정을 만들었다.

<h2 style="text-align:right">기독교교육연구원 발족</h2>

한국 교회가 점차 기독교교육의 필요성을 절감하게 되면서 장로회신학대학교 기독교교육과도 큰 발전을 하게 되었다. **왕마려**(Miss. Maria Mellrose) 선교사를 대구 계명대학에서 모셔오게 됨으로써 '기독교교육연구원'이 문을 열었다. 〈기독교교육〉지 발간 등 아주 작은 규모로 시작되어 지금은 크게 발전하였다.

그뿐 아니라 한일신학교로부터 **고용수** 교수를 모시게 되었다. 고 교수는 그가 신대원 학생 때 내가 기독교교육을 강의하면서 눈여겨보았던 터였다. 고 교수가 상경해서 같이 일하게 됨으로써 기독교교육과 교수들도 그 수가 확장되었을 뿐만 아니라 학문적 연구도 활발하게 이루어졌다.

오인탁 교수가 독일 튀빙겐대학에서 교육철학으로 학위를 하고 와서 가르치게 되었다. 그는 숭실대학교에서 4년 동안 기독교교육을 수석으로 공부했고, 연세대학에서 교육학 석사를 하면서 조교로 일했던 분이다. 이처럼 제자들과 함께 기독교교육과를 꾸려 나가게 되어 얼마나 자랑스럽고 마음이 놓였는지 모른다. 혼자서 해 오던 모든 무거운 짐을 다 맡기게 되어 오랜만에 해방감 같은 것을 느꼈다.

오인탁 교수가 우리 학교에 오게 되어 **고용수** 교수는 다시 미국 유학을 떠났다가 돌왔다. 뒤따라 **임창복** 교수는 피츠버그대학교에서, **사미자** 교수는 드류대학교에서 각각 학위를 마치고 돌아왔다. 이 네 분 교수는 모두가 한때 내가 기독교교육을 가르친 나의 학생들이었다. 다른 학과 못지않은 팀이 구성되었다. 그간 오랫동안

/ 장로회신학대학교 기독교교육과 학생들과 우국기도원에서

혼자 이끌어 온 기독교교육과가 활기를 띠게 된 것이 나는 무척 자랑스러웠고 고마웠다.

장신대 대학원장

이 무렵(1984년) **박창환** 학장님이 나를 부르시기에 학장실에 갔다. 그분은 나의 헬라어 선생이었으며, 나와 나이가 같아 교수들 중 가장 오랜 친구이기도 했다. 그러나 말씀이 없어서 대하기가 늘 어려웠다.

"이번에 주 교수가 대학원장으로 좀 수고해 주셔야겠습니다."

나는 한 번도 생각해 본 일이 없었으므로 무척 놀랐다.

"아니, 학장님! 여자들에게는 장로 안수도 안 주는데 어떻게 제가 대학원장을 하나요? 제가 하면 대학의 이미지가 떨어집니다. 나는 박사학위도 없는데요."

나는 솔직히 말씀드렸다. 그리고 진심으로 사양했다. 그러나 박 학장님은 "여성 안수도 안 주니까, 주 선생이 해야지요!"라고 재차 말씀하실 때 나는 '이분이 미래를 보시며 모험을 하시는구나!' 라고 느꼈다. 결국 내가 맡는 것이 "후배들에게 도움이 된다면 또 순종하겠습니다." 대답을 하고 나왔다. 벌써 교수님들이 미국 장로교대학 퀸즈칼리지(Queen's College)에 서류를 보내서 명예박사학위를 신청했다는 것이다.

나는 숭실대와 장신대에서 학과장 외에 보직을 원해 본 적이 없

/ 1984년 퀸즈대학교 박사학위를 받고 나서 퀸즈대학교 관계자들과 함께

었다. 나 같은 것이 이런 귀한 자리를 차지하게 해 주시는 하나님께 나는 지나친 지위라고 생각하며 감사하고 황송한 마음을 갖고 살아 왔다. 보통 정교수는 10년이면 자격을 얻는데 나는 20년 만에 정교수가 되었다. 별로 관심이 없었기 때문이다. 그런데 나보다 늦게 들어오신 구약 신학 교수님이 10년 만에 정교수가 되면서 그 교수님이 '주 교수가 왜 아직 부교수 자리에 있느냐?'고 조사를 했던 것이다. 그래서 나는 20년 만에 정교수가 되었다.

선교관 건축기금 모금을 위한 미국 교회 방문

나는 어쩌다보니 20년 동안 연구학기를 가져보지 못했다. 거의 혼자서 기독교교육과를 이끌어야 했기 때문에 한 학기라도 자리를 비우고 떠나 있을 수가 없었다. 학장님으로부터 이제는 기독교

교육과에 교수님들도 여러분 계시니 연구학기 대신 대학원장으로
'미국에 선교관 건축기금을 모금하러 가라'는 말을 들었다. 사실은
오래전부터 미국 남장로교 여선교회 회원들은 모든 회원들의 생
일 헌금을 모아서 외국의 중요한 기관에 희사하는 전통이 있었다.

1984년에는 그 여성들이 우리 장로회신학대학교 선교관(즉 제3세계
신학 교수들과 지도자들을 위한 연구원)을 건축하기로 결정하고 그것을 위
한 생일 헌금을 모으기로 했다. 그래서 내게 건축기금을 모금하기
위해 미국 여러 지방으로 순회하는 직책이 맡겨졌다. 미국 여전도회
에서 계획하고 홍보하고 연락을 취해 주는 대로 여러 곳을 다녔다.

/ 한국 교회 선교 100주년
기념 교육대회에서

/ 장로회신학대학교 선교학
교수들과 함께 미션캐스트
(Missioncast) 대담 중

미국 선교사를 통해 복음을 전해받은 한국이 이제 제3세계의 선교를 위해 지도자를 양성하게 되었다. 그들은 이 귀한 일에 동참하게 된 것을 진정으로 기뻐했다. 나는 그들이 정성을 모아 주는 것에 감사를 드리고 한국 교회와 우리 장로회신학대학교을 소개했다. 흥미로웠던 것은 곳곳에서 한국전쟁에 참여했던 가족을 둔 여성들이 많았고, 또 그들은 특별히 정성을 다해 나를 기다리며 준비하고 있었다는 것이다. 태극기 모양의 생일 케이크를 만들어 갖고 오는 사람, 한국 담뱃대나 고무신을 갖고 오는 사람 또는 한복을 차려 입고 오는 사람 등 모두 정성을 담은 헌금과 함께 즐거운 생일 파티를 열고 기쁘게 지냈다.

역시 미국 여성들은 사람을 사랑하며 삶을 즐길 줄 아는 사람들이었다. 배울 점이 많았다. 특히 믿는 여성들은 삶의 자세가 남달랐다. 자기 나라가 아닌 외국에서 사용할 헌금을 적든 많든 기쁨으로 바치는 모습들이 아름답고 존경스러웠다. 그때 모금한 50만 달러와 우리 학교 재정을 합하여 지금의 선교관을 지어 아주 소중히 사용하고 있다.

나는 애틀랜타 루이빌신학교 선교사 사택에 남편과 함께 머물면서 선교사들과 교제를 나누기도 하고 'Cloath Closet'(재활용) 제도를 배웠다. 말하자면 지금 우리의 재활용품 센터인데, 선교사들을 위한 생활필수품들, 옷가지들, 아이들 장난감까지 큰 창고에 가득히 모아두고 있었다. 그것들을 자원봉사자들이 잘 정리하고 또 한쪽에서는 옷가지를 곱게 다려서 사이즈에 따라 구분한다.

콧노래를 부르며 다림질을 하고 있는 어느 할머니 봉사자를 만나 이야기를 나누었다. 그는 고등학교 선생을 하다가 정년퇴직을 하고 그곳에서 봉사한 지 20년이 되었다고 했다. 때때로 들어오는 선교사들에게 "무엇을 도와드릴까요?"하며 친절하게 반긴다. 부엌에서 쓰는 용기나 치약 칫솔까지 다 구비되어 있어서 선교사들이 들어 와서 살다가 깨끗이 세탁해 반납하고 가면 되게끔 되어 있었다. 옷가지는 필요한 대로 갖고 가도 되었다. 열대지방에서 온 사람은 겨울 옷가지를 입다가 도로 갖다놓고 간다. 나도 선교사로 왔으니 몇 가지 골라 입으라고 해서 입고 온 옷 중에 30년이 지난 지금도 가끔 입고 다니는 것이 있다. 교회 여성들이 자기가 안 쓰는 물건들을 차에 싣고 오면 적절히 정리해서 둔다고 했다.

나는 귀국해서 꼭 이런 일을 하리라 마음먹었다. 그래서 우리 여성지도자 교육생들과 함께 신학교 안에 '어머니방'을 만들어 청바지부터 신사복, 구두, 운동화 등을 모아 두었다. 이때에 시골 교회 전도사님들뿐 아니라 대학부 학생들, 직원들 할 것 없이 와서 입어보고, 신어보며 즐거워했다. 그 모습을 보면서 루이빌신학교 여성들의 지혜로움에 감사했다.

이 경험은 10년 후에 YWCA에서 '바른삶 실천운동' 위원장이 되어 전국적으로 '아껴 쓰고 나눠 쓰고 바꿔 쓰고 다시 쓰고' 즉 **아.나.바.다. 운동**으로 이어지게 되었다. 그리고 지금은 시장에 '아나바다 상점'인 중고품 상점이 있어서 유용하게 사용되고 있다.

얼마 후에 전국 대학원장 회의가 제주도에서 열렸다. 200명 가까이 모였는데 여자 대학원장은 네다섯 명쯤 되는 것 같았다. 교회나 사회에서 남녀평등을 외치지만 실제로는 아직 멀고 먼 이야기일 뿐이라는 생각이 들었다.

때때로 모이는 대학원장 회의에 참가해 보면 대학원장들은 기사들이 운전하는 비싼 차를 타고 온다. 나는 겨우 택시를 이용했다. 그래서 이제라도 내가 운전을 배워야겠다고 결심했다. 운전을 처음 배운 때는 60세 되는 해인 1983년이었다. 사실 운전을 배워야겠다고 생각한 것은 오래되었다.

나는 40대부터 은퇴 후에 대한 꿈이 있었다. 기차를 타고 여행을 할 때 창밖으로 시골 마을의 조그만 교회들을 보면서 이런 생각을 하곤 했다. '그 조그만 교회들은 재정이 없어서 사경회도 못하고 교사 강습도 받아볼 수 없는 곳이 대부분일 것이다. 내가 은퇴 후에는 이런 교회를 도와주어야겠다. 내 차에 먹을 것과 잠잘 자리도 마련해서 그 교회에 절대 폐를 끼치지 않도록 하겠다'고 생각해 왔다. 1960년대 보릿고개를 넘겨야 하는 시절의 계획이었다.

이제 60세가 되었으니 용기를 내야지 하고 학교 근처에 있는 운전학원에 두 달치 학원비를 냈다. 두 달치를 낸 것은 시간도 충분히 없을 뿐 아니라 노인의 모든 학습은 젊은이보다 몇 배나 느리다는 것을 알고 있었기 때문이다.

운전면허 시험공부를 위해 시간을 쓰기가 너무 아까워서 꼭 학교 출 퇴근 버스 안에서만 공부하기로 했다. 실기시험에 한 번 떨어지고 무난히 자격증을 따게 되었다. 집에서 남편과 어머니는 운전을 극구 말렸다. 그동안 운전을 한 사람도 60이 되면 그만둘 때인데 왜 위험한 운전을 하려느냐고 했다.

나는 몰래 중고차를 사서 학교에 놓아 두고 학교 기사에게 동승운행을 부탁했다. 그러면서 학교 주변을 가끔씩 운전하며 익혔다. 그러다가 집에까지 몰고 가서 식구들과 타협을 했다.

내가 운전을 하고 다니는 것을 보고 많은 중년들이 망설이다가 용기를 얻었다며 좋아한다. 그래도 83세까지 23년 동안 노인인 어머니와 남편의 기사 역할뿐 아니라 그 많은 회의 참석에 이용할 수 있어서 늦게나마 배운 것을 감사히 생각한다. 운전을 하면서 나는 더 많은 기도와 찬송을 할 수 있었고 하나님과 동행하는 출퇴근의 기쁨을 누릴 수 있었다.

새마을운동 강사

1960-1970년대에 우리나라는 한창 새마을운동이 일어나던 때였다. '박정희 정권의 독재 타도'를 외치는 데모 행렬이 거리를 누볐고, 곳곳마다 길이 막히고, 최루탄에 휩싸였다. 시골에서는 초가집을 헐고, 수도를 새롭게 만들며, 길을 닦고, 농사법을 바꾸는 저녁 모임들이 한창이었다.

박 대통령은 민족적 민주주의를 주장하며 국민들에게 꿈을 심어 주기에 열심이었다. 고속도로를 내고 나면 우리는 마이카(My Car) 시대가 온다고 했고, 통일벼를 심어서 쌀이 남아돌 것이라고 했다. 믿거나 말거나 박정희 대통령이 밀고나가고 있었다. 나도 정부가 하는 말을 잘 믿지 않았다. 아마 장기간 집권하기 위한 홍보일 것이라고 생각하면서도 나라가 새로워지며, 국민들의 안색이 밝아지고, 서민들이 호응을 많이 해서 '새나라' 자동차도 생기는 것을 보니 정말 소망이 생기는 것 같았다.

그러던 어느 날 새마을운동 본부에서 나에게 강의를 해달라는 소식이 왔다. '바쁘다고 핑계를 댈까?' 하면서도 어떻든 나라 일이니, 한번 나가보기로 했다. 새마을을 지도하는 여성들만 몇 백 명이 모여 있었다.

나는 개화기 우리나라 여성들의 이야기를 하면서 근대화를 이끌었던 우리 선배들, 애국 부인들, 그들의 학문에 대한 열기, 무지한 사람들을 깨우치기 위해 일으킨 YWCA 운동, 자녀교육에 대한 이야기 등 하고 싶었던 여성 강연을 마음껏 할 수 있었다. 부르는 대로 시간만 되면 계속 가기로 했다.

신자든 아니든 우리나라 여성들을 상대로 사회교육을 할 수 있다는 데 사명감을 갖고 강연했다. 실제로 사명감을 갖고 하는 사람을 구하기 어려운 모양이기에 대담하게 순종했다. 이것을 아는 우리 학교 어느 교수님이 "이런 일을 해도 되는 겁니까?" 하고 물었다. "나는 어느 당의 정치 강연을 하는 것이 아니고 사명감을 갖고 우리나라 여성교육을 하고 있는 것입니다."라고 말하며 몇 년을 다녔다.

나는 1958년부터 줄곧 여전도회 전국연합회에서 봉사하는 것으로 만족했다. 그 후 뉴욕에서 두 번째 유학을 하고 있을 때 **오기형** 교수 부인인 **김현자** 선생을 만나서 가까이 지냈다. 그는 평생 YWCA를 위해 헌신하고 있는 분으로 그를 통해 YWCA에 대해 많은 이야기를 듣는 중에 그 단체에 점점 관심이 생겼다.

교회와 사회 중간에서 교회의 사회적 사명을 다함으로써 사회와 교회를 정의롭고 풍성하게 세워 가는 여성들의 봉사단체가 훌륭하다고 생각되었다. 여성들이 좀 더 넓은 세계에 대한 안목을 가지고 섬기며 살아가는 YWCA에 내가 직접 참여해서 더 배우고 사귀며 봉사하고 싶었다. 그래서 한국에 오자마자 나는 서울 YWCA를 찾아 평생회원이 되었다. 타 대학에서 가르치고 있는 YWCA 친구들이 많이 있어서 더욱 즐거웠다.

나는 YWCA에 대한 편견이 있었다. 사치하는 여성들이나 유한마담 같은 사람들이 모이는 곳이라는 나의 잘못된 견해는 일소되었고, 그들의 순수한 신앙과 지적으로 풍기는 인격의 향기 같은 것을 느끼면서 나는 여러 가지 책임 있는 직책도 맡았다.

내가 고백해야 할 것 하나가 있는데, 1975년 어쩌다가 선택된 서울 YWCA 실행이사회의 회장 직책을 사양한 일이다. 그때 나는 학교 일이 너무 무겁고 총회 교육부 일까지 겹쳤는데, 도저히 서울 YWCA 회장직을 맡을 수가 없다고 생각했다.

그래서 그 자리에서 사양하면서 나는 부회장으로 해주시고, 부회장으로 피택을 받은 **임옥인** 선생님을 회장으로 바꿔달라고 했다. **임옥인** 선생님은 건국대학에서 가르치시면서 유명한 소설가로도 이름 있는 분이었다. 그분은 편찮으셔서 그 자리에 계시지 않았다. 나는 본래 주님께 순종하기로 약속했으면서 또 불복한 것이다. 내가 부회장이 되기는 했지만 그 후 회장이신 **임옥인** 선생은 신병으로 고생하면서 1년 내내 한 번도 참석하실 수 없게 되어 꼬박 내가 회장 대리로 모든 것을 감당해야만 했다. 나와 하나님 사이에 맺어진 약속을 어긴 대가를 톡톡히 치르고 있었다. 얼마 후에 나는 대한 YWCA **박순양** 총무의 권유로 대한 YWCA, 즉 전국연합회 실행이사로 선출되어 전국연합회 일로 봉사하게 되었다.

대한 YWCA 전국연합회 회장이었던 **김갑현** 선생님은 대단한 리더십을 지닌 분이었다. 실업가로도 성공했을 뿐만 아니라 후에 정무장관을 지냈으며, 나처럼 이북 출신으로, 영락교회 권사로도 계셔서 늘 마음과 신앙이 통하는 분이었다. 그분이 나에게 다가와서는 시대가 산업사회로 변하면서 무언가 YWCA 운동으로 올바른 삶을 호소할 수밖에 없지 않느냐고 하면서 '바른 삶 실천운동'을 벌여 보자고 의논했다. 나는 때에 맞춰 꼭 필요한 운동이라는 생각에 전폭적으로 지지하고 나섰다. 그 바람에 내가 '바른 삶 실천운동' 위원장이 되었다. 또 바쁘다고 핑계댈 수가 없었다.

우리 정부는 정권이 바뀔 때마다 이 부패한 사회를 정의로운 사회로 만든다고 큰소리를 쳤지만, 악과 죄는 점점 더 성해 가고 있었다. 그것은 억압되었던 긴 세월에서 해방되면서 참혹했던 빈곤으로부터 벗어나야겠다는 한결같은 바람이 사람들의 삶의 중심

/ 제32회 YWCA
  전국대회

/ YWCA 총회 사회
  (워커힐에서)

/ 노르웨이 YWCA
  총회 참석

에 자리잡아 물질, 돈, 출세, 과학 등을 최고의 가치라고 생각하게 된 탓이었다. 그래서 공동체의식이나 역사의식은 사라지고, 극단의 이기주의 경향을 띠면서 온갖 일탈 행위가 팽창하게 된 것이다. 그런 문제점들을 정리하면 다음과 같다.

1. 올바른 가치관이 결여되었다.
2. 교육은 있으나 인성교육의 부재: 간판 위주 교육 또는 지식 위주. 기술교육은 있으나 가정교육, 정서교육, 도덕성 교육, 생활교육의 부재 현상 때문이다.
3. 삶의 모델을 찾을 수 없어서 존경할 대상이 없다.
4. 불신에 의한 한탕주의만 존재하는 사회가 되었다.

이런 병든 사회를 치유할 수 있는 길은 개인이 할 수 있는 작은 일, 즉 나라를 위한 중보기도와 옳은 것을 실천하는 생활에서 시작되어야 한다고 생각했다.

밝은 가정 만들기

1) 인간 생명 존중 교육
2) 이기적 생각 탈피, 이타적 교육
3) 대화 존중
4) 하루 한 번 선한 일을 하는 습관 기르기
5) 거짓말 안 하기, 양보하기
6) 친절하게 대하기

절제생활

1) 공공 물건 해치지 않기
2) 자연 사랑, 자연 보호
3) 우리 농산물 쓰기
4) 에너지 절약
5) 부당한 것은 주지도 받지도 말기
6) 아껴 쓰고, 나눠 쓰고, 바꿔 쓰고, 다시 쓰기

퇴폐 향락 병 고치기

1) 음란 비디오, 불량 만화 보지 않기
2) 여행은 가족과 함께하기
3) 유해 출판물, 광고, 영화, TV 시정하도록 건의하기
4) 마약, 인신 매매 추방
5) 건전한 가족 놀이문화 조성
6) 화투나 노름 하지 않기
7) 고운 말 쓰기

무엇보다도 부모나 교사 자신의 바른 삶 실천 없이 바른 삶 교육

은 있을 수 없었다. 삶을 보여 주고 가르치는 어머니의 책임을 감당하도록 촉구함으로써 사회의 변화를 기할 수 있을 것이라고 믿었다.

그래서 모든 지방으로 인쇄물을 보내며 지도자 회의를 하고 지방마다 찾아다니며 강연회를 여는 등 새로운 윤리 실천을 강조하였다. 이는 시기적절한 운동으로 사회에서 큰 호응을 얻었다. 지방으로 다니다가 교통사고로 약간의 부상을 당해서 다리를 절면서도 그냥 스케줄대로 움직이는 노력을 아끼지 않았다.

청와대 직원들에게도 강의해달라는 요청이 있어서 긴장된 시간을 갖기도 했다. 수백 명이 거의 남성인 회합에서 나는 소신을 갖고 말할 수밖에 없었다. 중앙에서부터 이 운동이 시작되어야 했기 때문이다.

청와대 강연이 끝난 후 몇몇 사람들이 따라 나오면서 이런 강연은 별로 없었는데 특히 여성이 하는 일은 처음인 것 같다고 이야기하며 용기를 주었다. 얼마 후 청와대 직원 부인회의 요청으로 또 청와대에서 강연한 데 이어 장관 부인들에게도 총리 공관에서 강연해 줄 것을 요청해 왔다. 하나님께서 나에게 보람있는 일을 맡겨 주신 것에 대하여 진정으로 감사를 드렸다. 그러나 이것이 얼마나 사회에 영향을 미쳤는지는 알 수 없는 일이다. 지금은 더 시급한 상황이라고 생각되면서 '바른 삶 실천운동'이 더 강하게 지속되었으면 하는 마음이 간절하다.

망원동 뚝방마을 선교 이야기

1970년대 우리나라는 급작스러운 산업화 과정에 들어서게 되었다. 그 과정에서 빈익빈 부익부 현상이 나타나 저소득층은 살길을 찾으려고 서울로, 서울로 몰려들었다. 집 없는 빈민들이 판자촌을 이루며 하루하루 힘겹게 살아가는 망원동에서 나는 태평스럽게 집을 새로 짓고 행복하게 살아 보려고 했던 것이다.

그 지역은 새로 개발되는 곳이라 울타리 밖으로 지나다니는 아이들이 보였다. 어디서 오는 아이들인지 무척 초라한 차림의 초등학생들이 줄을 지어 다녔다. '어디 있는 아이들일까?' 하고 한번 뒤따라가 보았다.

한강 쪽으로 7분쯤 걸어가자 이상하게 지독한 냄새가 코를 찔렀다. 좀 더 강 쪽으로 가면서 보았더니 판자촌이 몇 천 세대인지 모르게 둑을 따라 즐비하게 늘어서 있었다. 한강 뚝 너머에는 강 쪽으로 다시 둑을 쌓고 거기에 서울 시내 분뇨를 다 쏟아 부은 '분뇨 못'이 형성되어 있었다.

그 마을 사람의 이야기에 따르면 무허가 판자촌은 공중에서 사진을 찍어 보고 새 집이 생기거나 확장될 경우 벌금을 물리기 때문에 화장실이 없는 동네라고 했다. 막대기를 세우고 가마니로 막은 화장실은 몇 곳 있었지만, 도저히 그 많은 인구를 수용할 수가 없었다. 그래서 그 가까이 있는 밭에서 용변을 본다고 했다. 파리가 새까맣게 온 마을에 가득했다.

이런 동네가 양화교에서 시작해서 지금의 성산대교(그때는 없었다)를 지나 수색까지 연결되어 있었다. 혹시 무슨 보건기관이나 복지기관 또는 교회 같은 곳은 없는지 살펴보았다. 그 흔한 간판 하나도 보이지 않았다. 이 동네야말로 한국 사회에서 완전히 잊혀진 고장이었다. 어떻게 이런 곳에서 사람이 살아야 할까? 나는 마음이 슬퍼서 지금의 성산대교 근방 둑에 서서 울었다.

하나님! 왜 보여 주셨습니까?

"하나님! 왜 보여 주셨습니까? 사랑의 주님! 저를 이곳에 보내 주신 것은 이들을 도우라는 것인 줄 압니다."

나는 다음날 학부 기독교교육과 3학년 강의실에 들어갔다. 강의 시간에 나는 망원동 뚝방 마을에 사는 사람들의 참혹한 삶을 내 가 본 대로 이야기했다. 끝나고 나오는데 서너 명의 학생이 따라 나오면서 "우리가 좀 가볼 수 없겠습니까?" 했다.

우리는 그날로 찾아갔다. 그들 역시 눈시울을 적시면서 그냥 떠 날 수가 없다고 했다. 그들의 요청으로 하루에 100원짜리 방을 얻 었다. 그 동네 한복판에 있는 비닐 창문의 한 칸짜리 온돌방이었 다. 나는 그들에게 그저 함께 사는 사람으로 섬길 수 있는 방법이 무엇인지 찾아보자고 했다. 또한 서두르지 말라고 부탁했다.

이상양, 정태일, 기현두, 고애신은 그 방에서 같이 먹고 자며 그들 과 사귀면서 대화를 나누기도 하고, 동네 환자를 업고 병원에 가 기도 했다. 가정불화로 싸움이 나면 자기 시계를 잡히고 상처를

싸매 주면서 동네 사람들의 신뢰와 사랑을 받으며 살았다.

남학생들은 동네 사람들과 함께 제일 먼저 화장실을 짓기로 했다. 관청에서 못 짓게 할 것을 알고 밤마다 전깃불을 켜놓고 조금씩 지어 갔다. 땅을 길게 파고 시멘트로 화장실을 지었다. 문을 달고 나서 얼마나 기뻐했는지 모른다. 그 다음은 더러운 개울이 있었는데 이번에는 밤 공사로 다리를 놓아 주었다. 학생들은 대학 공부를 계속하면서 밤마다 노동을 하고 왕복 3시간이 넘게 걸리는 학교까지 다녀야 했다.

그 팀의 단장인 **이상양** 학생은 폐결핵 환자였다. 그는 성품이 잔잔하고 부드러우며 사람들을 기쁨으로 섬겨 동네에서 '천사 전도사'라는 이름으로 불렸다. 집집마다 다니며 겸손히 인사하고 상담해 주고 병에 걸린 사람은 약을 사다 주기도 하면서 친절히 사랑으로 섬겼다.

이상양 전도사에게 등록금을 하라고 돈을 주면 금방 이런 사람들 돕는 데 다 써 버렸다. 학교에 갈 버스비가 없던 때도 많았다. 그는 분뇨 처리장에 드나드는 성동구의 분뇨차 기사에게 부드럽게 찾아가 대화하고 전도하며 사귀었다. 그런 차는 주로 한강 둑 위로 다니기 때문에 광나루까지 가는 차들이었다. 그는 광나루 쪽으로 가는 차를 얻어 타고 학교에 등교하기도 했다. 이 전도사 자신은 느끼지 못했겠지만 그의 곁에 앉아 있으면 고약한 냄새가 날 수밖에 없었다. 이게 웬 냄새냐고 같은 반 학생들이 소동을 피우곤 했다.

한번은 나에게 "교수님! 버스 차장들이(1970년대 당시 시내버스에 여

자 차장들이 문을 여닫으며 손님을 태우고 차비를 받았다) 하루에 몇 번이
나 문을 여닫는지 아세요?" 하고 물었다. 나는 알 리가 없었다.
"1,400번이에요." 이 전도사는 이런 고생하는 사람들에게 늘 관심
을 갖고 조사하곤 했다.

한번은 "교수님 우리 마포구 구두닦이 청소년들이 한 100명 됩
니다. 이 아이들은 구두 닦는 자리도 세를 냅니다. 자릿세만 내
지 않아도 애들이 공부할 수 있습니다. 집이 있으면 합숙을 시키
면서 자리를 하나둘 살 수 있고, 그렇게 되면 이 아이들이 공부를
할 수 있습니다. 혹시 셋집을 하나 얻을 수 없을까요? 100만 원이
면 될 텐데요." 나는 어이없다는 듯 웃어넘기고 말았다. 지금 생
각하면 왜 그의 부탁을 들어주려고 노력도 해보지 않고 코웃음을
쳤는지 후회스럽다. 그것이 그의 마지막 요청이었다.

/《판자촌 선교 활동소고》표지

망원동 뚝방마을의 홍수

망원동 봉사는 1972년 여름부터 시작되었는데 얼마 안 되어 서울에 큰 홍수가 났다. 그 판자촌 근처에 있는 하수처리장의 수문이 고장 나서 열지 못하는 바람에 망원동 일대가 바다처럼 모두 잠기게 되었다. 가난한 수천 세대는 남김없이 더러운 물에 잠겼다. 원래 이들은 대부분이 수재민으로 국가의 조치로 이곳에 와서 살던 사람들이었다. 이 전도사는 좀 떨어져 있는 초등학교에 긴급히 연락해서 사람들을 대피하도록 했다. 뗏목을 만들어 피하지 못한 사람들을 손수 실어 나르느라 밤낮을 잊어버렸다.

또한 관공서에 연락해서 수재민의 숙식을 해결해 주고 동네 주민을 위로하며 섬겼다. 그들은 이 전도사의 따뜻한 구호의 손길에 감탄을 금치 못했다. 3-4일이 지나 수복하여 또 집으로 돌아왔지만 모든 것은 엉망이 되어 있었다.

쓰레기 속의 다이아몬드

1973년 3월호 〈썬데이 서울〉에는 망원동 이야기기가 적혀 있다. '다이아몬드 반지에 얽힌 사연'은 이곳 빈민촌에서 비롯된 것이었다.

9월 14일, 이 날도 **신해진** 씨(47) 일가는 새벽부터 쓰레기 더미를 뒤지고 있었다(그곳에는 대연각이 불타고 남은 쓰레기들이 널려 있었다). 일곱 식구가 모래밭에 흩어져 쓰레기를 파냈다. 장남 **영운** 군의 삽 끝에 조그마한 반지가 묻어 나왔다. 황급히 반지를 갖고 어머니에게 달려가자, 어머니는 동네로 이 반지를 갖고 와 공개 감정을 시켰다. 원래 이 집은 채소 장사를 하다가 홍수 이후 장사마저 못하게 되어 쓰레기를 뒤지는 것으로 일곱 식구 끼니를 이어 왔다. 이 동네 사람들은 홍수 이후 대부분이 강변 쓰레기를 뒤지는 일 밖에 할 수 없게 되었는데 이 다이아몬드 반지는 큰 행운이었다. 신 씨가 처제와 함께 그 반지를 팔려고 들어선 곳이 청량리 어느 금방이었다. 그 방에서 감정 받은 것은 9만 원이었다. 그러더니 5만 원을 주고는 잠깐 갔다온다더니 형사를 데리고 왔다. 그들은 청량리 경찰서로 가게 되었다.

경찰은 이 사건을 유실물 횡령으로 다루었다. 신 씨와 처제, 금방 주인은 불구속 입건되어 3일 만에 다이아몬드 반지와 함께 검찰로 송치되었다. 유실물 습득 이후 일주일 안에 당국에 신고해야 하며 이를 어기면 유실물 횡령죄가 되었기 때문이다.

이 사건은 온 동네를 더 슬프게 했다. 이 전도사도 실망하는 주민들의 이야기를 듣고 그들이 재생할 길을 찾아야겠다며 일어섰다.

땅 속의 노인정

또 다른 이야기가 있다. 리어카를 끌고 다니며 고물을 모아 팔던 사람이 갑자기 반신 마비가 와서 일을 못하게 되자 여덟 살짜리 아들의 밥도 못해 주게 되었다. 그 사실을 알게 된 **이상양** 전도사는 그분을 그분의 리어카에 태우고 병원에 데리고 갔다. 나는 그 집 아들을 데리러 갔다. 캄캄한 굴 같은 방이었는데 그 아들은 언제 목욕을 해 봤는지 모를 정도였다. 우리 집에 데려다 목욕을 시키고 아버지가 퇴원할 때까지 함께 있었다. 그 아버지가 일주일 후에 퇴원하고 걸어 다니는 것을 본 동네 사람들은 기적이라고 기뻐했다. 이 분들은 약을 써본 적이 없어서인지 약효가 금세 나타났다.

이상양 전도사와 함께 때때로 심방을 가보면 아주 조그만 방에 대여섯 식구가 살고 있었다. '할머니 할아버지들이 하루 종일 비좁은 공간에 앉아 있기가 얼마나 힘들까?' 생각해 보았다.

이 전도사는 또 하나 아이디어를 떠올렸다. 공터에 땅을 좀 파고 가운데 기둥을 세워서 지붕처럼 나무들을 얹어 놓고 그 위를 흙으로 덮었다. 그래서 상공에서 보아도 집이라는 것을 모르게 했다. 거기에 작은 문 하나를 달아 입구를 만들고 가마니들을 그 안에 펴 놓았다. 여기에 구멍탄 화덕을 놓으니 따뜻한 노인정이 되었다. 동네 노인들이 모여 이야기하며 놀기에 안성맞춤이었다. 가끔 라면을 들고 가서 끓여 드리면 그렇게 기뻐하셨다.

9평짜리 야간 중학교

청소년들이 공부를 못하게 되니 나쁜 장난을 할 수밖에 없었다.

우리는 장로회신학대학교에서 낡은 의자를 가져오고 방 9평짜리 세를 얻어서 나름대로 야간 중학교를 만들었다. 교장은 내가 되었다. 첫날 수업을 시작하기 전에 먼저 기도하자고 했더니 기도 시간에 백묵이 날아오는 등 여러 가지 장난에 정신을 차릴 수가 없었다. 이 야생마 같은 아이들을 어떻게 교육하나 걱정이 앞섰다. 이 전도사가 없는 돈으로 밥을 지어놓고 심방을 가면 애들이 와서 먼저 다 먹어 버리곤 했다. 어디서부터 어떻게 가르쳐야 할지 막막하기만 했다.

/ 1975년 제1회 망원중학교 졸업식에서(둘째 줄 왼쪽에서 세 번째 이상양 전도사)

학생들의 소원이 무엇인가를 물어 보았다. 답하기를 넥타이 매고 고속버스 타고 부산 한번 가보는 것이라고 했다. 이 소박한 꿈도 못 이루어진다니 장난밖에 칠 것이 없었을 것이다. 날이 가고 달이 지나면서 아이들은 변해 갔다. 2-3년 후에 그들은 공장에 갔다가

와서 공부하기 전 자기들이 반찬을 사서 저녁을 지어 놓고 전도
사님 드시라고 저녁상을 차려 놓고 기다리고 있었다. 교육은 아
이들을 변화시켰다. 사랑과 인내가 있으면 변화가 오도록 약속되
어 있다는 것을 깨닫게 되었다.

이상양 전도사는 수없이 새로운 아이디어를 내놓았다. 2만 원으
로 공장을 짓겠다기에 믿어지지 않았다. 그는 받침대 몇 개를 가
져오더니 비닐로 지붕과 사방을 덮은 후에 가마니로 문을 달고
공장에서 버린 털실 조각을 리어카에 실어왔다. 색색의 털실 조
각을 색에 따라 따로따로 골라 도로 갖다 주면 한 사람이 하루에
200-300원씩을 벌 수 있게 했다. 집에서 놀고 있는 아주머니들에
게는 찬거리에 보탬이 되었다.

판자촌의 윤리

어린이집을 시작해서 아이 엄마들이 파출부로 나가도록 했다.
어린이집 아이들에게는 문제가 많았다. 엄마가 내버려두고 나가
다닌 탓인지, 가정 싸움이 많은 탓인지 싸움도 잘하고 구멍가게
에 살그머니 들어가 사탕 도둑질도 잘했다. 여기는 보통 사람들
의 윤리가 안 통하는 곳이었다. 방문 밖에 있는 것은 아무나 무엇
이든지 훔쳐가도 되는 듯했다. 방 안에 있는 것이 없어지면 큰 싸
움이 나는 곳이었다. 가위 하나가 없어져도 큰 야단이 났다. 아낙
네들이 날마다 술 먹고 들어오는 남편과 싸우다가 전도사 있는

곳으로 도망쳐 오곤 했다.

개미청소년단

이상양 전도사는 이곳의 재판관이요, 위로자요, 상담자요, 선한 목자였다. 청소년들을 개미청소년단이라고 이름 지어주고 공장이나 기관에 다니면서 종이나 신문, 빈 박스를 거두어 팔게 하는 등 온 마을에 생동감이 넘치도록 했다.

그 외에도 주부교실을 만들어서 가족계획을 가르쳐 주고, 어머니 교육을 함께하고, 우리 집을 짓다 남은 목재들을 가져다가 놀이터를 설치하고, 적십자병원 이동진료소나 기독교 봉사대 치과부 학생진료소 개설 등 동네 전체에 사랑을 베푸는 활동을 활발히 펼쳤다.

나는 기독교교육과 학생들에게 실습 학점을 이수하도록 하여 학생들의 빈민 기독교교육의 참여도를 높였다. 그때 이런 실습에 열심히 참여한 학생들은 기독교교육과는 물론 신대원 학생들도 많았다. 그래서인지 지금 그들의 목회는 활기와 생명력이 있다. 지금도 이런 소외지역을 위한 사역이 많이 진행되기를 바라는 마음이 간절하다.

이상촌 건설

우리가 빈민 사역을 하던 시절에 **김진홍** 전도사는 청계천에서 사역하면서 스스로가 가난한 사람이 되어 쓰레기 바구니를 지고 다니며 동고동락하다가 유신법에 걸려 잡혀 갔다. 복역이 끝나고 나와서 평복으로 갈아입을 때 우리 학교 **이종성** 학장님과 내가 그 판자촌 집을 찾아가 만났던 적이 있었다. 그후 그는 서해안 개척사업이 끝났을 때 청계천 사람들을 데리고 가서 열다섯 마을을 만들어 각각 생산할 거리를 일일이 마련해 주고 복지시설을 갖춘 이상촌 건설 사역을 하였다.

나는 우리 여성지도자 교육원생들을 모시고 그곳에 견학을 갔었다. 아직 전화 시설도 없을 때 **김진홍** 전도사의 수고가 얼마나 대단한지 그리고 그의 꿈이 얼마나 큰지 짐작해 볼 수 있었다. 그 후에 방문했을 때는 '두레 공동체'를 건설하고 사람들을 훈련시키는 특이한 사역지가 되어 있었다.

내 집 갖기 운동

이상양 전도사에 대한 신뢰도가 높아질수록 마을 사람들의 상담 요청이 많아지고 도움의 청원도 늘어났다. 이 전도사는 이것저것 봉사를 하는 동안에 그들에게 가장 필요한 것이 무엇인지 깨달았다. 그들에게는 미래도, 신뢰할 사람도 없었다. 그래서 그는 교회를 세우기 전에 소망을 갖도록 끈기 있게 노력해 왔다. 때때로 동네를 찾아가 보면 분위기가 전보다 훨씬 밝아진 것이 느껴졌다. 역시 사랑은 기적을 낳았다.

그는 어느 날 저녁 공터에 불을 높이 밝혀 놓고 동장과 동네 어른들과 장신대 **이종성** 학장님과 나를 불러 모임 자리를 마련했다. '내 집 갖기 운동'을 시작하는 날이었다. 무허가 집을 쓰고 사는 이들은 집을 언제 뜯길지 모르기 때문에 늘 불안하게 살았다. 그래서 그날 벌면 그날 사는 식의 생활에 고착되어 있었다. 그날 하루 벌어온 돈을 갖고 잠시 불안을 잊기 위해서 술에 취해 귀가하고 집에 와서는 또 싸우며 살았다.

이 전도사는 이 사람들에게 새 소망을 주는 것이 가장 급선무라고 생각했다. 그래서 그는 이제부터 '한 집에 한 통장 갖기'를 선포했다. **이상양** 전도사가 저축통장을 책임지고 맡기로 하고, 하루 벌이를 하면 생활비를 좀 떼고, 날마다 저축을 하면 되었다.

이 전도사는 땅을 좀 사고 연립주택을 지을 계획을 갖고 있었다. 판잣집을 헐면 정부에서 보상금을 지급하는데 거기에다 우리가 조금씩 모아가면 집을 지을 수 있다고 구체적인 방법까지 제시했다. 주민들에게 그 내용을 자세히 설명하며 9평짜리 집을 지어 우리 손으로 단장하고 행복하게 살자고 격려하며 약속했다.

나는 금융 사고가 많은 때에 가능할까 하는 의심도 있었지만 이 일에 하나님의 축복이 있기를 기도하며 사람들의 희망이 가득한 얼굴을 보고 감사한 마음으로 귀가했다. 사설 은행을 시작하는 셈이었다. 그는 통장을 1,000개나 만들었다. 그리고 '한 집 한 통장 갖기'를 시작했다. 아직 학생의 신분으로 얼마나 바쁠까? 감당할 수 있을까? 걱정도 되고, 불안하기도 한 마음으로 때때로 상황을 물어보곤 했다. 일은 잘 진행되고 있었다.

나는 이 모든 일들을 나의 친구요, 이 사업에 동참하기를 기뻐하는 미국 선교사 **모펫**(Mrs. Moffett) 여사에게 도와주기를 호소했다. 집은 어떻게 짓는다고 해도 대지가 없으니 미국에서 대지 구입비를 도와줄 곳이 없는지 알아봐달라고 부탁하고 기도하기로 했다. 얼마 지나서 미국에서 소식이 왔다. 약 900평을 살 수 있는 땅값이 마련된 것이다. 하나님께서 기뻐하시는 일은 꼭 이루어진다는 사실을 새삼 확인할 수 있었다.

빈병을 엿과 바꾸어 파는 사람, 고무풍선을 자전거에 싣고 다니며 파는 사람, 고물을 파는 할아버지, 인천까지 가서 생선을 이고 다니며 파는 아주머니, 막노동을 하는 아저씨들 모두 통장을 갖고 저녁이면 이상양 전도사를 찾아왔다. 저금통장을 보며 활짝 웃는 표정이 아름다웠다. 점차 술 먹는 사람들이 줄어들고 싸움도 사라졌다. 동네에는 희망이 가득했다.

드디어 공사가 시작되었고, 집에 대한 보상금이 나오고, 흙벽돌집이 길게 들어서게 되었다. 위치는 제비를 뽑아 분배되었다. 이들은 한 푼이라도 아껴서 타일을 사다 부엌 벽을 바르고 방을 장식하기에 여념이 없어서 집에서 노는 사람이 없었다. 때마침 나라에서 외치는 새마을운동의 모범이 된다고 그 마을 동장에게 나라에서 포상금이 나왔다. 매스컴에서 조금씩 떠들기 시작했다.

이상양 전도사는 그때 겸손히 하나님께 엎드려 기도하고 주민센터 겸 교회를 짓기로 했다. 실상은 첫 여름방학에 기독교교육과 학생들과 함께 이 마을 공터에 장로회신학대학교에서 빌려온 텐트를 치고 여름성경학교를 했다. 텐트에 쓰인 장로회신학대학교 이라는 글자를 보고 몇몇 사람이 찾아왔다. 자기들은 본래 지방에서 예수를 믿고 살았는데 재산을 잃고 여기 와 보니 추한 모습을 하고 교회에 갈 수 없었다며 우리와 같은 사람들이 여기서 예배를 드리면 좋겠다고 말했다. 그래서 이 천막 교회 이름을 **애린**(愛隣)교회**(Mrs. Moffett, 마애린)**라고 짓고 예배를 드렸다.

이제 본격적인 교회당을 짓기로 하고, 또 천막 교회를 시작했다. 교회도 무리 없이 지을 수 있도록 하나님께서 기적적으로 역사하셨다. 나는 돈이 들어오는 대로 한 단씩 벽돌을 쌓고 빚은 지지 말도록 부탁했다. 많은 숨은 기도자들의 기도와 헌신으로 모금이 이루어졌다.

영락교회 어머니 성경반이 중심이 된 '백합회'는 크리스마스에 조그마한 선물 꾸러미를 각각 만들었다. 고기 조금과 떡국거리 그리고 이것저것 담아 만든 꾸러미를 가지고 집집을 방문하게 되었다. 그저 우리에게 기쁜 날이어서 왔다고만 하며 심방을 하자고 약속했다. 그 집의 사정을 들어주기만 하고 오자고 약속한 것이다. 너무 가난하고 불쌍한 사람들의 호소를 들어주는 것만도 그들에게는 큰 선물이 된 듯했다. 백합회 회원들은 큰 감명을 받고 우리 이웃의 아픔을 보고 와서 이 전도사를 계속 돕게 되었다.

이 전도사는 문자 그대로 침식을 잊고 활동했다. 그의 성품 역시 주님을 닮아 한 번도 분노를 터뜨리는 일이 없었다. 주머니에

/ 망원동 빈민선교를 돕던 영락교회 백합회 회원들,
  이상양 전도사(왼쪽에서 세 번째)와 함께

돈이 있으면 그것은 남을 돕는 데 사용했다.

기현두 전도사는 **김금화** 전도사의 외아들로 **김금화** 전도사는 아들이 밥을 굶을까봐 열심히 쌀을 사서 보내주곤 했다. 그러나 기 전도사는 쌀자루가 보이기만 하면 금방 또 들고 나가 밥 굶는 집에 갖다주고 오곤 했다. 자기 약한 몸을 도저히 돌볼 수가 없었다.

이상양 전도사의 폐 수술

이상양 전도사의 병이 깊어지더니 입원 검사를 해본 결과 폐를 잘라야 한다는 이야기를 들었다. 이 전도사가 수술하고 누워 있는 곳을 방문했다. 나는 큰 죄책감에 견딜 수가 없었다. 나 때문에 망원동 그 험한 곳에 갔고 거기서 숱한 고생을 하다가 폐를 자르고 헐떡이는 모습을 보니 '나는 평안히 먹고 평안히 살면서 이 사람을 이토록 환자를 만들어 버렸구나! 내가 죄인입니다.’ 고백하며 기도할 때 눈물만 쏟아졌다.

그러나 그는 숨이 차 헐떡이면서도 환하게 웃음 지으며 “선생님 너무너무 행복했습니다. 선생님이 이곳에 보내 주셔서 내 생애에 제일 행복한 시기를 가질 수 있었습니다.”라고 하는 것이 아닌가. 그것은 그의 진심이었다.

인생을 달관한 신앙인의 간증이었다. 나는 그에게 위로를 받았다. 그의 천사 같은 얼굴을 보면서 말이다. 그후 치료가 되었지만 폐에서 줄곧 오폐물이 나와서 오물 병을 차고 학교에 다니며 수개월 동안 여전히 교회 설교도 하고 봉사활동도 했다.

그러나 그 멀리서 다니면서 학업을 계속하다 보니 다시 입원할 수밖에 없었다. 그때 그는 영등포 산업선교 사무실에서 일하던 **박영혜**를 신부로 맞은 지 1년이 되었다. 게다가 첫아들을 금방 낳은 뒤였다. 또 가난까지 따라와 입원비도 변변치 않아 병원 가까이 방을 얻어 통원 치료를 받고 있었다. 나는 이제 이 전도사에게 긴 병을 치료할 기간이 필요할 것이라 짐작하고 조금은 더 절약해야 겠다고 생각하고 있었다.

이상양 전도사의 유언과 장례식

3월 개학을 앞두고 시간을 내어 다시 이 전도사를 방문했다. 그는 아주 약해져 있었고 열이 좀 있는 듯 얼굴이 붉으스레했다. 기

어코 앉아서 하는 말이 "선생님 오늘은 시간 좀 내주시지요."라며
긴 이야기를 꺼냈다. 자기가 살아온 이야기, 특히 폐병으로 다 죽
게 되었지만 기도하면서 하나님께 5년만 더 살게 해달라고 약속
하고 지금까지 왔다는 것, 그가 시립 폐결핵 병원에서 만났던 처
참한 사람들의 이야기, 그리고 이제 5년이 되었으니 하나님께서
데려가도 좋다는 것, 그러나 다시 살 수 있으면 더 어렵고 힘든
곳을 찾아가겠다는 것 등 힘들게 숨을 몰아쉬면서도 띄엄띄엄 말
을 이어갔다.

끝에는 "이번에 하나님이 저를 부르시면 제 집사람과 아들을 부
탁합니다."라고 유언처럼 자기의 심중을 차분하게 들려주었다. 그
후 얼마 안 되어서 기침하면서 수술한 자리가 다시 터져서 피를
쏟고 그만 하나님의 부르심을 받았다.

학교 수양회 기간으로 예배를 드리는 중에 직원이 내게 다가와
서 청량리 병원에서 급하게 오라는 전화가 왔다고 전했다. 나는
급히 달려갔다. 병원으로 옮기는 도중 운명했다고 한다. 옷은 피
에 젖어 있었다.

주님과 동행하느라 그토록 고생을 즐겁게 하더니 그가 섬기던
주님 곁으로 피를 흘리며 가고 말았다. 그이가 좋아하던 〈나 같은
죄인 살리신〉 찬송을 부르며, 1977년 3월 25일 장로회신학대학교
학도 호국단이 주최가 되어 장례를 치르게 되었다. 일본의 **가가와
도요히코**(賀川豊彦)처럼 살다간 **이상양** 전도사야말로 그리스도의 교
훈 그대로 사랑을 실천하며 산 사람이었다. 우리들은 스스로를 돌
아보며 이 전도사처럼 사랑을 실천하는 주의 종이 될 것을 다짐했

다. 신학대학의 **이종성** 학장은 '영원한 집에 들어갈 자'라는 제목으로 고린도후서 5장 1-7절을 보고 그의 장례식 설교를 하셨다.

조사를 맡은 **김기복** 전도사는 "자신은 잘 먹지도 입지도 못하면서 누군가 사흘이나 굶고 있다는 소식을 들으면 집에 있던 몇 되의 쌀자루를 몽땅 들고 나가던 형! 입을 것이 없어 추워서 떨고 있는 할머니를 보더니 외투를 벗어 덮어 주던 형! 그저 어려움과 고통 속에서도 항상 '하나님 감사하지요'라고 말하며 해맑게 웃어주던 형⋯."하며 울먹였다.

그 후 장로회신학대학교 학생들과 신대원 학생들은 매년 3월말이 되면 **이상양** 전도사 추모 예배를 드리곤 한다.

/ 2013년 고(故) 이상양 전도사 가족들과 함께

학생 신규동의 죽음

그가 준 교훈이 살아남아서 기독교교육과 학생 한 명이(**신규동**.

그 당시 28세) "교수님 망원동 같은 곳 또 어디 없습니까? 좀 소개해 주시면 저도 해 보겠습니다."라고 하기에 나는 고마운 생각에 서울시 쓰레기장 마포구 난지도를 소개했다. 그는 내 말을 듣고 마포구 난지도로 갔다. 쓰레기장에서 살게 된 그 학생은 조그만 교회에서 봉사하며 통학하고 있었다. 상수도 시설이 안 된 그곳에서 나쁜 지하수를 먹어서인지 병을 얻어 고생하다가 이대병원에서 검사를 받던 중 세상을 떠나고 말았다.

그 소식을 듣고 달려가 보니 식구가 아무도 없었다. 그는 찾아올 수도 없는 할머니와 함께 어렵게 살던 학생이었다. 몇몇 학교 친구들이 장례를 치러 주었다. 이 일로 나는 또 큰 충격을 받았다. '너무 고독한 학생이 그 짧은 생을 주님께 드린다고 난지도를 찾아갔구나!' 마음이 아려 왔다. 그 이후부터는 내가 직접 하지 못하는 일을 학생들에게 하라고 하지 않으리라 결심했다.

이상양 전도사가 두 달 된 아들을 놓고 주님 나라로 갔지만, 나는 그 아들의 초대로 조촐한 파티에 참석한 적이 있다. 이 전도사의 아들 **이선배**는 아버지인 **이상양** 전도사를 생각하며 그때 망원동에서 같이 일하던 **기현두** 목사의 교통사고로부터의 회복과 이 전도사의 친구 **김기복** 목사의 은퇴 축하와 **이상양** 전도사의 장로회신학대학교 장한 동문상 수상을 기념하는 뜻에서 단출하지만 의미있는 파티를 열었다. **이선배**는 신실하게 주님을 모시고 경영자들의 컨설팅을 하다가 지금은 서울시청 공무원으로 외국인 방문을 돕고 있으며, 아들 둘과 딸 하나를 두었다.

이상양 전도사의 아내 **박영혜**는 가난한 지역 유아원 원장을 하다가 장로 은퇴 후 손자, 손녀들을 양육하며 많은 사람의 존경과 사랑을 받으며 기쁘게 지내고 있다. **이상양** 전도사의 기념회는 현재도 유지되고 있다.

이렇게 해서 하나님은 나에게 제자들을 통해 무한한 기쁨을 주시고 또 훈계하시면서 그들을 섬기도록 하셨다.

연예인교회

1970년대 중반, 한국 교회에는 새바람이 불어 왔다. 연예인들이 급작스러운 성령의 역사로 하나둘 변화를 받게 되는 놀라운 일이 일어난 것이다.

내 연구실에 자주 찾아오는 사람들이 있었다. 신학대학원 학생들을 가르칠 때도 있긴 했지만 나의 주 임무는 학부 학생들을 맡는 일이었다. 신대원 학생들 중에 온누리교회 **하용조** 목사, 소망교회 **김지철** 목사는 직접 가르치진 않았지만 잘 알고 있는 학생들이었다. 이들이 찾아와 아침마다 조용히 성경공부를 같이 하고 싶은데 장소가 변변치 않다고 했다.

나는 마포구 망원동에서 출근하기 때문에 광나루의 장로회신학대학교까지 한 시간 반이 걸렸다. 그래서 학교 측은 내 수업을 대부분 둘째 시간부터 배정했다. 이런 이유로 아침 시간에 연구실이 비어서 나는 그들에게 흔쾌히 연구실 열쇠를 맡겼다.

당시 나는 **하용조** 전도사의 형 **하용삼**을 숭실대학교 기독교교육과에서 가르치면서 **하용조** 전도사가 대학생일 때 만난 기억도 있었다. 그뿐 아니라 그의 어머니는 목포지방 여전도회 임원이라 대회 때 올라오셔서 몇 번 뵈었다. 어머니는 조용한 성격의 품위 있는 신앙 인격의 소유자로 내가 존경해 오던 터였다.

김지철 전도사와 **하용조** 전도사 두 사람은 모두 CCC(한국대학생선교회) **김준곤** 목사님의 제자들로 원래 복음에 대한 열정이 뜨거울 뿐 아니라 지성적인 인물들이어서 장래를 지켜보고 싶은 사람들이었다. 어느 날 하 전도사가 연구실에 들어와 고민스러운 일이 생겼다고 했다. "지금 학교 공부를 하면서 교육 전도사로 마포교회를 섬기고 있습니다. 영어공부를 해서 유학 준비도 해야 하는데 다른 일이 또 벌어졌습니다. **곽규석**(그 당시 일류 코미디언) 씨가 부도가 나서 낙심 중에 있다가 예수를 믿게 되면서 성경공부를 시작했습니다. 그런데 **구봉서** 씨와 **정훈희** 씨까지 우리 성경공부에 몰려오는데 안 할 수도 없고, 바쁘기는 하고…. 어떻게 해야 할지 결정하기가 어렵습니다."

나는 그 순간 이것은 성령의 놀라운 역사요, 크신 은혜라는 확신이 들었다. 걱정하지 말고 이것은 하나님의 섭리 안에서 이루어지는 것이니까 교육 전도사를 그만두고 이 일을 하는 것이 좋겠다고 하면서 생활비는 다른 방편으로 해볼 수 있을 것이라고 용기를 내라고 했다. 사실 나는 그의 말을 들으며 흥분했다. 그래서 **구봉서** 씨 댁에서 이뤄지고 있는 성경공부 시간에 한번 가 보았다. 10여 명이 모여 있었다.

다음 주일 내가 지도하던 영락교회 어머니 반에서 그 일을 이야기했다. "연예인들의 성경공부 붐이 일어났는데 그 일을 담당하던 하 전도사가 너무 바빠졌습니다. 그래서 내가 하 전도사에게 마포 교회 전도사 일을 그만두라고 했습니다. 우리 반에서 좀 도울 수 없을까요?" 하자 단번에 연보가 넘치게 나왔다. 하나님이 하신다는 생각에서 연예인 그룹장인 **곽규석** 씨와 영락교회 당회장 목사님이 회합을 하도록 자리를 마련했다. **곽규석** 씨는 당회장에게 1년만 보조해 주시면 우리가 책임지고 담당하겠으니 도와달라고 요청하자 우리 어머니 반에서 이미 기쁘게 작정이 되었다고 하여 일은 순탄히 이루어졌다. 나의 마음에 흥분과 감사가 그치지 않았다. 그런데 주일모임을 해야 하는데 장소가 없다고 했다. 망원동 판자촌 일을 늘 도와주시는 **모펫** 여사를 찾아가서 그 사정을 말씀드렸더니 우선 자기 집 뜰을 쓰면 어떻겠느냐고 했다.

하 전도사와 나는 기쁘게 주일예배를 시작했다. 그 다음 장소는 **한철아** 박사님이 시작하신 서대문에 위치한 아세아연합신학대학원의 아래층 한 방이었다. 그 즈음에는 벌써 모임의 규모가 꽤 커졌다. **고은아**, **김희숙**, **김유선**, **윤복희** 등 아주 이름 날리는 연예인들이 몰려왔다.

한번은 하 전도사가 남산에 있는 극장에서 누구를 만나 전도해야 하는데 같이 가자고 했다. 어떻게 전도를 하기에 이렇게 사람들을 끌어오는가 호기심이 생기기도 해서 따라갔다. 남산 극장에 도착해 보니 **강효실** 씨가 연습하다가 힘이 드는지 반쯤 누워서 하 전도사를 쳐다보며 담배를 피우고 있었다. 그는 별 흥미가 없다는 듯이 우리를 쳐다보고 있었다. 그의 태도는 확실히 악의 세력에 사로잡힌 모습이었다. 그 후에 나는 **강효실** 씨가 변한 모습을 보면서 참으로 놀라웠다. 완전히 다른 사람 같았다. 그는 연극처럼 울고, 웃으며 자기의 지나온 이야기를 남의 일처럼 쏟아 놓았다. 회개 과정을 길게 이야기하는 그의 모습을 보며, 살아계신 하나님의 역사를 뚜렷하게 확인할 수 있었다.

연예인들은 대부분 밤일을 하고 밤 2-3시에 귀가한다는 것을 나는 그때 알았다. 하 전도사는 낮에 학교생활하고, 성경공부 인도하는 것 외에도, 밤에 잠을 자야 할 때쯤이면 술에 취해 집에 들어온 연예인들의 전화에 잠도 못 자고 그들을 찾아가곤 했다. 그들은 하 전도사에게 전화를 걸어 내가 죽고 싶은데 좀 와서 봐 달라며 하 전도사를 불렀고 그는 밤을 새워 가며 심방을 하곤 했다.

어느 날 하 전도사가 학교 정문 앞에서 택시를 불러 타고 귀가하면서 "정말 피곤해요."라고 하는데 저러다가 병 나겠다고 속으로 걱정하면서도 "그럼 그만두고 쉬어라." 한마디 못한 채 무거운 마음으로 그냥 들어오고 말았다.

목포에 계신 하 전도사님의 부친 하 장로님은 나에게 전화를 걸어 하 전도사가 빨리 결혼하도록 도와달라고 하시면서 저녁에 여자 혼자 사는 집에 심방 다니곤 하는데 좀 봐달라고 하셨다. 그래서 저녁 심방에도 따라갔던 적이 있었다.

한철아 목사님 배려로 아세아연합신학교에 모이는 연예인 교회를 때때로 참석해 보면 참 재미있는 일이 많았다. 코미디언 곽 장로님의 코믹한 진행에 웃기도 하고, 설교를 들을 때 자기 마음에 맞는 말씀이 나오면 박수를 치는 초신자 때문에 웃기도 했다. 어떤 분은 부인 때문에 억지로 끌려와 앉아 있다가 머리를 숙이고 몰래 골프 연습을 하기도 했다. 교회가 끝나면 하 전도사의 셋방에 모여 라면을 끓여 먹었다. 부엌에서 일하는 사람은 늘 정해져 있었다. 다른 사람은 할 줄 모르는지 항상 윤복희 자매가 손수 다 했다.

한번은 한 예쁜 자매가 남편과 싸우고 아이를 데리고 하 전도사 집에 찾아왔다. 아이가 방에서 오줌을 싸면 재빨리 하 전도사가 걸레로 훔쳐 주는 것을 보면서 정말 결혼을 빨리 시켜야겠다는 생각이 들었다.

교회라고 해도 장로도, 권사도, 집사도 없으니 하 전도사가 안내하다가 올라가 예배 인도하고, 설교하고, 예배가 끝나면 그때 모두 택시를 잡는데 전도사가 택시까지 잡아주기를 기다리고 서 있기도 했다. 이것이 '연예인교회'의 특수성인가 보다 생각했다.

이제는 많이 부흥한 교회가 되었다. 그뿐 아니라 연예인들이 신

/ 하용조 목사와 그의 아들과 함께 런던에서(1980년대 초)

학을 하고 목회자로, 선교사로 진출해서 크게 활약하게 되었다. 하나님께서 연예인들을 통해 교회 부흥을 일으키시는 것을 보며 이것이 한국을 사랑하는 하나님의 특별한 증표라고 생각했다. 연예인들과 스포츠인들을 사용하셔서 전도하게 하시는 오묘하신 하나님 아버지의 손길은 우리나라에서만 볼 수 있는 현상이 아닐까?

역사 변화의 지렛대, 교육

1960년대와 1970년대에는 내게 여교역자 양성이라는 과제가 무겁게 지워졌다. 여교역자들이 교회에서 관심을 가져야 할 분야를 유아교육으로 정했다. 유아의 가정교육과 유치원 교육의 중요성을 강조하면서 장로회신학대학교에 부설 유치원을 두기로 하고 학생들에게 실습을 시키면서 교회 유치부 교육을 적극 권장하던 시기였다. 그때 졸업한 학생들 중에는 지금까지 유치원에서 원장을 하거나 유아교육을 가르치고 있는 사람들이 있다. 그들은 한국은 물론 미국에서도 유아교육을 담당하고 있다. 참으로 교육의 힘이란 놀라운 것이다.

내가 평양에서 중고등부를 가르칠 때도 가난하고 불쌍한 빈민들을 위한 의료사업의 중요성을 깊이 느끼고 있었다. 그런 영향 때문인지 당시 학생들 가운데 여러 명이 38선을 넘어와서 의사가 되거나 의료계 종사자가 되었다.

교육이란 역사 변혁의 지렛대 역할을 한다. 개인의 변화도 크지만 사회에 미치는 영향은 놀라운 힘을 갖고 있음을 살아갈수록 실감하게 된다.

기독교 중고등학교 학습지도방법 개발

1960년대 초에 미국에서 믿음의 동역자로 교제를 갖기 시작한 연세대학교 교육과 **오기형** 교수님 내외를 영락교회에서 자주 만나게 되었다. 오 교수님의 말씀이 미국 고등교육 연구소에서 실험연구 과제가 하나 왔는데, 이것을 계기로 중고등학교 성경교육 방법에 관한 연구를 하면 좋지 않겠느냐고 제안하셨다. 우리나라에는 감사하게도 중고등학교에서 성경을 가르치는 학교가 많아서 중고등학교 성경 교재가 많이 필요했다.

그렇지 않아도 당시 중고등학교 기독교교육의 중요성에 대해 실감하고 있었기에 그 연구에 한번 주력해 봐야겠다는 의지가 강하게 일어났다. 영락교회 장로님인 **오기형** 교수는 극히 복음적이며 애국자이신 가정 배경을 갖고 있었다. 특히 일반 교육을 하면서 인성교육을 중시하고 입시경쟁 위주의 교육을 반대하는 입장에 있었다.

나는 깊은 신뢰를 갖고 공동연구를 맡게 되었다. 오 교수님과 함께 기독교 중고등학교 9개 학교를(대광, 숭의, 숭실 기전 등) 중심으로 연구를 진행했다. 개념적인 신앙지식 위주의 교육이 아니라 내면적 변화의 효과를 거두기 위해 새로운 교육방법을 개발하여 시행하고자 했다.

중고등학교의 성경교육은 교목이 똑같은 내용을 6-7번 다른 교실에 가서 가르치거나 주입식 강의로 끝나기 때문에 학생들에게 어떤 감동이나 생활의 변화를 줄 수 없었다. 그런 성경교과 학습방법을 바꾸어 보자는 의도였다. 귀한 기회를 꼭 살려서 학생들의 신앙 성장에 도움을 줄 수 있는 방법을 개발해 보기로 했다.

한 학년에 6-7반을 합쳐서 ① 교과 내용 전달을 시청각 교제를 통해 한꺼번에 전달하면 된다. 그 나머지 시간은 ② 20명씩 소그룹으로 나누어 ③ 이미 전달된 내용을 갖고 각자가 나름대로 생각하고 생활에 적용해 보도록 하고 ④ 그룹 토의를 통하여 심화시키도록 했다. 교목들과 함께 깊이 있는 삶의 문제들을 놓고 서로 토의하고 나누는 등 자율적으로 진리를 캐내고 각자가 생활에 적용하도록 보다 발전된 학습방법을 연구했다.

통합 측 기독교 학교 9개교를 직접 방문하고 교사들과 의논하며 영상매체를 만들어 시도한 후에 각 학교에서 시행하도록 했다. 2-3년 지속했는데 효과는 컸다고 본다. 그러나 교목들이 교과서의 과마다 영상을 만드는 데 장시간의 노력이 필요했기에 그것을 지속하는 데 어려움이 있어서 계속하지 못하고 말았다. 교사들의 사명감 없이는 감당하기 힘든 작업이었다. 신앙교육은 교사의 불타는 열정과 비전이 있어야 하며 가르치는 기술만으로는 부족하다.

주간 성경학교

초등학교에서 중학교 입학시험 준비를 하던 시절이 있었다. 그 시험이 고등학교에서 대학 입학시험으로 넘어가게 되던 때의 이야기다. 정부의 방침에 따라 초등학생의 시험을 없애고 추첨제로 바뀌게 되었다. 그래서 아이들에게는 갑자기 자유 시간이 많아졌다.

나는 이런 초등학생들을 위해 영락교회 안에서 주간 성경학교 제도를 시도했다. 주일에 잠깐 이뤄지는 성경공부도 교사들이 주입식으로 하기 때문에 아이들의 신앙 성장을 도울 수가 없다. 나는 주간 성경학교가 넓은 공간과 많은 시간을 사용할 수 있는 좋은 기회라고 보았다. 이 시간을 살려 생명력 있는 학습, 즉 믿음과 생활이 합쳐진 학습이 가능하도록 시범 주간 성경학교를 시작했다.

영락교회 주간교사 양성

그때 나는 영락교회 교사 양성반을 맡아서 주일마다 150명의 교사들을 가르치고 있던 때였다. 그래서 시작하기가 그리 어렵지 않았다. 주간 성경학교를 위해 학생들과 주일학교 교사들이 매주에 한 번씩만 더 교회에 나와서 만나도록 하면 되었다.

아이들이 방과후 시간을 짜서 학년별로 성경을 공부하도록 했다. 아이들마다 한 주간에 방과후 한 번씩 나와서 3-4시간 정도

/ 1963년 영락교회 주간교사 양성

를 활동하면서 흥미로운 성경학습을 하도록 만들 수 있었다. 예를 들어 1학년은 월요일, 2학년은 화요일, 3학년은 수요일, 4학년은 목요일, 5학년은 금요일, 6학년은 토요일 등으로 나누어서 해당 학년 학생들과 교사가 교회에 나왔다.

학교가 끝나는 대로 바로 교회에 와서 마음껏 뛰어놀기도 하고 선생님들과 어울려 즐기면서 신앙과 생활을 경험하는 시간을 제공했다. 성경학습도 그림을 그리고 연극을 만들어 보거나 암송과 토론도 하면서 얼마든지 창의적인 방법을 사용할 수 있었다. 이런 학습을 한 학생들 중에는 목사가 된 사람도 있고 불신 가정의 부모들이 전부 돌아오는 경우도 있었다. 교사들도 목회자가 되고 선교사가 되는 사례가 많아 신앙성장에 효과적인 제도라고 생각한다. 이 프로그램을 위하여 한 사람의 교육 전도사가 책임지도록 했다.

그러나 세월이 흐르다 보니 대학입시 경쟁이 초등학생 때부터 시작됨에 따라 이 프로그램을 점차 지속할 수 없게 되었다. 그 프로그램이 중단된 것은 지금까지도 아쉬운 일로 남아 있다. 언젠가 다시 시작하는 날이 오기를 기도한다. 우리나라의 입시경쟁은 차세대에 신앙 유산을 넘겨주는 것은 물론이고 맑고 바른 사회를 만드는 일꾼 양성에도 큰 저해 요소가 되어 있다. 교회가 앞장서서 학부모 교육을 통해 올바른 인격 양성이 일류 대학 입학보다 더 중요함을 깨닫게 하여 입시경쟁을 없애는 날이 오도록 해야 한다. 나는 이것이 무엇보다 먼저 해야 할 화급한 문제라고 본다.

《복음의 삶》(청장년 신구약성경공부 교재)

초기 한국 교회는 성경공부 사경회를 통해 부흥하였다. 그래서 환난이 심한 역사 속에서도 꿋꿋이 신앙의 절개를 지켜 왔다. 이제 우리 사회는 급속한 경제발전을 이룩하면서 전통적 가치 체계가 무너지고 윤리와 도덕의식이 추락하는 단계에 이르렀다. 그러므로 교회는 다시 하나님의 말씀을 사랑하며 신앙의 기초를 바로 세워 올바른 가치관을 갖고 신앙과 생활의 조화를 이룰 수 있도록 노력해야 한다.

그런 의미에서 새 시대에 걸맞은 성경 교재의 필요성을 주장하는 사람들을 만나게 되었다. 그들과 함께 새로운 사회를 이끌어 갈 젊은 세대에 맞추어 서로 고민하며 토론할 수 있는 그룹형 성경공부 교재를 구상해 왔다. 여러 어른들을 찾아뵙고 의논하다가 총회 교육부가 중심이 되어 어른들을 위한 교재를 개발하기로 결정했다.

미래 산업사회를 책임질 청장년들이 모여서 스스로 읽고(觀察), 뜻을 생각하고(解釋), 현실생활에 적용(適用)할 방법을 찾음으로써 하나님의 뜻을 이루어 가는 데 도움을 주기 위해 만들어진 것이다.

내가 공부한 뉴욕성서신학교의 특징은 성서연구 방법론으로 유명한 곳이다. 즉 성경을 귀납적으로 연구하는 과목이 제일 많았다. 나도 처음에는 무척 힘들어 했던 과목이었지만 점차 흥미를 갖게 되었고, 우리의 다음 세대를 위해 꼭 이 방법을 한국에 소개해야겠다고 생각했다.

특히 우리 한국 교회는 신앙은 뜨겁고 기도는 많이 하는데 신앙과 생활에 조화를 이루지 못한 좀 기형적인 교인들이 많았기 때문이다. 이런 성경공부를 통해 새 시대 사람들이 신앙을 생활화하는 데 크게 영향을 미칠 것이라고 생각했다. 신학대학 학생들보다는 교육대학원과 신학대학원 학생들에게 이런 과목을 개설해 가르쳤는데 10명으로 시작한 것이 다음 학기에는 약 200명이나 신청해 곤란했던 기억이 있다.

이 교재를 통해 우리나라 교회에 성경공부 운동이 일어나기를 바라며 기도하면서 이 작업을 시작했다. 그래서 신대원에서 내가 지도하거나 성서학습지도 과목을 선택했던 사람들 몇몇을 청하여 이 무거운 사명을 같이 걸머지고 나가기로 하고 편집위원을 조직하였다.

김동호, 유영모, 정태일, 정영택, 서성환, 홍순화, 이대희, 김정서 등의 젊은 목사님들과 함께 연구 집필하기로 했다. 복음의 말씀이 우리의 삶 속에서 생활화되기 원하여 《복음의 삶》이라 이름 지었다. 이 학습방법은 새로운 것이어서 일반인에게 보급되기 위해서는 반드시 교사들을 위한 지도자 강습이 선행되어야 했다. 따라서 책이 발간된 뒤에 각 지방으로 다니며 강습회를 열었다. 그때 교사를 책임져 주기까지 수고하신 분들의 희생과 열정이 약 10년을 지탱했다. 점점 각자의 목회 분량이 늘어나면서 이 강습을 지속하지 못하고 보급이 중단된 것을 대단히 유감으로 생각한다. 나는 이 교재를 통해 현 한국 교회에 성경공부의 열기가 되살아나 말씀에 대한 갈급함을 풍성하게 채우는 기회가 다시 오기를 기도한다.

《복음의 삶》을 계획할 때부터 이 교재는 21세기 젊은이들과 장

/ 1991년 제1기 《복음의삶》 강습회

313

년들을 대상으로 만들어진 교재이므로 잠깐 중단되었다고 해도 다시 한 번 소생할 수 있을 것으로 믿는다. 이 교재를 이용한 교육 방법으로 아주 작은 농촌교회가 크게 부흥한 예가 있다. 바로 군산 응포교회가 그 좋은 예다.

농촌 교회에서의 강습회

내가 직접 삶으로 보여 주지 못하는 한, 학생들에게 험한 곳에 가라고 권하지 않으리라고 했지만 그 결심도 잠깐, 학생들과 이야기하다 보면 교회를 향한 열정이 북받쳐 "왜 농촌 교회는 안 가려고 하는가!"라고 말하기 일쑤였다.

학생들은 "교수님 여기 농촌에 와서 고생스럽지만 집회를 해 주십시오" 또는 "여름 교사강습을 해 주십시오", "교수님 말씀 듣고 이곳 섬에 목회하러 왔습니다."라고 소식을 전해 왔다. 나는 약속한 것이니까 때때로 찾아갔다. 말하기보다 실천하기는 정말 어렵다.

겨울에 농촌 교회에 가면 눈이 산처럼 왔다. 소여물을 끓이는 빈방에 갑자기 군불을 때서 덥혀 주는데 그 방에서 자면 방바닥은 뜨겁고 코는 시렸다. 새벽기도회 때는 드럼통에 장작불을 때는데 솔가지가 잘 마르지 않아서 연기가 온방에 가득하여 눈이 쓰리고 목이 아팠다. 밥상 메뉴도 똑같아서 참 어려웠다. 어떤 농촌에 가서 교사강습을 할 때는 마실 물과 세수할 물밖에 없을 정도로 물이 부족해 애를 먹기도 했다. 한번은 교회에 딸린 방을 숙소로 내어 주었는데 수백 명이 밤에 화장실을 다니는 소리에 잠을 잘 수가 없었다. '내가 너무 호사하고 있었구나.' 하고 죄송한 마음으로 참았지만 모든 일이 끝나고 도시로 나오면 '아! 이제 좀 살겠다.' 싶은 생각이 들었다.

한편으로 생각하면 우리 학생들이 너무 애처로웠다. 그러나 교육은 실천으로 가르쳐야 한다는 나의 신념에는 변함이 없었다. 그래서 나는 학생들의 실습을 중요하게 여겨 왔다. 실습 학점을 두고 여름방학에는 반드시 2주간 기독교 기관이나 산업 기관 또는 선교 기관에 가서 실습을 하도록 정하고, 실습 보고서와 해당 기관 평가서를 받아오도록 했다. 때로는 소그룹으로 팀을 짜서 나와 함께 직접 나가기도 했다.

한창 울산이 개발되던 때였다. 울산과 가까운 시골 동네를 정해서 학생들을 데리고 가서 여름 성경학교를 열었다. 농촌교회 경험을 위해서였다. 교회학교는 작고, 교사는 중학생이고, 부장은 처녀 집사 선생이었다. 나는 그 교회 여전도회 회원들의 이야기를 지금도 기억한다.

"선생님! 우리는 보릿고개를 넘기면서 밥도 못 먹었지만 그것은 지낼 만해요. 그런데 영의 양식도 이렇게 못 먹고 살아야 합니까? 도시에서는 육신도 영혼도 다 풍부한데 말입니다. 교역자가 오시면 또 떠나갈까 봐 정성껏 모십니다. 그런데 교회가 좀 부흥하려고 하면 또 도시로 가 버리곤 합니다."

그들의 말이 생각날 때마다 마음이 찡하게 아파 온다.

지리산 전도여행

한번은 지리산으로 전도여행을 가기로 정했다. 대학부 학생들과 신대원 학생들을 합해서 40여 명이 자원하여 팀을 만들었다. 시골에 도착하니 학부생들이 "교수님, 무서워요"라며 하소연했다. 그도 그럴 것이 대학 입학시험에만 매달리다 대학에 온 학생들이니 시골생활은 처음일 수밖에 없었다.

기차에서 내려 산골로 들어가면서 15개 마을을 정해 놓고, 3-4명씩 떨어뜨리면 마을회관 같은 곳에서 숙식을 해결하며 농촌 사람들의 일을 도우면서 전도하도록 계획했다. 아는 사람도 전혀 없고, 더구나 마을마다 기독교인이라고는 찾아볼 수도 없는 곳이었다. 그때 지리산에는 기독교인이 거의 없다고 들었다. 정말 교회가 한 곳도 없었다.

그때만 해도 산골이라 흙투성이 길을 다 낡은 봉고차로 다니던 때였다. 3박 4일을 위해 정말 하나님께 많이 기도하고 시작한 일이었다. 가을 추수를 하는데 여학생들이 타월 수건을 머리에 쓰니 제법 농부처럼 보였다. 그들은 타작마당에서 먼지를 뒤집어쓰면서 일을 도왔다. 자기들끼리 자취를 하면서 불평 없이 봉사한다는 것이 쉽지는 않았을 것이다. 나는 15개 마을 중에 14군데를 다니며 격려했다. 산골 끝 마을은 미처 가지도 못했다.

열네 번째 마을에 들렀을 때는 그 마을 사람들과 대화하며 몇 시간 머물렀다. 그들의 말에 따르면 기독교는 잘 모르는데 몇 년 전부터 수녀 두 사람이 와서 살고 있었다. 그들은 무엇을 하느냐고 물었더니 농사도 하지만 주로 약 같은 것을 갖다주기도 하고 사람들을 많이 도와준다고 했다. 직접 만나 보지는 못했지만 천주교 수녀들을 존경하게 되면서 '우리도 그들 같은 사역을 하면서 전도할 수는 없을까?' 생각해 보았다.

특히 신앙 학습은 경험을 통해 온전해지기 때문에 나는 실습을 하도록 학생들에게 권해 왔다. 나는 지금도 북방 선교나 세계 선교도 강의 시간과 맞물려 실천해 볼 수 있도록 해야 한다고 주장하고 있다. 기독교교육과 졸업생들이 목회 현장과 변화되어 가는 사회 속에서 창의적인 면을 비교적 많이 보여주고 있어서 흐뭇할 때가 있다.

아마도 내가 공부할 때 경험주의 교육을 많이 받은 탓이기도 하지만 하나님께서 내 생애 굽이굽이마다 특수한 경험들을 통해 나를 훈련시키셨기 때문인 것 같다. 나는 그 고된 훈련이 있었기에 오늘의 내가 있다고 생각하며 감사하고 있다.

기독교교육을 좀 더 깊이 있게 한 분야에 집중해 보고자 하는 마음은 있었지만 여러 가지 일을 벌여놓고 시간에 쫓기다가 그만 정년퇴직을 하고 말았다. 그때 제자들이 조직한 지리산 선교동지회는 지금도 모임을 갖고 서로 은혜와 정보를 나누며 기도하는 모임을 갖는데 지금은 교회 수와 교인 수가 퍽 많이 증가되었다.

나는 여러 번 지리산을 방문했는데 언젠가 지리산 선교동지 회원 목사님이 하시는 말이, 여기 지리산에 묻히고 싶은데 노후가 걱정 된다고 했다. 그래서 어느 산을 좀 사서 호두나무가 자라는 동안 사역을 하고 노후에는 호두 생산으로 생활할 수 있지 않을까

하고 생각을 말했다. 나는 땅값을 물어보았다. 별로 어려울 것이 없을 것 같았고, 나도 좀 내고 영락교회 어머니 반에서 전도비를 좀 내면 가능하리라 생각되어 그만 계약을 해 버렸다. 지금은 큰 수확은 없지만 어떤 전도사가 관리하고 있다고 한다.

/ 1995년 지리산 선교동지회 교회 금요구역예배 후 교인들과 함께

지리산 가나머루농장수도원

2011년에는 5만 평 되는 조그만 수도원을 지었다. 그 지역 교역자들이 영적 훈련을 쌓아가는 '가나머루농장수도원'이 언덕 위에 아름답게 세워진 것이다. **손은경** 목사를 중심으로 활동하고 있는 '예수 자매회'의 지원으로 가능했다. 학생들과 지리산 전도를 갔다가 온 이후 꽤 많은 학생들이 지리산에 교회를 세우게 되어 확실한 숫자는 모르지만 지금은 30곳 이상이 되었다. 그때부터 시

작해서 선교사 훈련 겸 개척교회를 하기도 하고 농촌 목회를 꿈꾸던 열심쟁이들이 손수 벽돌을 쌓고 시멘트를 바르며 교회를 짓기도 했다.

손은경 목사는 이화여자대학과 신대원을 졸업하고 목회학 박사 학위까지 소유한 유능한 여성 목사다. 나와 함께 '한국목회지원회'를 시작하고 수서의 서민 아파트 동네에 교회를 개척했다. 소망교회에서 10년 가까이 목회 상담부를 맡아 왔다. 여성 목회자로서 후배들을 위해 일자리를 많이 맡겨 훈련시키는 행정 능력이 탁월했다. 캄보디아에 한국인 선교사라고는 한 사람밖에 없을 때, 캄보디아 청소년 기술학교를 세우는 일까지 함께했던 친구다.

손은경 목사는 그 땅을 가서 보더니 기쁘게 해보겠다고 했다. 아무 보상도 없이 덜컥 내어주는 **이석주** 목사도 훌륭했지만 주저함 없이 받아서 해보겠다는 손 목사의 신앙적 용기도 대단해 보였다. **이석주** 목사는 사실 나에게 맡아 달라는 뜻이었지만 나는 그때 맡을 용기가 나지 않았다. 손 목사는 나보다 훨씬 통이 큰 사람이었다. 나는 항상 농담 반 진담 반으로 "우리 총장님 감"이라고 했다.

한국목회지원회를 같이 시작한 장로교 총회장으로 존경받던 **임택진** 목사님은 항상 "우리야 뭐, 그저 손 목사에게 업혀 다니지요." 하셨다. 임 목사님은 구수한 이북 말씨로 그렇게 칭찬을 하시곤 했다. 좀 문제가 있던 땅이었지만 손 목사의 손에서 모두 해결되고 지금은 아름다운 머루농장을 만들어 소망교회 여성들, 특히 '예수 자매회'라는 이름을 가진 봉사 그룹을 통해 봄이면 유실수를 심고 여름에는 채소들을 가꾸면서 자매들이 기도와 휴식을 할 수 있는 아름다운 동산으로 꾸며 놓았다.

지금은 나라가 어려운 만큼 이 수도원을 나라를 위해 기도하는 장소요, 경건한 생활을 훈련하는 귀하고 아름다운 곳으로 만들어 그 지역 지도자들과 서울 사람들에게까지 소중한 호렙산이 되고 있다.

7부

정년퇴직을 하며

신학생들을 섬겨라!

23년 긴 세월 동안 장로회신학대학교에 봉직하면서 새벽마다 몸이 많이 아프지만 않으면 새벽기도회에 빠짐없이 나가 기도할 수 있도록 하나님은 나에게 건강의 축복을 주셨다. 90세가 가까워 오면서 약간의 협심증으로 몹시 추운 날은 삼가라는 의사의 경고가 있어서 순종하려고 했지만 여하튼 기도는 내 삶의 심장과 같다. 뉴욕성서신학교에서 체험한 대로 눈뜨고 기도하는 습관은 놓지 않으려고 노력하고 있다.

어떤 때는 학교에서 학생들의 데모 때문에 마음 아프기도 했지만, 한편으로 학생들의 배척을 받아 벽보에 "주 교수 나가라!"고 하는 일이 생기면 어떻게 하나 하는 공포심도 없지 않았다. 그 당시 기도 중에 하나님께서 "왜 학생들을 두려워하느냐? 장로회신학대학교 학생들은 너의 가르침의 대상이 아니라 섬김의 대상이 아니냐?"하고 말씀하셨다. 나는 "맞습니다. 주님이 섬기러 왔다고 하셨지요. 나도 이들을 섬기겠습니다. 내일이라도 나가라면 나가고, 있으라면 종으로 섬기겠습니다. 나는 종들의 종입니다."라고 약속했다.

그 후부터는 학교가 나에겐 에덴동산처럼 즐겁고 평안했다. 비록 데모는 계속되었어도 말이다. 학부 학생들이 그렇게 귀여워 보이고 신대원 학생들에게 '장하다'고 공연히 칭찬하고 싶은 마음이 들었다. 청소하는 아주머니들이 다시 보였다. "아주머니, 여기서 일하신 지 몇 년 되셨지요?" 말을 건네며 가정 사정을 묻고 싶고 공연히 '요새 어디 좀 아픈가? 무슨 좋은 일이 있는가?' 등 자꾸만 관심이 갔다.

학교생활이 더 즐거워졌다. 끝날 때가 가까워 오니 더욱 아쉬웠다. 한때는 빨리 그만두고 장바구니 들고 슬슬 시장이나 다니면서 살면 얼마나 좋을까 하는 생각도 해보았다. 추운 겨울날 그때는 우리 학교가 난방이 변변치 않아 떨며 다녔다. 집에 돌아와 따뜻한 온돌방에 앉아 저녁을 먹고 나면 얼었던 몸이 녹으면서 더 앉아 있고 싶어졌다. 그러나 교회에 또 강의를 나가야 했다. 무거운 다리를 일으켜 세우고 책가방을 들고 거리로 나왔다. 길가에서 차가운 바닥에 앉아 있는 사람을 보며, 하나님께서는 내게 말씀하시는 것 같았다.

"너는 저 사람과 뭐가 달라서 배불리 먹고 책가방 들고 교회로 가고 있는 것이냐?"

"모든 것이 하나님의 은총입니다. 저 역시 저들과 하나도 다를 것 없는 사람입니다. 축복을 받은 내가 불평을 터트렸습니다. 저의 죄를 용서하옵소서."

눈물을 흘리며 교회를 향해 갔던 기억이 난다. 23년의 세월은 길고도 짧게 지나갔다. 은퇴! 1989년에 정년퇴직을 한다는 것은 알고 있었지만 도저히 실감이 나지 않았다. 그때는 강당이 없어서 강의실 몇 개를 합친 곳을 강당으로 썼다. 퇴임 감사예배에는 나를 키우고 평생 기도로 뒷받침해 주신 어머니와 남편 그리고 자녀들이 참석했다.

내가 감사의 답사를 하려는데 장로회신학대학교에서 나의 생을 보내게 하신 하나님의 크신 은혜에 눈물이 앞을 가렸다. 하염없이 쏟아지는 눈물을 억제하느라 애먹었다. 예배 후에 기독교교육과 학생들이 미리 마련해 놓은 깜짝 파티가 있었다. 또 꽃으로 예쁘게 만든 화환도 씌워 주었다. 그들 덕분에 사랑이 넘치는 행사가 되었다.

/ 1989년 교수 은퇴식에서 가족들과 함께

/ 1989년 당시 장로회신학대학교 교수들과 함께

며칠 후에 내가 오랫동안 살아 오던 연구실을 정리하고 내 차에 짐을 실은 뒤 마지막으로 빈 방을 휙 둘러보는 순간, '이제 정말 떠나는구나.' 눈물이 핑 돌면서 그제야 실감이 났다. 다음 순간 "하나님 너무너무 고맙습니다. 일평생 이런 영광스러운 자리에 있게 해 주시고 무사히 끝나게 해 주심에 감사드립니다." 눈시울에 맺혔던 눈물방울이 더 뜨거운 감사의 눈물로 변해 있었다. "감사합니다! 감사합니다! 하나님!" 빈 연구실처럼 내 마음도 텅 빈 느낌이 들었다.

영락교회 상담봉사

그동안 영락교회 권사로 어머니 교실과 교사 양성부를 가르쳐 왔다. 그러나 '내가 더 봉사할 수 있는 것이 있을 것이다'라고 생각하던 중에 내가 상담 전문가는 아니지만 목회자와 목회자 사모 그리고 여전도사님들이 고통스러운 문제가 있을 때 마땅히 찾아가 의논할 곳이 없다는 것이 떠올랐다. 내가 속해 있는 영락교회에는 결혼상담, 법률상담, 청소년 신앙상담, 직업상담은 있지만 교역자 사모와 여전도사들을 위한 상담 분야가 없었다. 상담을 맡으신 목사님께 내가 신학생들을 장기간 가르친 경험으로 한번 맡아 보겠다고 말씀드렸다. 그래서 매주 목요일마다 상담실에 나갔다. 처음에는 내담자가 별로 없었으나 날이 갈수록 숫자가 느는데 대개가 전화 상담이었다. 전화 상담을 원하고 직접 내담은 별로 없었다.

예를 들면 갑작스럽게 신학을 하고 목회를 하는 남편 때문에 못마땅한 사모, 남편이 신앙이 없어서 당구만 치러 다니고 있으니 걱정스럽다는 사모, 남편이 의부증에 걸려서 이혼해야겠다는 사모 등 심각한 문제들이 터져 나왔다. 시작하면 두세 시간 남짓 전화를 하며 울기도 했다.

목회자 사모상담

이 일이 계기가 되어 교역자 가정문제를 예방하는 차원에서 목사 부인들을 위해 사모 성경반을 조직해서 매주 월요일에 모이기로 했다. 7-8명이 계속 와서 마음을 열고 이야기하도록 인간관계 훈련을 곁들였다. 즉 그전에 개발한 성경 교재《복음의 삶》을 가

/ 영락교회 목회자 사모 그룹상담

지고 공부하며 즐거운 교제의 시간을 통해 자연스럽게 스스로 문제들을 해결해 가도록 이끌었다. 때로는 야외에 나가기도 했다. 사모라는 직분상 폐쇄적이 되기 쉬운 결점을 보완하고 좀더 개방적인 관계를 형성할 수 있도록 많은 토의와 나눔의 시간을 가지며 성경공부를 했다.

이런 경험을 통해 정말 교회가 살려면 교역자 가정이 먼저 건전해져야 한다는 신념이 생겼다. 교역자들의 영성을 살리고 정신건강도 관리하게 할 수는 없을까 생각하게 되었다.

사단법인 한국목회지원회

나는 **손은경** 목사와 격의 없이 이 문제를 놓고 상의하며 기도해 보기로 했다. 얼마 후에 손 목사가 하는 말이 자기 오빠인 **손신철** 목사님이 스웨덴에 선교사로 있을 때, 그곳 목사들은 서로 만날 수 있는 장소가 있어서 쉬기도 하고 서로 마음을 터놓고 이야기도 나눈다고 했다. 또 상담할 수 있도록 네트워크도 잘 되어 있고 이 네트워크를 통해 많은 도움을 받는다고도 했다. 우리나라도 이렇게 교역자들을 도울 수 있어야 한다는 데 뜻을 모았다.

긍정적이고 적극적인 **손은경** 목사는 결국 '목회지원센터'라는 이름으로 조직을 만들었다. 교회에 조금이라도 유익을 드리려는 마음이 합쳐진 것이다. 그것이 1993년 2월의 일이다.

그리고 나서 교계의 원로이신 **임택진** 목사님과 **오병수** 목사님을 고문으로 모시기로 했다. 어떤 모습으로든지 목회자들을 돕는 상담은 물론, 물질적으로도 도울 수 있으면 돕자고 했다. 이 기관을 사단법인으로 만들어야 한다고 해서 알아본 결과 그리 많은 돈을 안 들여도 할 수 있다고 하여 사단법인 인가를 받았다. 한국목회지원회 공동 대표로 **임택진** 목사와 **손은경** 목사 그리고 내 이름을 올렸다.

캄보디아 기술학교

이 일을 시작하던 즈음 캄보디아에 버려진 고아들, 즉 킬링필드에서 부모를 잃은 고아들에게 기술을 가르쳐 주면 독립해 살 수 있으니 그들의 교육을 부탁한다는 정부의 요청에 따라 캄보디아 선교사업을 시작하게 되었다.

캄보디아를 찾아가 보니 1995년 공산 혁명으로 몇 백만 명이 죽은 이곳에 교회라고는 하나도 없었다. 교회 흔적이 꼭 한 곳 있었는데 프랑스인들이 점령했을 당시 지었던 건물이었다. 거기를 들여다보니 휘장 같은 것으로 몇몇 칸을 만들고 거기에서 고아들이 살림을 하고 있었다. 선교사라고는 우리 장신대 졸업생 **서병도** 목사 한 사람뿐이었다. 가난하기는 이루 말할 수 없었다.

공항에 내리자 "원 달라. 원 달라." 하며 아이들이 달려들었다. 누더기를 입은 아주머니 그리고 눈먼 아저씨와 다리 잘린 할아버지들. 보이는 곳마다 마음을 아프게 하는 광경뿐이었다. 또 유난

/ 캄보디아 고아원 방문

히 뱀을 조각한 장식이 눈에 띄었다.

이 버려진 땅을 구해야겠다는 생각이 간절했다. 우리나라도 겪었던 1950년대 공산당들의 잔인함을 다시 기억나게 해 주었다. 어린 애들을 총으로 쏘기도 아까워서 나무에 대고 메쳐서 죽여 웅덩이에 쓸어 넣었다는 곳에 서서 그 이야기를 듣는 순간 나는 갑자기 다리에 힘이 빠지면서 넘어질 뻔했다.

어느 날 밤에는 여러 차례 총성이 들려서 아주 불안했다. 지금은 '목회지원' 사역으로 많은 일들이 시작되었을 뿐 아니라 캄보디아가 급속한 발전을 이루게 되었다. 수백 명의 선교사들이 가서 열심히 선교를 하고 학교를 세우고 있다. 우리의 청소년 기술학교는 정부가 기술자 자격증을 주는 공립학교로 컴퓨터반, 영어반, 한국어반, 미용반, 음악반, 요리반이 있다. 1년에 수백 명씩 졸업을 시키고 곳곳에서 중요한 직책을 맡아 일하고 있는 인기 있는 학교가 되었다. 지금은 복음 전도에 열을 올리고 있는 한편 선교사들의 사택과 꼬마

/ 캄보디아 청소년 기술학교가 정부인가를 받고 있는 모습(1997년 경)

비전센터, 끄랑돈데이 교회도 점차 부흥하고 있어서 본부 사무실에서의 중보기도가 점점 중요해지고 있다.

20년 가까이 소망교회 권사님들이 '예수 자매회'라는 이름으로 모여 기도와 물질로 이 선교사업을 적극적으로 돕고 있고 하나님께서 축복하셔서 이 일들이 날마다 확장되고 있다. 내가 이사장이라는 직함을 갖고 있으나 요즘은 여행이 자유롭지 못해서 후임을 세우고 후퇴할 예정이다.

여성안수 문제

1970년대에서 1980년대로 넘어오던 시기는 내가 고민을 많이 하던 때였다. 왜냐하면 복음주의적 신앙에 기초한 기독교교육이 한동안 해방신학의 영향을 받게 된 때문이었다. 그뿐 아니라 교회 여성지도자들도 여성해방을 절규하는 것이 유행처럼 되었다.

학생들의 민주화 운동과 맞물리면서 복음주의 신학의 설자리가 모두 사라지는 것 같았다. 게다가 학교에서는 학생들이 MT를 하면서 계속 데모를 하고 좌경 세력이 모든 규범을 뒤집는 듯했다. 정치적 사회적으로 불안정이 계속되는 중에 여성안수 문제가 다시 교회 안에서 거론되기 시작했다.

1933년 함남 지방을 중심으로 여전도회가 활발하게 성장하면서 교회 발전을 위하여 여성이 지도적 위치에 있어야 한다는 인식 아래 제22회 대한예수교장로회 총회에 여장로제도 청원을 제출한 바 있었다. 그러나 기각되었고 우리나라 광복 후에 계속하여 여전도회 연합회가 총회에 청원했다.

계속 기각되다가 1959년 44회 총회에서는 이전에 없던 권사직을 평생직으로 하는 제도가 허용되었다. 여성안수 문제를 계속 총회에 제출했지만, 연구한다는 이유로 번번이 뒤로 밀려나곤 하면서 60년의 세월이 흘렀다.

특히 우리 통합 측 장로교회에서 여성안수 문제로 신학교 여학생들이 많이 흥분되어 있었다. 나는 그 의견에 찬동은 하지만 조용하고 합리적인 방법으로 하기를 권했다. 나의 주장은 입으로 떠들 것이 아니라 실력을 더 향상시키고 때를 기다리는 것이 더 효과적이라는 것이었다. 그러나 그들은 피켓을 들고 총회로 나갔고 이에 내 마음이 편치 않았다.

나의 소극적 태도를 못마땅하게 여기는 사람들이 점점 많아지는 듯했다. 나는 나에게 항의하는 학생들에게 "건전한 인격과 조용한 방법이 여성안수 문제 해결을 더 쉽게 할 수 있을 것"이라고 이야기했다. "우리 학교를 보라. 어느 신학교에 여자 교수의 숫자가 더 많은가 살펴보라. 기독교장로교, 감리교는 안수 문제가 다 해결되었지만 그곳의 여자 교수 숫자와 우리 장로회신학대학교의 여자 교수 숫자를 비교해 보라." 우리 학교는 다른 어느 신학교보다 여자 교수가 많았다. 조용히 기다리면 우리 여성들에게 자리를 더 주게 되는 것이 남성들의 심리라고 일러 주었다.

마침내 1994년 예수교장로회 총회에서 여성안수 건이 통과되었다. 1996년에 비로소 여성안수가 실시되기 시작했다. 그리고 여성안수 20주년이 되던 해인 2014년 총회 새벽기도회 시간에 여성안수 기념 예배를 드렸다. 나는 그 예배에서 설교를 했다. 이것은 총회가 시작된 이후 총회석상에서 이루어진 첫 여성 설교였다. 나 스스로 무척 영광스러웠고, 하나님께 감사를 드렸다.

1961년 농촌여교역자 강습회

나는 여전도회 전국연합회 회장이 되면서 여성지도력 개발이 우선되어야 한다는 생각에 여교역자들에게 더 많은 관심을 갖게 되었다. 그래서 여름방학을 이용해서 농어촌에서 수고하고 있는 여교역자들을 초청해서 여전도회 전국연합회 주최로 대전 농민학원에서 농촌여교역자 강습회를 개최하게 되었다.

그 농민학원은 오랫동안 미국에서 살다가 가난한 농민들을 도와 우리나라 복음화와 농촌의 발전을 위해 귀국하신 **배민수** 박사님 내외분이 자기 재산을 털어 설립한 기관이었다. 여전도회 전국연합회도 예산이 적어 그들의 도움을 받기로 하고 '예수와 함께 살자'는 주제로 10일간의 강습회를 열었다.

40명이 모였는데 그들 중에는 해진 치마를 입은 사람도 있었고, 영양이 부족해 보이는 사람들도 있었다. 그때 회원들과 함께 각 여교역자에게 닭 반 마리씩을 점심으로 기쁘게 대접했던 기억이 새롭다.

장신대에서 여교역자를 양성하면서 본 것과 마찬가지로 농어촌 여교역자들 역시 가장 헌신적인 사역을 하는데도 불구하고 경제적으로 너무 어렵고 외로운 길을 걷고 있었다. 나는 그들을 격려하고 싶은 마음에서 다음과 같은 강연을 하였다.

…개교회 사정과 여전도사의 역량에 따라 그 사역 분야는 더 넓어지기도 하고 좁아지기도 하는 것이 사실이다. 교사로서 뚜렷이 사역하는 전도사가 있는가 하면, 어떤 경우에는 단순한 심방 내지 심부름꾼으로 전화 없는 장로나 집사 댁 심부름이나 하고 교회 출석에 게으른 교인들에 대한 정보 수집, 혼인, 장례식 뒷심부름 정도를 하는 봉사자들도 있다. 교회에서의 위치가 고정되어 있지 않고, 그들의 사회적 지위가 고정되어 있지 않다.

서구에서의 여성 목사는 교구 전체의 종교적 행정가이며, 미국 종교 교육지도자(DRE)는 교사로서의 사회적 대우를 받기 마련이다. 그러나 한국 여교역자의 고유한 점을 이런 넋두리로 표현할 수만은 없다. 우리는 세계에 내어 놓고 자랑할 만한 여성들이다. 그럼에도 여전도사라고 하면 누구나 전근대적인 여인상을 상기하게끔 되었다. 이 책임은 여교역자 자신들에게 있다기보다 교회 지도자들에게 있다고 보아야 할 것이다. 여교역자 제도에 관한 연구 및 개선과 동시에 그 양성에 새로운 반성이 요청된다고 하겠다. 목사의 직능과 한계를 명확히 하여 보다 진취적이고 창의적인 봉사를 할 수 있게끔 상부 기관에서 규정하여 주기를 바라는 바이다.

이제 교회가 정신 차려 진리의 빛을 이 사회에 던져 주지 못한다면 변모된 사회는 완전히 세속주의적인 양상으로 나타나게 될 것이다. 이런 비극이 벌어지기 전에 교회는 각성하여 새로운 역사 창조의 역군을 배출해야만 하겠다. 고로 여교역자의 시대적 임무는 얼마나 중차대한 것인지 형언하기조차 어렵다. 아무래도 어떤 혁신적인 체제와 기능과 영력을 갖추어야 하지 않을까 한다. 새로운 여교역자 상은 역동적인 생명의 소유자로 시대 변화에 예민해야 하며, 창의성 있는 봉사자로서 자아성찰을 도모할 줄 아는 사람이 요구된다. – 이순례,《전국 여교역자 20년사》118쪽

이날 강연내용이 여교역자들 사이에서 더러 거론되기도 했으나, 일찍이 자신의 안일이나 명예를 포기해 버렸고 숱한 고난을 겪으면서도 자기주장 없이 살아 왔던 그들이었으므로 그저 체념한 듯이 조용하기만 했다. 교회 안에서는 애매한 위치이면서도

자아성장을 위해서는 책 읽을 시간조차 없을 만큼 고된 일과를 보내는 여교역자들은 자신들도 모르는 사이에 전반적으로 보수적이고 순종적인 여인들이 되어 있었다. 그들의 사고방식은 깊은 좌절이 그대로 습관이 되어 진취적인 생각은 두려운 마음으로 나타나기도 하였다. 더구나 그것을 행동으로 이어갈 생각은 엄두도 내지 못하는 형편이었다.

YWCA에서 최초 초교파 여교역자들의 집회

한국 초기 교회의 어둡던 시대에 하나님의 폭발적인 은혜로 시작된 여교역자들의 활동은 한국 교회와 사회 발전에 지대한 공헌을 하였다. 그들이 갖고 있는 잠재력을 생각하면서 어떻게든 지금의 여교역자들의 의식을 깨워야겠다는 생각이 간절하였다. 그래서 내가 YWCA 프로그램 위원장으로 있으면서 교회와 YWCA 운동이 가깝게 유대를 맺는 기회도 될 것 같아 초교파적으로 여전도사들을 초대하여 간담회를 갖기로 하였다.

여전도사들이 자유롭게 발언하고 토의하도록 하기 위해 그들에게 가장 어려운 문제가 무엇이냐고 질문했다. 그들은 늘 말을 삼가는 데 익숙해서인지 말문을 열지 않았다. 겨우 각자 자기들의 고충을 조금씩 이야기하기 시작했다.

한참 이야기하더니 이런 말이 우리 교회나 목사님들에게 들어가면 큰일난다고 두려워 말을 못하겠다고 했다. 그래서 나는 문

을 다시 닫으며 우리끼리 얘기하고 밖에 나가서 말하지 않기로
하자고 하면서 처음으로 서로 사귀며 논의 형식으로 모임을 가져
보았다.

그때 나는 이런 말을 했다. "이발사도 이발사협회가 있고 버스
차장도 버스차장협의회가 있는데, 왜 지도자인 여전도사들은 같
이 화합하여 협회 하나도 만들 수 없는가. 이런 협회를 통해 우리
의 문제를 해결하기도 하고 지도자로서의 발전을 도모해야 할 것
이 아닌가." 농어촌 여교역자 강습회는 그 뒤 '전국 여교역자 수
련회'라는 이름으로 변경되어 여전도회 전국연합회 교육부 주최
로 해마다 개최되고 있다. 그러나 작은 수에 불과했고 전도사들끼
리도 누가 어디에서 시무하는지조차 파악되지 않고 있었다. 이런
모임들이 계속되면서 결국 전국여교역자연합회 창립의 동기가 된
것은 사실이다.

예장 전국여교역자연합회 창립총회

1973년 8월 우리 장로회신학대학교에서 전국여교역자연합회
창립총회가 열렸다. 참석 인원은 55명이었다. 회장은 **양효숙** 전도
사였다. 이 분은 평양 출신으로 연동교회와 영암교회에서 시무하
셨고, 독신으로 안식관에 계시면서 후배들을 위해 많은 노력을
아끼지 않으시다가 2012년 하늘나라로 가셨다. **이연옥** 회장과 함
께 나는 자문위원이 되었다. 창립총회에서 정한 회의 목적은 다

음과 같았다.

   1. 주님의 지상 명령인 복음 선교에 전력한다.

   2. 회원의 지위 및 자질 향상을 위해 배우며 사귀는 일에 전력한다.

   3. 교회와 사회를 섬기며 회원의 복지를 위해 연구하고 추진한다.

창립과 함께 전국적으로 각 지회들이 창립의 새로운 역사를 기록하며 억눌렸던 숨을 내뿜기 시작했다. 그리고 2017년 현재, 회원 수가 3천여 명에 달하며, 그중에 2,100여 명이 목사 안수를 받았고 1,500명 정도의 여전도사가 있다. 소원하던 목사 및 장로 안수는 허용되었으나, 여교역자들의 역량을 한국 교회가 원만히 활용하지 못하고 있어서 역할 분담이 정착되어야 하는 과제를 안고 있다.

여교역자 안식관

내가 잠시나마 미국 유학을 할 때나, 신학교와 여전도회 회장 일을 했을 때, 아니 장로회신학대학교 학생 시절부터 나를 사랑하고 아껴 주었던 믿음의 동역자들의 기도와 후원의 공은 말할 수 없이 컸다. 내가 유학생활에서 힘들고 어려웠을 때 우리 기도 동역자들의 중보기도 소리가 들리는 것만 같았다.

1950년대 초부터 우리 신학교 여자 졸업생들은 대개 결혼을 안 했거나 결혼을 했었어도 혼자되거나 자식이 없는 사람들이 대부분이었다. 또한 북한에서 온 사람들도 많았다. 여전도사 직분이란 교회 안에서도 매번 다른 노회로 이동할 때마다 다시 시험을 치러야 하는 대단히 불안정한 임시직이었다. 병이 들거나 노후에 거동이 불편해질 때에는 갈 곳이 전혀 없는 사람들이었다. 그래서 자구책을 마련해야겠다는 생각에서 여교역자들이 '성지회'(聖志會)라는 이름으로 모이기 시작했다. 피난 나온 사람들이 대부분이고 온전한 봉급을 받는 사람도 별로 없던 전쟁시라서 지극히 적은 돈이라도 모아 보기로 합의했다. 그중에서 언제나 열정적인 **이필숙** 전도사(후일 여전도회 전국연합회 총무를 지냄)는 '죽어도 성지회! 살아도 성지회!'라며 열심히 힘을 기울였다.

그러다 몇 년 후 잠실에 작은 아파트를 살 수 있게 되었다. 이것은 여전도사가 쉬어야 할 때나 지방에서 서울로 올라왔을 때 숙소로 사용할 수 있고, 소그룹으로 모임을 가질 때도 유용하게

/ 장로회신학대학교 졸업생 모임인 성지회 회원들(1968년경)

쓰이는 소중한 공간이 되었다! 어디에도 자기 집이랄 곳이 없는 대부분의 여전도사들에게는 너무나 의지가 되는 장소다.

1980년에 모였던 전국여교역자연합회에서 '여교역자 노후대책을 위한 방안'을 모색하기로 결의했다. 일평생 고생하며 인간적으로 너무 가난하고 외로운 삶을 살고 있는 여전도사들에게 나는 빚을 지고 사는 것 같은 심정이었다.

특히 북한에서 넘어온 내 나이와 비슷한 여전도사가 있었는데, 병이 나서 교회 일을 못하게 되었다. 그래서 갈 곳을 찾다가 갈 곳이 없어서 기도원으로 갔다고 하는 소식을 들었다. 몸이 부어 있다고 하는데도 나는 병문안 갈 시간을 내지 못하고 있을 때 급기야 하나님 나라에 갔다는 소식을 들었다. 부모도, 자식도, 어느 보험제도도 없을 때인데, 혼자 앓다가 돌아가신 그 전도사를 생각하면서 너무 마음 아파하던 차였다.

나는 경기도 용인군 수지면 신갈에 있는 임야 3천 평이면 안식관을 지을 수 있을 것이라고 생각하고 남편에게 땅을 기증할 것을 허락받았다. 땅만 있으면 건축은 어떻게라도 할 수 있을 것으로 알았다. 기쁜 마음으로 헌납하기로 했다. 그러나 여러 번 답사한 결과 그 진입로에 음성 나환자촌이 형성되어 있었다. 아무래도 안식관으로는 적합하지 않으니 급히 매각해서 그 돈을 바치기로 했다.

나 외에도 두 사람이 땅을 기증하겠다고 나섰다. 한 사람은 **홍순춘** 전도사였고, 한 사람은 **박정득** 권사였다. 홍 전도사는 자기가 갖고 있던 청주시 땅 1,800평을 기증했고, **박정득** 권사는 경기도 용문면 신점리에 있는 임야 및 전답 6만 평을 기증하였다. 너무 놀라운 일이 생겼다. 하나님의 특별한 역사였다.

박정득 권사는 1915년생으로 성결교 신학교를 졸업했다. 결혼 생활을 하면서 장사를 하느라 하나님의 일을 못한 것이 죄송하여 기도원을 할 생각으로 땅을 찾다가 용문산 관광지에 있는 이 목장을 보고 꼭 여기에 기도원을 세울 생각으로 매입하여 조그마한 건물을 짓고 3년을 혼자 운영하고 있다고 했다. 그러다가 여전도사들의 노후를 위해서 쓰고자 한다는 말을 듣고 기꺼이 무상으로 헌납하기로 했다는 것이다. 2남 3녀가 모두 하나님의 일을 하고 미국과 캐나다, 또 서울에 흩어져 살고 있지만, 30년 가까이 여전도사님과 동거하면서 하나님과 동행하는 삶을 살다가 2014년에 하늘나라로 가신 축복받은 분이다.

박정득 권사가 기증한 땅은 건물을 지을 수 없는 전답이어서 다시 10km 떨어진 곳에 땅을 새로 살 수밖에 없었다. 1982년 4월 드디어 법인 설립 인가가 나왔다. 그때부터 30여 년 꿈꾸어 오던 일이 하나님의 뜻 안에서 이루어져 본격적인 건축 사업이 시작되었다.

1985년 영락교회의 **한경직** 원로목사님은 "안식관 건립에 협력하십시다!", 당시 총회 부회장인 **이종성** 학장님은 "나머지 절반의 도움이 됩시다!", 장신대에 있는 나는 "교회의 소외자를 도웁시다!"라고 각각 호소문을 쓰고, 안식관 건축위원의 구성을 알렸다. 건축위원장은 **주선애**, 서기는 **정원숙**, 회계는 **오인숙·임인자**, 총무는 **김화자**가 되어 각 교회에 알리게 되었다.

총무 **김화자**는 지금 우리 장로교 총회에서 가장 많이 알려진 여

목사요, 안식관 하면 **김화자**를 연상케 하는 목사님으로 현재 3대 이사장으로 수고하고 있다. **김화자** 목사의 정열과 희생적 헌신이 보리떡 다섯 덩이와 물고기 두 마리가 되어 오늘날 다른 곳에서 찾아볼 수 없는 여교역자 안식관을 이루어 놓았다고 할 수 있다.

그는 강원도 태생으로 하나님으로부터 소명을 받고 성결교신학대학교를 졸업하고, 1968년 장로회신학대학교 대학원에 입학하였다. 아주 보수적인 신앙교육을 받았고, 경건한 삶을 살려고 노력하는 조용한 학생으로 몸이 약해 별로 활동적으로 보이지는 않았다. 언젠가 학교 뜰에서 만났는데 신학대학원을 졸업한 뒤 이화여자대학교 교육대학원에 가겠다고 이야기하기에 그간 내가 깊이 생각하고 있던 문제여서인지 곧바로 내 입에서 이런 말이 나왔다. "그러면 대학원에 가서 한국 여교역자들의 문제를 좀 다루어 보면 좋을 것 같은데, 그들의 지위 문제와 노후대책 같은 것 말이야." 그가 진지하게 상담을 위해 찾아온 것도 아니기에 쉽게 말을 던진 것뿐이었다. 그 후 대학원에 가서 논문을 쓰면서 그에게는 새로운 변화가 찾아왔다.

나중에 **김화자** 목사는 나와의 대화에서 나에 대해 실망했었다고 했다. '교수가 믿음이 있는 줄 알았더니 어떻게 그런 불신앙적인 이야기를 할까'라고 생각했다고 말했다. 그의 성결교적 보수 신앙으로는 '하나님의 일을 한 사람을 하나님이 책임져 주실 터인데 여전도사들의 노후대책이라니 말도 안 된다'는 입장이었다. 그러나 결국 여전도사에 대한 조사를 하다 보니 정말 교회가 주님께 일생을 바친 여전도사들을 너무 무시하고 있다는 사실을 깨닫고 여교역자 문제를 해결해 보기로 하고 분연히 일어서게 되었다.

조용하고 얌전하던 처녀 전도사로만 알았는데 중대한 사명을 받고 나자 무서운 것 없이 전국을 누비며 침식도 잊은 채 동창 목사님들에게 여성안수 문제와 안식관 건립을 호소하러 다니기 시작했다. 여하튼 한 알의 밀알이 되는 마음으로 모든 여교역자들을 가슴에 안고 40년을 하루같이 밤과 낮을 가리지 않고 봉사했다. 손수 운전하며 노인 전도사를 모시고 병원에 다니는가 하면, 고추장아찌, 깻잎장아찌, 된장, 고추장 등을 팔기 위해 각 교회로 다니며 그 큰살림을 돌보았다. 뿐만 아니라 지금은 10여 채나 되는 부속건물을 일일이 다니며 고생을 낙으로 삼고 사시는 분이다.

목사님들이 때때로 오셔서 보시고는 어느 나라에 이와 같은 규모의 여교역자 안식관이 또 있겠느냐고 감탄하신다. 지금은 공동체로 자리를 잡았는데 2000년부터 원장을 포함한 14명 정도의 직원들이 함께 일하고 있다. 영성훈련원이 있어서 자체 내 영적 성장에 힘쓸 뿐 아니라 외부에서 와서 영성 훈련을 할 수 있는 공간도 마련되어 있다.

처음 안식관 준공식 예배를 드린 것은 1986년 4월 28일이었다. 그날 **한경직** 목사님이 오셔서 "한국 교회를 부흥 성장시키기 위해서 이렇게 많이 수고한 사람들이 여교역자들인데, 그동안 한국 교회 안에서는 대접하지 못한 것이 사실이고 그래서 하나님께서 친히 축복하셔서 여교역자 자신들과 여러 성도들이 물심양면으로 도와주고 협조해 주어서 여교역자 안식관 준공예배를 드리게 된 것을 다시 감사드린다"고 하면서 깊은 감명을 받았다고 하셨다.

/ 안식관 본관 모습

/ 안식관에서 박정득 권사의 100세 생일잔치와
나의 90세 생일잔치 모습(2014년 2월)

사실 안식관 준공에 대해서는 여러 가지 감사와 감격과 눈물겨운 이야기들이 깊숙이 간직되어 있다.

그날 **윤보선** 전 대통령 부인 **공덕귀** 선생님은 많은 사람들이 여전도사들이 스스로 안식관을 짓겠다고 해서 웃었겠지만 하나님의 능력이 늙은 사라가 아기를 갖게 하실 때 나타나셨던 것처럼 여교역자 안식관 건축에도 나타나셨다고 하며, "사라가 웃었다"는 말씀을 하셨다.

몇 해 전부터 맨 처음 지은 마룡리 안식관 건물은 군청의 권유로 지역 주민을 위한 요양원이 되어 주간 보호와 치매 어른들을 위한 요양원 시설을 갖추고 있다.

모스크바 장신대 교환교수로

'모스크바' 'KGB 붉은 광장' 하면 어릴 때부터 공포심을 일으키는 이름들이었다. 하나님의 역사에 의해 이제 이 이름들이 친근감 있는 우리의 선교지가 되었다. 나는 전혀 꿈꿔 보지 못했던 일이었다. 모스크바에 우리 한국인들이 운영하는 장로회신학대학교가 세워져서 내게 모스크바에 와서 신학생들에게 기독교교육을 가르쳐 달라는 요청이 왔다.

남편과 함께 가기로 하고 비행기에 올랐다. 자리를 잡고 앉으려고 하는데 좌석에 러시아인이 앉아 있었다. 좌석표를 내밀면서 자리를 비켜 주기를 바랐는데 저리 가라는 듯이 손짓한다. 좌석표 대로 앉지 않는 모양이어서 어리둥절한 채 빈자리로 갈 수밖에 없었다. 비행기 안에는 러시아인으로 거의 채워졌는데 거의 한국 물건을 사가지고 모스크바로 가는 잡상인 같아 보였다.

모스크바 공항은 어두컴컴했고 그곳에 있는 사람들 역시 인상이 어두워 보였다. 한국 분들이 모두 나와 반겨 주셨다. 앞으로 생활해야 하는 아파트로 인도 받았다. 학교가 시작된 지 얼마 안 되었으나 학생들은 안정되어 보였다. 통역이 없이는 학생들과 한 마디도 할 수 없는 것이 불편했다. 고려인 **뽀리나** 선생에 의해 강의가 진행되는데 교재도 없고 숙제나 시험도 번역을 해 주지 않으면 아무것도 못하는 것이 안타까웠다.

하루하루 지나면서 표정으로 서로 통할 수 있었고 강의 시간의 질문이나 답을 통역하면서 교류를 하곤 했다. 그래도 이 넓은 땅, 유럽에서 아시아 끝까지 펼쳐져 있는 이 나라가 복음화만 된다면 얼마나 위대한 일을 감당할 수 있을까 생각하면서 사명의 중대함을 깊이 느꼈다.

주일이면 학생들과 함께 개척교회의 학생 전도팀을 따라갔다. 간단한 러시아어 전도지를 주면서 손짓으로 여기 들어와 보라고 하면 이 순진한 사람들이 고맙게도 "스바시바"(감사합니다) 하면서 들어왔다. 찬송을 좋아해서 찬송을 한참 부르고 간단한 전도 강연을 하자 그들을 부드럽고 겸손하게 받아들였다.

지하철이 땅속 깊이 있는데 승객들을 보면 얼마나 다양한 인종이 있는지 신기할 정도였다. 특히 이곳 여성들은 무척 멋있고 예뻐 보였다. 뉴욕보다 더 많은 인종이 살고 있는 듯했다. 또 다양한 문화권의 사람들이 조금도 차별이 없는 듯 보였다.

아침마다 학교에 가면서 볼 수 있는 것은 우유를 사기 위해 뚱뚱한 할머니들이 길게 줄을 서서 기다리는 모습이었다. 우유가 다 팔리면 서 있던 사람들이 아무 말 없이 다 흩어졌다. 앞뜰에 쓰레기통은 한 달 내내 비어 있었다. 버릴 것이 없는 모양이었다.

러시아에서는 사회주의라 이사 갈 때도 쓰던 물건들을 고스란히 두고 가기 때문에 부엌살림이나 책상에서 쓰던 연필까지 다 있어서 우리 같은 나그네가 살기에는 참 편리하고 좋았다. 그런데 우리들이 많이 쓰는 플라스틱 용기가 없고 양철로 된 묵직한 용기를 썼다. 비닐봉지가 없어서 이들은 주머니나 가방을 가지고 다녔다.

한번은 교무실 안에 냉장고를 두고 쓰는데 점심 때 여학생 하나가 들어와서 우리가 앉아서 다 보고 있는데도 치즈를 꺼내서 가지고 나갔다. 여기서는 없는 사람은 그래도 된다고 했다. 한국 음식점에 들어가려고 하는데 키가 큰 러시아인 두 사람이 문지기를 하고 있었다. 그들은 마피아로부터 상인들을 보호해 주면서 돈도 뜯어간다고 했다. 음식 값이 비싼 이유는 그들과 나누어야 하기 때문이라고 한국 음식점 주인이 설명해 주었다.

아직 불안정한 사회였다. 사회주의에서 민주화되는 과정의 행로가 너무 멀게만 느껴졌다. 여하튼 러시아의 복음화가 빨리 이루어져야 사회도 안정되리라 생각되었다. 어렸을 때부터 '공포의 나라' '공산주의 나라'로 알고 있던 곳에 와서 우리가 하나님의 사랑을 전할 수 있도록 하신 하나님의 은혜가 놀랍고도 놀라웠다. 날마다 감격스러웠다.

학생들과 지내는 동안 내가 놀란 또 하나는 학생들이 성경 이야기를 어려서 할머니들한테 들었다는 것이다. 러시아는 본래 정교회의 영향으로 기독교 문화가 형성되어 있었던 덕분에 새로운 기독교 복음의 생명력이 온 땅을 적시는 데 유익한 그루터기가 되는 듯싶었다. 그러나 그간의 공산주의 영향으로 어두워진 이 나라의 회복은 그리 쉽지 않아 보였다. 모스크바에서 상트페테르부르크(전 레닌그라드)까지 밤차를 타고 이동했다. 침대차라고는 하지만 한잠도 잘 수가 없었다. 각 방의 문을 채우기는 했는데 밖에서 열고 들어올 수 있도록 되어 있다고 해서 무시무시한 하룻밤을 지내야 했다.

상트페테르부르크는 모스크바보다 훨씬 밝고 아름다운 도시였다. 즐비하게 서 있는 건축물 자체가 박물관이라고 설명했다. 그러고 보니 건물 하나하나가 아름다운 건축 작품인 듯했다. 어마어마한 박물관 안에 진열품들은 러시아혁명 이전에 고위급 종교인들의 호화찬란한 보물들로 꽉 차 있었다. 마차의 말에게 씌웠던 다이아몬드 면류관, 성화를 장식한 다이아몬드, 옛날 고관들 그리고 이름만의 종교인들이 약육강식 하던 흔적들이 고스란히 후세 사람들에게 전해지고 있었다. 부패와 타락의 열매는 공산혁명으로 망한다는 사실을 다시 기억해야 한다. 1993년경 이야기라 지금은 달라지고 안정되지 않았을까 싶다.

우리 집 이야기

우리 집 아이는 초등학교 6학년 때 처음 만났다. 내가 기독교 교육을 가르치는 사람으로 만일 이 아이 교육에 실패한다면 나는 완전히 위선자가 되고 만다. 그러므로 어떤 어렵고 힘든 일이 있다 해도 나 자신이 자녀교육에 실패해서는 안 된다고 스스로 단단히 다짐을 했다.

교회 교인들은 나에 대해 걱정부터 했다. 과잉보호를 받은 아이인 데다가 3년이나 엄마 없이 자란 아이라 많이 힘들 것이라고 했다. 나는 모범적인 계모 노릇을 한번 해보리라 생각했다. 이 아이는 본래 마음이 착하고 생각보다 유순하고 귀여웠다.

나는 긴장해서 처음부터 한 이불에서 데리고 잤다. 왜냐하면 아빠가 3년 동안 끼고 자던 애를 따로 재우면 나를 시기할 것이기 때문에 미리 방패막이를 한 것이다. 아이는 아침에 학교 갈 때 도시락을 싸주면 안 가지고 갔다. 그러면 일하는 사람이 갖다주어야 했다. 게다가 아주 짧은 거리도 택시를 타고 다녔다. 그러나 갑자기 버릇을 고칠 수는 없었다. 나는 계모이기 때문에 무조건 양보하고 또 했다.

아이에게 성경을 읽혀야 하는데 도저히 읽을 것 같지 않았다. 원칙에서 벗어나지만 한번 시도해 보기로 했다. '새번역성경'을 읽으면 돈을 주기로 조건을 걸었다. 읽어 보더니 "쉬워서 재미있네요. 돈도 벌고….''라고 했다.

나는 어릴 때부터 절약형이었다. 낭비하는 것을 싫어했다. 그런데 아이의 양육비가 엄청 많이 나가게 되었다. 다시 한 번 마음의 결정을 내려야 했다. '그렇지! 이 아이를 위해서는 집을 팔아서라도 써야 한다.' 법으로 키우기보다는 사랑의 관계 유지가 먼저라고 생각했다. 친엄마처럼 가깝게 느껴지지는 않아도 진정한 사랑과 신뢰 관계가 유지되어야 한다고 마음을 굳혔다. 가능한 한 일찍 퇴근해서 돌봐주려고 했지만 마음대로 되지는 않았다. 내가 늦을 때는 일하는 사람을 시켜서 책상에 간식을 갖다 놓도록 부탁했다.

그래도 마찰이 있었다. 한번은 아이와 단둘이 앉아서 조용히 이야기를 나누다가 좋은 기회가 왔다는 생각이 들어 "얘야. 너 내가 너에게 잘못하는 것이 무엇인지 무슨 말이라도 좋으니까 이야기해봐. 무슨 말이라도 다 들어줄게! 그러면 나도 너에게 하고 싶은 말을 할게." 그러면서 "네가 좋은 사람이 못 되면 나는 학교에 나가서 가르칠 수가 없는 사람이야. 왜냐하면 학교 일보다도 네가 더 소중하기 때문이야."라고 말했다. 진심은 진심과 통한다. 아이의 태도가 달라지는 것 같았다.

그런데 중학교에 다니던 중에 학교가 멀다고 방을 얻어 사는 친구 이야기를 하더니, 다음날에 하는 말이 학교 가까이에 방을 얻어서 따로 있게 해달라고 했다. 청소년이면 누구나 한 번쯤은 해보는 생각이기에 마음으로는 수긍을 했지만, 네 방이 마루 건너편에 따로 있는데 또 무슨 방을 원하느냐고 만류하는 척해 보았다.

또 양보해서 아이가 원하는 대로 해 주었다. 학교 가까이로 방을 얻어 나갔던 아들은 한 달 있다가 배가 고파 안 되겠다며 돌아왔다. 나도 청소년 교육 이론을 실험한 셈이 되었다.

교육을 가르치기는 쉽지만 실제로 자기 자녀를 교육하는 것은 정말 어렵다는 것을 깊이 체험하는 기회가 되었다. 더구나 신앙인으로 자라게 한다는 것은 나 혼자의 노력으로는 불가능한 일이다. 쉬지 않고 기도해야 하나님이 순간순간 대화 속에서 역사하시고 지혜를 주셔서 그 일을 가능하게 하신다는 것도 체험할 수

/ 망원동 집에서 가족들과 함께

있었다. 어떤 때는 아들이 공부하고 있는 나에게 "어머니 얼굴 좀
봅시다. 얼굴 잊어버리겠네요."라고 말했다. 무척 바쁘게 돌아다
녀야만 했기 때문이었다.

아들은 성격이 좀 우울할 때도 있었지만 본래 쾌활한 편이었다.
어느 날은 "나는 어머니같이 직장 가진 여자하고는 결혼 안 할래
요." 한다. 실제로 말도 없고 집안일만 하는 사람이 며느리가 되
었다.

고등학교에 들어가면서 공부를 잘하지 않고 놀러 다니기 시작
했다. 밤 10시 반이 되면 사이렌이 울리고 그 이후는 통행이 금지
가 되던 때다.

어느 날 밤 사이렌이 울렸는데도 대문 벨소리가 없다. 어떻게
된 걸까 별별 상상을 다 해보며 아들을 향한 분노가 치밀어 올랐
다. 그 순간 벨소리가 울렸다. 분노가 가라앉지 않은 채 문으로
향하면서 "하나님, 내가 이 아이에게 무슨 말을 해야 합니까?" 하

며 뛰어나갔다. 문을 열고 들어오는 아이에게 나는 생각하지도 않았던 말을 했다. "배고프겠구나!" 아이는 고개를 숙이고 "미안해요." 했다. 일은 쉽게 끝났다.

나는 그래도 이 아이만은 잘 키워서 유학도 보내고 좀 뛰어난 인물, 교회와 사회에서 존경받는 사람이 되기를 소망했다. 그런데 공부에 취미를 두지 않는 것이 안타까웠다. 내 서재는 이층에 있었는데 아이가 안 들어오거나 마당에서 놀고만 있으면 나는 내 공부를 할 수가 없었다. 야단을 쳐서 공부시킬 수 없는 것을 알기에 나는 말하고 싶은 것을 참고 또 참았다. 그러다 보니 감정은 더 쌓이기만 했다. 그래서 하나님께 기도를 드렸다. 하나님은 내게 그 아이에 대한 욕심을 내려놓으라고 가르쳐 주셨다. "이것이 왜 욕심입니까?" 나는 물었다. 한 시민으로, 그리고 하나님의 아들로 평범하게 착하게 살면 되지 이름 있는 사람 만들겠다고 높은 이상인 듯 고집하는 것을 하나님이 원치 않으시는 것을 깨닫게 되었다. 나도 학부모들에게 너무 강요하지 말라고 가르쳤건만 나 자신이 아이에게 강요하고 있었다. 이것도 위선이다! 나는 회개하고 있는 그대로 받아들였다. "하나님 뜻대로 하옵소서!" 그렇게 하나님께 맡겨 놓았다.

고등학교 3학년이 되었다. 대학 입시가 가까워지자 어찌된 일인지 밤잠을 안 자고 공부하기 시작했다. 아이가 파리해지고 눈이 붉어지면서까지 공부하는 것이 너무 불쌍해 보였다. 그러다가 아이가 병이라도 날까 걱정이 되었다. 나는 아이에게 "만약에 시험에 떨어지면 아버지하고 의논해서 작은 가게라도 차려 줄 테니,

잠 좀 자고 몸조심 하면서 해보자"라고 권했다. 이 아이는 어떻든 무척 고마운 표정을 하면서 학교로 향했다.

어느덧 아들이 대학을 졸업하게 되었다. 하루는 나에게 전화를 걸어서 자가용을 사달라고 했다. 나도 차 없이 멀리 버스로 출근하는데 차는 무슨 차냐고 단번에 끊었다. 그러고 나니 나도 마음이 편하지 않았다. 좀 더 알아봐야겠다는 생각이 들었다.

"너 아버지에게 이야기하고 나에게 물었니?"

"아니요. 어머니에게 먼저 물었어요."

그게 고마웠다. 그 다음 순간 내가 몇 해 전에 약속한 것이 생각났다. 오토바이를 사달라고 할 때 극구 말리느라 "네가 타고 다니다가 죽으면 안 돼. 내가 너를 미워하면 사주겠다. 그러나 너는 죽으면 안 되는 사람이야. 그러니까 너 대학 졸업할 때 차를 사줄게."라고 약속했던 것이다. 나는 당장 전화로 물어보고 중고차를 마련해 주기로 했다.

우리 집이 망원동으로 이사를 간 후 남편은 망원동 빈민 선교를 조금씩 도우며 테니스를 하기도 하고 때로는 유치원 아이들과 함께 야외에 따라가는 등 퇴직 후 생활에 적응해 가고 있었다.

이상양 전도사의 권유로 장로 투표를 받아 **이봉영** 장로와 함께 장립을 받았다. 작은 교회였지만 교회 구역반을 맡아서 성경을 가르치는 데 많은 흥미를 느끼는 듯 망원동 사람들과 더 가까워지게 되었다. 장로 은퇴를 한 지 20년이 넘도록 그 사람들은 먼 거리에 있는 우리 집까지 찾아오는 우정을 간직하고 살게 되었다.

남편은 나와는 성격이 완전히 다르다. 꼼꼼한 성격에 조급하기도 하지만 다정다감했다. 내가 여행을 떠나게 되면 내 여권을 챙겨 주고 일상 먹는 약도 구분하여 챙겨 주는 등 가정적이었다.

처음 약혼할 때 이야기다. 약혼반지를 사러 갔다. 그이는 다이아몬드 반지 1캐럿짜리를 산다고 했다. 나는 그것을 끼고 어떻게 신학교에 나가 가르치고 교회 강단에서 여성들에게 설교를 하겠느냐고 조그만 것을 사자고 고집하다가 그 상점을 뛰쳐나왔다. 그이는 놀라서 '뭐 저런 여자도 다 있나?'라고 생각했다고 한다. 생활양식이나 가치관의 차이가 너무 크다는 것을 피차 알게 되었다. **곽선희** 목사님은 재치 있게 나에게 권한 말씀이 있다. "남편 보고 신학교 교수처럼 하라고 하지 마시오."

또 한번은 스위스에 갔을 때 시계를 사자고 했다. 그때는 그런 사치품 수입을 나라에서 금하던 때여서 안 된다고 고집했다. 사실 나는 1950년대부터 미국을 많이 드나들면서 양심대로 국법을 지키려고 노력했다. 때로는 유혹이 오기도 했다. '나 하나 작은 물건 사온다고 나라가 잘못되는 것은 아니지 않나?'라고 생각하다가 '나 하나 국법을 잘 지킴으로써 나라가 혼탁해지는 것을 조금은 막지 않겠는가? 소금 한 줌을 한강에 뿌리면 아무 변화가 없지만 더 더러워지지는 않을 것이 아닌가?'라고 결론을 내렸다.

번번이 내가 이기기는 했지만 즐거운 일은 아니었다. 그렇게 저렇게 수십 년 동안 살아 오면서 그이도 많이 변했다. 호텔도 작은 방을 찾게 되었고, 점점 절약형으로 변해 갔다.

문제는 그이가 하나님께 드리는 헌금이었다. 십일조를 드리지 않는 것이 나에게 큰 근심거리였다. 우리 집에서 금전 지출은 일찍이 조화롭게 잘 정해져 있었다. 내 수입은 모두 남편에게 드리고, 남편이 주는 돈을 내가 쓰고, 어머니의 살림도 남편으로부터 받게 되었다. 우리 아이의 용돈은 내가 주기로 되어 있었다. 여기에 불만이 없었다. 그래서 십일조 생활이 남편 몰래 이루어질 수가 없었다. 급기야 헌금 문제를 갖고 다투었다. 아무래도 기도원에 올라가 기도를 해야겠다고 하고 북한산 쪽에 있는 우국 기도원을 찾아갔다. 혼자 올라가서 하나님께 호소할 심정으로 울분에 차서 나는 엎드렸다. 금방 내 마음에 들리는 소리가 있었다.

"나는 너보다 **김명식**을 더 사랑한다."

"어떻게 십일조도 안 하는 사람을 더 사랑할 수 있습니까? 내가 얼마나 더 주님을 사랑하는데요? 하나님의 주권이지요. 알았습니다."

'나는 너보다 그를 더 사랑한다'를 되뇌면서 산을 내려왔다. 그 후부터 내 마음은 평안해졌다. 그이가 잘못하는 것을 보아도 '그래. 하나님이 나보다 더 사랑하시는 사람이니까' 하고 생각하니 내가 걱정할 것이 없어졌다. 그 후부터는 만 원을 바치든 천 원을 바치든 나는 상관하지 않기로 했다.

노후가 되어 가면서 하나님이 그이를 정말 더 사랑하신다는 사실을 깨닫게 되었다. 그이는 십일조를 하면 복 받는다는 말씀을 듣고 왜 하나님하고 장사하려고 하느냐고 했다. 재물이 아까워서 못낸 것이 아니었다. 지금에 와서 생각해 보면 내가 은퇴할 때는 만여 평의 땅을, 은퇴 후에는 포천의 은성수도원을 장신대에 자원해서 바쳤고, 또 자신이 세상 떠나기 전에는 내가 지금 사는 집과 그 외에 남은 작은 집 한 채를 모두 바쳤다. 내가 죽은 후에 유산은 장로회신학대학교으로 기증되도록 변호사와 공증을 했다. 하나님이 주신 것을 하나님께 드리되 마음으로 기쁘게 장신대에 드린 것을 보면 참 하나님을 사랑하는 사람이요, 또 하나님의 사랑을 많이 받은 사람이라는 것이 증명되었다.

2005년 7월, 감기로 며칠 동안 열이 나더니 폐렴 증상이 보여 병원에 입원했다. 4-5일 후에 주일날 나와 함께 종일 찬송을 부르다가 저녁에는 입놀림도 할 수 없게 되더니 마지막 숨을 쉬면서 활짝 웃으며 주님 앞으로 가셨다. 그이가 그렇게 복되게 가는 것을 보도록 하신 것은 하나님이 나를 크게 위로하시려는 까닭이다. 모든 것이 하나님의 은혜다.

윤락여성들

나는 피난 시절 대구에서 대학에 편입하여 영어공부를 하면서 조그만 동신교회에 나가고 있었다. 북한 함경도에서 피난 나온 **노설희**라는 여성 친구를 만났다. 노 집사와 나는 기도하면서 '이렇게 많은 윤락 여성들을 교회는 왜 완전히 잊어버리고 있는 것일까?' '주님은 세리와 창녀의 친구가 아니었나?' '어떻든 작은 규모로나마 구원받을 만한 곳이 있어야 하지 않을까?'라는 마음을 품게 되었다. 이 일은 내 마음에 늘 숙제처럼 남아 있었다.

내가 서울여자대학에 잠시 있을 당시, 예수교장로회 총회 사무실

에서 모금을 위한 일을 하고 있었다. 총회 사무실이 있던 종로 3가
는 유명한 윤락가였다. 나는 '윤락가를 한번 찾아가서 그 형편을 좀
보고 대책을 세워봐야겠다'는 생각을 하고 무조건 찾아 들어갔다.

윤락가에 가니 먼저 남자들이 나오면서 친절하게 대해 주었다.
그런데 조금 있더니 "당신 뭔데 여기 왔냐?"며 얼굴을 붉히고 덤
벼드는데 내게 말할 여유도 주지 않고 나가라고 쫓아냈다. 나는
혼이 나서 도망쳐 나왔다. 그들은 처음에 나를 여자 형사라고 생
각한 모양이었다. 나는 아무 정보나 상식이 없이 다니는 것은 안
된다는 것을 그제야 깨달았다.

그 후로부터 20여 년이 지났을 때였다. **이양금**이란 사람이 영락
교회 여전도회 회장을 만나러 왔다면서 나를 찾아왔다. 그의 사
정과 요구는 다음과 같았다.

시골에서 자랐는데 엄마가 자기를 낳고 금방 돌아가셔서 계모
에게 학대를 받으며 살다가 식구들의 따돌림을 참을 수 없어서 대
구로 나왔다. 거리를 헤매다가 윤락가에 떨어져 지금까지 지내왔
는데 정부가 잡아다가 수용소 같은 곳에 넣어 주었다. 그곳에서
예수님을 만나 꼭 밖에 나가면 죽어도 그런 짓은 하지 않기로 굳
게 결심했다. 그러나 누구도 그냥 밤을 지내게 하는 곳이 없어서
하룻밤 거리에서 지내게 되면 또다시 옛집으로 갈 수밖에 없었다.

이런 일을 몇 번 반복하다가 좀 새롭게 살아 보려고 단단히 마
음먹었다. 그래서 털실로 뜨개질을 해서 팔려고 영락교회를 찾아
왔더니 회장님을 찾아가보라고 했다.

나는 늘 생각해 오던 윤락여성 전도를 하나님께서 아시고 이 사

람을 보내 주신 것이 아닌가 싶었다. 망원동 판자 동네로 데리고 가서 방을 하나 얻어 주었다. 그 후에 여전도회가 모였을 때에 이 이야기를 보고한 후 임원들의 동의를 얻어 조금씩 계속 도와주기로 했다. 그때 조금은 빚을 갚은 것 같아 마음이 흐뭇했다.

그런데 선한 일은 그렇게 간단하게 이루어지지는 않는다. 그녀는 얼마 되지 않아서 생활비가 떨어졌다고 했다. 사실은 그녀의 동료들이 따라와 식구가 많아졌을 뿐만 아니라 때로는 술을 마시고 놀았던 것이다. 그것도 이해해 줄 수밖에 없었다. 하루아침에 새로워질 수는 없었다.

나는 그녀를 사랑으로 이끌 생각으로 같이 길을 걸으며 쇼핑도 하고 작은 사랑을 보여 주기로 했다. 그런데 같이 길을 걷다보니 그녀와 인사를 나누는 사람이 무척 많았다. 그 윤락가 안에도 계급이 많다는 사실에 나는 놀랐다. 매일 밤거리에서 손님을 끌어가는 사람 또는 기생처럼 파티에 초청받아 가는 사람, 일본 사람들의 현지처 그리고 미군들과 사는 사람 등 여러 그룹이 있고, 저마다 계급이 다르다고 했다.

나는 그들을 식별할 수 없었지만, 무엇보다도 나를 놀라게 한 것은 그들의 숫자가 엄청나게 많다는 사실이었다. 나는 **이양금**을 꼭 붙잡아 윤락여성 전도의 길을 열어 보고자 했다. 그녀 역시 전도하고 싶다고 하기에 기도원에 가도록 권했다. 대한수도원에 머물게 된 **이양금**은 그때 새 성전을 짓는 작업장에서 힘껏 일하며 기도하는 삶을 살게 되었다.

때때로 그녀가 보내온 편지를 보며 나는 감사했다. 또박또박 쓴

글씨로 어떻게 수많은 윤락여성 중에서 자신이 하나님의 사랑을 받는 사람으로 뽑혔는지 알 수 없다고 하면서 마치 개울가에 돌들이 많지만, 어떤 돌만이 선택되어 성전돌이 되는 것처럼 자신이 선택받은 것이 너무 신기하고 놀랍다고 적혀 있었다.

하나님은 누구에게나 성령의 은사를 베풀어 진리를 찾게 하신다. 얼마 되지 않아 **이양금**은 신학공부를 하고 전도사가 되고 싶다고 했다. 아직은 더 훈련을 받아야 하는데 너무 졸라서 영락여자신학교 교장선생님에게 부탁했다. 그 교장선생님 역시 너무 이른 것이 아니냐며 반대했지만, 나의 간곡한 권면을 받아주셨다.

한두 달 후 어느 날 학교 강의가 끝나고 연구실에 왔더니 조교가 급히 남한산성으로 오시라고 했다고 전했다. 무언가 불길한 예감이 들어 택시를 타고 영락여자신학교에 도착했다. 내 눈앞에 벌어진 광경에 가슴이 내려앉는 것 같았다.

양금이가 식당에 학생들을 인질로 잡아놓고 깨진 유리쪽을 쥐고 피 흘리는 손을 흔들며 "백차를 불러라!"고 외치다가, 나를 보더니 풀썩 주저앉으면서 "어느 년이 주 선생께 불었어?" 하며 소리 내어 우는 것이 아닌가. 이 험악한 일이 나 때문에 벌어졌다는 생각이 들었다. 교장선생님이 극구 반대하는데도 억지로 입학시켰는데 신학교 안에서 이런 일이 일어났으니…. "하나님 제가 잘못했습니다!" 하며 울고 있는 그녀를 두 팔로 안았다.

"누구를 치려고 하니 나를 쳐라!" 나도 소리를 질렀다. 그녀는 다시 일어나더니 술에 취해 벌건 얼굴로 말했다.

"저 십자가는 다 무엇 하는 겁니까? 하나님의 사랑이 고작 이것입니까? 나를 다른 사람과 같이 기숙사에 넣을 수 없다고 나가라는 겁니다. 이것이 하나님의 사랑입니까? 나 같은 아이들이 천대를 받아 구더기같이 많이 죽어가는데 그래도 이 사람들을 살려보려고 여기 왔더니 이렇게 나를 돌려놓는 겁니까? 나는 주 선생이 주는 생활비 가지고 병이 나서 죽어가는 여자 하나 살려 보려고 어제 내가 업고 가서 병원에 입원시키고 왔어! 너희들은 뭐하는 거야? 어서 백차 불러 와(경찰을 불러 날 잡아가게 하라)!"

나는 일어나 "우리 집으로 가자"고 졸라대다가 "참, 그러면 그 친구를 찾아가자. 내가 돌봐줄게. 거기 가 보자!" 했더니 성큼 갈 생각으로 수긍했다.

나는 거기 서 있던 서무과장을 찾아 돈을 좀 빌려 달라고 하고 밖으로 나와 지나가는 차를 잡아탔다. 서울 시내 청량리 어느 골목 자그마한 병원에 도착했다. 문을 열고 안내하는 곳으로 들어갔더니 겨우 20살 정도의 여자가 침대에 앉아 있다가 우리를 보자마자 아무 표정도, 말 한마디도 없이 물끄러미 눈을 한 곳으로 고정시켰다. 내가 몇 마디 해도 꿈쩍도 안 하고 표정 없이 그대로 앉아 있었다. '얼마나 사람들에게 짓밟혔으면 사람이 이렇게까지 될까?' 마음이 아팠다.

의사에게 가서 물었다. 의사는 "그거 다 아는 병 아닙니까? 약만 먹어도 됩니다."라고 했다. 나는 약을 사서 주면서 **양금**이 자취하는 집에 가서 푹 쉬고 같이 있으라고 하고 차를 태워 돈을 좀 쥐어 보냈다. 그 후 양금이는 그런 아이들을 데리고 우리 학교 내 사무실로 찾아오곤 했다. 나는 빨리 잔디밭으로 인도해서 그들과 이야기를 하며 그들의 사정을 들어보곤 했다.

"하루 저녁도 약을 먹지 않고는 그 손님들을 다 받을 수가 없어요. 때로는 너무 안타까워 머리로 담벼락을 박아 죽고 싶어 머리를 상하게도 합니다. 매도 맞고요. 보세요!"

보여 주는 상처 자리가 너무 컸다. 그래도 이 깨끗한 곳에서 누군가와 함께 이야기를 나눌 수 있다는 것이 좋은 모양이었다. 나도 잠시나마 위로가 되기를 바랐다. 딴 세상 사람들과 같은 이들과 함께하면 내 마음이 아프기도 했지만, 한편 선한 일을 하고 있다는 느낌에서인지 마음이 가벼워지는 것을 느꼈다.

양금이는 윤락가를 떠나려고 애를 쓰면서 김장 때가 되면 채소를 팔아 보겠다며 리어카를 사달라고 찾아오기도 했고, 전세가 올라서 좀 도와달라고 오는 때도 있었다. 10여 년 후에는 딸아이를 얻어다 키운다며 예쁜 소녀를 데리고 오기도 했다.

우리 어머니가 돌아가시기 전에 **양금**이는 자기 평생 지내온 이야기를 다 털어 놓았다. 세상에서 사랑을 모르고 살다가 처음으로 우리 어머니에게서 처음 사랑을 경험해 보았다며 하는 말이 "선생님은 지금 많은 사람의 사랑을 받고 있지만, 선생님보다 할머니가 더 위대하십니다. 수많은 제자들은 다 할머니 덕이에요."라고 나에게 설교를 했다. 나는 "그렇다. 맞는 말이다."라고 받아들여 주었다. 그는 우리 어머니 산소를 때때로 찾아와서 곱게 단장해 주고 가곤 했다.

1970년대와 1980년대에는 많은 한국 여성들이 미군들과 결혼해서 미국 기지촌으로 가서 생활하는 경우가 부쩍 늘고 있었다. 미국에서 이런 여성들을 위해 한인 목회자들이 목회하고 있는 곳을 방문할 기회가 있었다. 행복하게 정착해서 사는 사람도 있었지만 불행하게도 애들을 낳고 이혼을 당해서 삶이 어려워진 사람들도 많이 있었다.

심지어 감옥에 갇혀 말도 통하지 않으니까 소리소리 지르며, 간수들을 애먹게 하는 사람도 보았다. 나는 우리 교회에 여성 목회자들이 많아진 것은 세계에 흩어져 있는 이런 처지의 사람들, 즉 양부인이나 입양아들 그리고 기업 주재원들을 위한 선교와 상담에 힘쓸 수 있도록 하나님께서 계획하신 것이 아닌가 생각한다. 지금 얼마나 많은 사역자들이 필요한지 모른다. 정말 주님의 눈으로 세상을 보면 도와주어야 할 곳이 얼마든지 있지 않는가. 일감이 없다고 하지 말고, 하나님께 눈을 열어 달라고 해야 할 때다.

은성수도원

동양에서는 우리 한국만큼 정치적으로 불안정하게 살아 온 나라도 없을 것이다. 나의 생에서도 일본의 식민지를 겪었고 해방 후에는 러시아 군정 밑에서 살다가 대한민국으로 왔다. 그러나 남한에 와서도 초기에는 내적으로 국론이 분열되어 힘겹게 지내다가 다시 6·25 동족상잔의 비극을 맛보았다. 분단된 반쪽의 자유 민주주의라고 하지만 안보의 위협과 민주화 과정에 따르는 학생들의 데모, 노무자들의 데모는 지겹도록 계속되어 왔다. 이제 숨

을 돌려 그래도 조용히 살게 되나 했는데 또 북한의 공격과 국지
전이 이어지고 있다.

내가 대학교수 생활을 시작하던 시기가 4·19 혁명 무렵으로 바
로 내가 근무하던 숭실대학교에서 희생자가 나왔다. 그 이후 20
여 년 간 끝없이 지속된 학생들의 데모는 때로는 정치적 이슈를,
때로는 교내 문제를 내걸고 일어났다. 학생들 앞에는 아무도 막
을 자가 없었다. 길에는 최루탄 연기가 났고, 교내에선 수업거부
가 이어졌고, 학교 게시판의 대자보가 교내외를 지배하는 듯했다.

사람들은 신학교니까 좀 조용하지 않았을까 생각하겠지만 이상
하게도 더 극렬했다. 유리창을 박살내고 총장실을 점거하고 의자
로 바리케이트를 치고, 수업 거부만이 아니라 온갖 행동을 다했
다. 말릴 수 있는 사람이 없었다. 강의를 하려고 책을 끼고 강의실
에 가면서 이 학생들이 수업을 할 것인가 말 것인가를 먼저 살펴
봐야 했다. 텅 빈 교실에 나가 앉아서 기도를 하면 눈물만 났다.

"하나님의 종들은 이 민족의 영혼을 책임지고 살려야 할 사람들
이 아닙니까? 이렇게 소동을 피워 질서를 파괴하고 문란케 하도
록 두어야 합니까? 하나님께 기도하며 이 나라가 나아갈 길을 올
바르게 인도할 수 있는 주의 종이 되도록 해 주시옵소서!"

나 자신도 혼란스러워 깊은 기도를 할 수 없었고, 그저 걱정하
며 불안해할 뿐이었다. 그래서 기도하려고 기도원을 찾아갔다. 기
도원에도 많은 사람들이 와서 떠들고 있었다. 뿐만 아니라 여전
도회나 강습회 일로 많이 돌아다닌 탓에 얼굴을 아는 사람이 많
아서 인사를 주고받느라 도저히 마음을 안정하고 기도할 수가 없

었다. 모임에 나가면 사람들 앞에 나가 기도하도록 시켜서 사람들의 이목을 더 끌게 만들었다.

"하나님, 저의 피난처는 어디입니까? 조용히 아버지의 품에 다가가서 쉼을 얻기 원합니다."

한 곳을 찾아갔는데 바로 교회가 통합과 합동으로 갈라질 때 어디에도 가입하지 말자고 하며 같이 기도했던, 선배 **엄두섭** 목사님이 운영하시는 은성수도원이었다. 여러 번 다녀왔지만, 숙식이 좀 불편해서 자주 가지 않았던 곳이다. 조용하고 집회도 별로 없어서 묵상기도를 하기에는 아주 적합했다.

엄두섭 목사님은 장로회신학대학교 제1회 졸업생으로 **박창환** 목사님, **김준곤** 목사님 등과 함께 **박형룡** 박사님을 부산에서 모시고 와서 남산에서 새로 장로회신학대학교을 시작한 분들 중의 한 사람이었다. 엄 목사님은 교회가 다시 분열될 때, 합동 교회에도, 통합 교회에도 가입하고 싶지 않아서 혼자 기도하며 다니다가 끝내 포천군 화연면 화현리의 한 목장을 사서 손수 집을 짓고 기도하면서 은성수도원을 시작했다.

그곳의 운악산 돌을 굴려다가 우사(牛舍) 자리에 기도실을 짓고, 숲속에 한 사람씩 들어갈 암자 같은 집을 10여 곳이나 짓고 길을 내고 아름답게 손질을 한 좋은 기도처였다.

수도원은 종교개혁보다 더 오랜 역사를 가지고 있고 기독교 2천년 역사 속에서 오랜 세월 널리 영향을 끼쳤다. 종교개혁을 일으킨 마틴 루터 역시 수도원에서 나왔고 또 그의 영향을 받은 사람들이 힘을 합쳐 개신교 운동을 일으켰다. 그러나 수도원이 없는 개신교는 세월이 흐르는 동안 신도들이 교회 출석과 예배만 반복하는 가운데, 그만 수도적 생활을 잊어버려 세속적으로 살게 되었다.

기독교를 더 깊고, 더 철저하게 믿는 것이 무엇인지를 잊어버리고 있다. 지금은 주님을 향한 영적 세계를 찾아 그 진리에 입각한 생활을 하려는 노력이 결여되어 있다. 많은 저항 운동들을 지켜보면서 기독교인들과 하나님의 종들은 수도원의 수련과 생활을 익혀야 할 필요가 있지 않나 생각했다.

때마침 우리 학교의 선교원에서 총회로부터 위탁받은 선교사 훈련 프로그램 한 부분을 내가 맡게 되었다. 나는 수도원 생활을 좀 맛보게 하는 것이 유익하다고 여기고 이들 10여 명과 함께 엄두섭 목사님이 경영하는 은성수도원을 찾아갔다. 고요한 묵상기도와 함께 엄 목사님의 수도사적 생활을 잠깐이라도 맛보게 할 생각이었다. 선교사 훈련생에게도 뜻깊은 시간이었다.

스위스 로잔대회

1974년, 세계 복음주의대회인 스위스 로잔대회가 열렸다. 당시만 해도 우리나라에는 아직 국제회의에 자비(自費)로 참석할 수 있는 사람이 별로 없었다. 그래서 나의 여비를 스위스 여성 단체가 책임지는 대신 2주간 스위스 여성들을 방문해 달라는 조건이 붙었다.

/ 1974년 스위스 로잔대회에서 전산초 교수
(당시 대한간호사협회 회장)와 함께

그 큰 회의에서 이상한 복장을 한 여성들을 보았다. 유럽 여성들 중에 수녀복 같이 생긴 옛날 제복을 입고 다니는 사람들이 눈에 띄었다. 어느 여성에게 그 제복을 입은 사람들은 어떤 사람들인지 물어보았다. 그는 '디커니스'(deaconess, 여집사)라고 대답했다. 다시 말하자면 개신교의 수녀들이라는 것이다. 개신교에도 수녀가 있다니 나는 좀 놀랐다.

스위스 홈스테이 1

회의가 끝난 후에 나는 제네바에 살고 있는 **부리(Dr. Buri)** 교수 댁에(신학자인 **칼 바르트**의 후임이라고 했다) 머물게 되었다. 나는 그 댁에서 지내는 동안 많은 것을 배울 수 있었다. 그 사모님의 검소한 생활이 마음에 들었다. 그의 부지런함과 수준 높은 교양은 나의 머리를 숙여지게 했다.

내외가 뜨개질을 열심히 하기에 누구를 위한 옷인지 물어보았다. 그의 신앙의 아들(God-Child) 것이라고 했다. 여기 교회에서는 자기 친어머니 말고도 교회 안에 각기 신앙의 부모들과의 결연을 맺는다고 했다. 그들은 부모에게는 하지 못하는 말도 신앙의 부모와는 쉽게 상담할 수 있어서 좋다고 했다. 그는 스위스 사람이다 그렇기는 하지만 영어, 불어, 독일어 모두 유창했다. 수녀 같은 모습의 노인이 문학이나 예술작품 같은 것에 조예가 깊어서 대화하다가 나는 속으로 얼마나 부끄러웠는지 모른다. 현대 문학작품 이야기, 일본 미술가 이야기 등 나는 아주 무식쟁이 같은 생각이 들었다.

또 어떤 젊은 여성 집에 머물기도 했다. 아이가 셋인 주부였는데, 매일 밤 아이들을 재워 놓고 밖에 나가는 스케줄이 적혀 있었다. 예를 들면 월요일은 피아노 학습, 화요일은 성경공부, 수요일은 봉사활동, 목요일은 찬양 연습 등이었다. 주부로서 힘든 하루를 보내면서도 자기 발전과 봉사에 시간을 할애하고 있었던 것이다.

잊어버리지 못할 일이 또 하나 있다. 여름이라 밤에도 무척 더울 때였다. 아파트 1층을 쓰고 있어서 창문만 열면 넓은 잔디밭이고, 다음은 큰 길거리였다. 나는 덥지만 무서워서 창문을 꼭 닫고 잠이 들곤 했다. 주인집 사모님은 문을 열고 자라고 했다. "예!"라고 대답하고 그날 밤도 나는 문을 닫고 잤다.

며칠 문을 닫고 잤더니 사모님이 그 이유를 나에게 물었다. 나는 솔직하게 이야기했다. 우리나라는 전쟁을 겪어서 도둑이 많아 창문을 열고 잠을 자본 일이 별로 없기 때문이라고 하면서 우리는 담장을 쌓고 그 위에 쇠줄 같은 것을 두르고도 창문에 쇠창살을 해야 한다고 말했다. 그랬더니 그 분이 하는 말씀이 "도둑은 은행으로 가야 하는 것 아니냐"고 했다. '한 집에서 먹고 자고 했지만 우리 두 사람은 다른 세계를 살고 있구나! 여기는 천국보다 조금 못한 곳이구나.' 생각했다.

산언덕의 수녀원 탐방

나는 **부리** 교수님의 부인에게 로잔대회에서 본 개신교 여성 수녀들(Deaconess)이 사는 곳을 가보고 싶다고 했다. 하루 짬을 내어 안내를 받으며 탐방하기로 했다. 기차여행으로 아름다운 스위스 산 중턱에 내렸다. 하늘은 맑고 공기도 시원한 데다 전형적인 스위스의 풍경이 한눈에 들어오는 산언덕을 걸어 올라갔다. 산등성이에 아주 작고 예쁜 집을 가리키며, 저 집이라고 알려 주었다. 때마침 종소리가 들렸다. 가까이 가보니 어떤 수녀가 거기서 종을 치고 있었다. 우리는 종을 치던 수녀에게 인사를 했다. 인사를 받는 표정을 하더니 종치기가 끝났는데도 우리의 이야기를 들으면서 고개만 끄덕거릴 뿐 말을 하지 않았다. 그러더니 손짓으로 들어오라고 했다.

나는 수도원에는 침묵시간이 있다는 것을 그때까지 알지 못했다. 그녀가 안내하는 대로 조그만 채플에 들어갔다. 수녀들과 일반 성도로 보이는 사람들 10명 정도가 모여서 드리는 독일어 미사였다.

미사가 끝나자 역시 손짓으로 작은 규모의 식당으로 안내했다. 어리둥절한 나는 정말 조용함이 사람을 경건하게 만들어 준다는 것을 알았다. 수녀들과 같은 테이블에서 점심을 먹는데도 역시 침묵으로 기도하고 식사를 했다. 그러나 그들의 얼굴은 평화롭고 빛났다. 표정으로도 넉넉히 우리를 반겨 주고 있었고, 사랑한다는 표현을 하고 있었다. 나는 그 시간 정말 우리 식탁에 주님이 함께 하신다는 것을 경험했다. 은혜로운 성만찬 같았다. 그 시간의 감동을 잊을 수가 없다. 점심시간이 끝나고 나서 거실 같은 곳으로 안내를 받았다. 그때 그중 나이 많은 분이 우리와 같이 앉으면서 이제 침묵시간이 끝났다며 어떻게 오셨는지 묻고는 인사를 나누었다. 나는 매우 감동했다는 말과 함께 이런 질문을 했다.

"이곳을 경험하면서 세속을 떠난 생활이 얼마나 행복한지 알게 되었습니다. 속세에 사는 사람들에 대해서는 어떤 생각을 하게 됩니까?"

"여기에서 기도하며 사는 것은 쉽지만 일반 사람들의 생활은 얼마나 고통이 많고 힘들겠습니까? 그래서 우리는 여기에서 모든 사람을 위해 중보기도를 해야 하는 사명을 갖고 있다고 생각합니다."

나는 그들에게 '스스로 다른 사람들보다 거룩하다는 생각이 들지 않느냐?'라는 뜻에서 물어본 것인데, 역시 그들은 나름대로 더욱 귀중한 사명감으로 살고 있다는 겸손한 대답이었다.

나는 그날의 경험을 잊지 못했다. 그러면서 막연하게 수도원 생활을 흠모하게 되었다.

떼제수도원 가는 길

그 후 두 번 프랑스에 갔는데 그때마다 떼제수도원을 찾아가 보려고 했다. 그러나 아무리 물어보아도 그곳에 사는 사람들은 떼제를 아는 사람이 없었다. 두 번 다 실망하고 돌아온 경험이 있다. 다시 가게 되면 꼭 탐방하려고 마음먹고 있었다.

선교사 훈련생 중에 **서성환** 목사는 기독교교육과 출신으로 장래가 촉망되는 젊은 선교사였다. 그이가 독일로 선교를 가게 되자 나는 그에게 떼제 가는 길을 꼭 알아둘 것과 이런 개신교 수도원에 대한 책들을 좀 모아 보면 좋겠다고 부탁해 두었다. 그는 원래 진실한 사람이어서 내 부탁을 들어줄 것 같았다.

/ 떼제수도원에서 서성환 목사, 신한열 수사, 박정득 권사와
함께(오른쪽에서 왼쪽으로)

부탁한 지 10년이 되었을 무렵, 나는 안식관을 위해 6만 평의
땅을 기부해 주신 **박정득** 권사님을 모시고 유럽에 있는 개신교 수
도원 탐방여행을 떠났다. 그 당시 **서성환** 목사는 장신대 유럽 동
문회 회장으로 있으면서 자기 교회 목회로도 바쁠 텐데 그간 떼
제를 찾아갔을 뿐만 아니라 개신교 수도원에 대한 자료도 수집해
두고 기다렸다고 했다. 그래서 우리는 서 목사님과 함께 편안히
프랑스 떼제수도원을 방문할 수 있게 되었다.

클뤼니수도원

떼제로 가는 길에서 한 10km 못 미친 곳에 명소가 하나 있다.
유명한 '클뤼니수도원' 터다. 지금은 그 흔적만 있을 뿐 수도원
건물은 없었다. 이 수도원 건물이 로마의 바티칸 성당을 짓기 전

에는 전 유럽에서 가장 큰 수도원이었다고 한다. 그 전성기에는 수도사가 2천 명이나 되었다고 한다.

처음 이곳을 방문하면서 나는 큰 충격을 받았다. 가까이 가면서 이상한 냄새가 코를 찌르는데 길고 긴 집에 온통 말들이 가득 차 있었다. 듣고 보니 프랑스 국립종마장의 마구간이 되었다는 것이다. '축구장 2개 길이의 수도사들이 머물던 곳이 마구간이 되다니! 하나님 이게 웬일입니까? 왜 이 모양이 되고 말았습니까?' 교회도, 수도원도 이처럼 망할 수 있다는 두려운 마음이 들었다.

이 수도원이 그토록 아름답고 훌륭하게 지어질 때에는 그만한 신앙의 열정과 권력과 재력이 있었을 것인데, 어쩌다 이렇게 망하고 재건이 안 되었는지 안타까웠다.

이 수도원은 역사적 뿌리를 가진 베네딕트 수도원의 규율을 따랐는데 그 규율의 핵심은 수도적인 삶을 '기도와 노동'으로 규정하고 실천하는 것이었다. 이는 '기도는 노동이요, 노동은 기도다'로 알려진 수도적 삶의 모습이었다고 한다. 그러나 수도원이 점차 부를 축적하고 세속화되자 수도사들은 자기 스스로의 수도생활을 등한히 하게 되면서 편안한 삶을 영위하는 함정에 빠져들어 하나님 앞에서 진실성을 잃어버리고 말았다. 그 수도사들은 자신들의 업적에 안주하다가 타락의 길을 걷게 된 것이라고 했다.

떼제수도원

우리의 목적지인 떼제공동체(Communaute de Taize) 수도원에 도착했다. 떼제공동체에 처음으로 헌신한 사람은 **로제 루이 슈츠**다. 사람들은 보통 쉽게 **로제** 형제라고 불렀다. 공동체 안에서도 역시 **로제** 형제로 통했다. 호칭만으로도 그 공동체가 지향하는 점을 잘 알 수 있었다.

로제 형제는 1915년에 스위스 프로방스에서 태어났다. 그의 아버지는 스위스 개혁교회 목사였고, 그의 어머니는 프랑스 개신교회 목사의 딸이었다. **로제** 형제는 2남 7녀 중 막내로 소년 시기부터 공동체 생활에 많은 매력을 느끼고 있었다. 그는 제1차 세계대전 중에 태어났으며 제2차 세계대전 중에 신학공부를 마쳤다. 이런 경험에서 그는 일생을 헌신할 하나님으로부터의 소명을 받았다.

그는 '왜 같은 예수님을 믿는 사람들이 싸우는가? 예수님은 화해이고 평화가 아닌가?' 하는 위대한 질문을 하게 되었다. 이 질문은 그의 외할머니에게서 비롯되었다고 설명했다. 유럽에서도 종파별, 교파별 싸움이 지속되어 그 뿌리가 깊이 박혀 있었다. 같은 예수를 믿으면서 참혹한 전쟁을 하는 것을 보며 그의 외할머니는 화해를 위해 몸이 쓰러지도록 일했다. 그 모습을 보면서 로제 형제의 소명은 아주 현실적인 부분에서부터 시작되었다. 그는 이렇게 큰 질문을 품고 아주 작고 낮은 자리에서 자신이 헌신할 수 있는 집을 찾았다. 떼제는 페허가 되어가는 전형적 프랑스 농가였다.

다른 형제와 함께 그곳에서 기도하며 노동을 시작했다. 독일 나치스의 박해를 피해 프랑스로 쫓겨온 유대인들과 많은 피난민들을 받아들여 그들을 돌보게 되었다. 그때 그의 나이 25세였다. 이런 복음적인 삶을 살면서 기도하고 돌보는 소명을 감당하는 중에 그들은 아주 단순한 생활규칙을 세우고 지켰다. 이 생활은 지금까지 변함이 없다.

"하루하루의 일과 휴식이 하나님의 말씀으로 생기를 얻게 하십시오. 그리스도 안에 머물기 위해 모든 일에 침묵을 지키십시오. 기쁨, 단순, 소박, 자비의 진복(眞福) 정신이 항상 충만하도록 하십시오."

떼제수도원 입구에 여러 나라 말로 다음과 같이 쓰여 있다.

> 만약 모든 일의 시작에서 신뢰하는 마음이 자리한다면… 그리고 매일매일이 '하나님의 오늘'이 된다면 여기에 서 있는 그대는 화해될 것이고, 복음 안에서 기쁨과 단순과 소박과 자비의 진복 정신을 발견하게 될 것입니다.

1960년대부터 일주일 단위로 방문객들을 맞기 시작했는데 그 수가 점차 늘어나 지금은 3천여 명, 많게는 6천 명 정도 다녀간다고 한다. 떼제공동체를 방문하면 먼저 '떼제의 공동 기도회'에 참석한다.

공동 기도회는 하루 3번 모인다. 오전에는 성경 나눔 모임이 언어별로 있고, 오후에는 떼제 노래를 배우는 시간이 있다. 젊은이들은 대부분 천막을 가져와 야영을 하는데 나이든 사람은 이층 침대가 있는 허름한 건물에 머문다.

공동 기도회 모임장소는 창문이 없는 강당으로, 강단 앞에 아주 환한 등불을 달아 그 넓은 방을 밝혀 주고, 바닥에는 낡은 카펫을 깔아 1950-1960년대 우리나라 기도원처럼 바닥에 앉아서 기도를 드리도록 했다.

공동 기도회는 떼제의 화해의 종소리로 시작된다. 종소리가 울리는 중에 공동체 형제들이 노동을 하던 평상복을 하얀 수도복으로 갈아입고 입장한다. 100명 정도의 수도사들이 조용히 들어와 무릎을 약간 받쳐주는 낮은 받침대 위에 앉고, 손님들도 자리를 잡으면 종소리가 잦아들면서 공동체의 선창에 따라 다함께 노래를 부른다.

떼제의 노래는 가사가 대부분 아주 간결하고 멜로디도 아주 쉽다. 하나의 챈트라고도 할 수 있는 이 노래를 여러 번 반복하는 것이 특징이다. 반복하다 보면 그것이 기도가 된다. 여러 나라 말로 번역한 것을 부르는 가운데 기도를 잃어버린 사람들이 기도를 회복하게 해 준다. 다양한 상처와 아픔을 가지고 온 사람들이 함께 찬미하고 그 찬미가 기도가 되면서 치유받고 위로받는 역사가 일어난다. 떼제의 찬미 기도는 정말 하나됨을 깊이 느끼게 하고 어디서도 맛보기 힘든 화해가 구체적으로 일어나는 듯했다.

찬미 기도와 더불어 말씀 묵상이 공동 기도회의 핵심이다. 떼제 기도회에는 설교가 없다. 참석자들이 다양하기 때문에 설교를 할 수도 없다. 약 10개국 언어로 성경말씀을 읽어 준다. 거기에 한국

말도 들어 있다. 이 말씀을 붙잡고 조용한 침묵 속으로 들어간다. 오랫동안 계속되면서 하나님이 각자에게 말씀하시는 시간이요, 그것을 듣는 시간이다. 그래서 사람들은 각자 스스로의 길을 찾게 된다.

침묵의 묵상이 끝나면 **로제** 형제가 프랑스어로 중보 기도를 드린다. 프랑스어를 모르는 사람들도 간절함이 담긴 그의 간결한 기도를 들으면 그대로 마음에 다가오게 된다. 그리고 다시 노래하면서 퇴장하는데 공동체 형제들의 뒤를 따라 나갈 사람은 나가고, 그대로 남을 사람들은 남아서 계속 노래하기도 하고, 각자가 그대로 앉아 개인 기도를 드리기도 한다.

그리고 떼제는 공동체의 노동을 빼놓을 수가 없다. 떼제는 처음부터 기도와 노동 위에 세워진 곳이다. 떼제공동체는 누구에게도 기부금을 요청하지 않고, 받지도 않는다. 유산도 받지 않는다고 한다. 공동체 형제가 되려면 자신의 생계를 책임질 수 있는 노동

/ 떼제공동체 예배(맨 뒷자리에 로제 형제와 고아들)

력을 요구한다. 그들은 그저 기쁨과 단순함, 소박함과 자비의 삶을 지속하고자 할 뿐 어떤 강박관념도 갖지 않고, 단순하고 소박한 삶에서 참 행복을 누리고자 할 뿐이다. 기쁨, 단순, 소박, 자비는 십자가의 '낮아짐'에서 오는 것이다.

가장 낮아진 사람은 **로제** 형제다. 나는 공동 기도회에 참석하는 시간부터 설교도 없고 사회자도 없이 같이 찬미를 반복하면서 찬송이 나오면 따라하고, 각자가 묵상기도를 하는 것뿐인데도 무척 엄숙해지면서 하나님과 가까이 있음을 느꼈다.

내가 얼마나 외식적인 예배를 드리고 있었나, 그리고 주를 위해 희생한 것이 하나도 없이 얼마나 대접과 영광만 받아오는 데 익숙해 있었나 하는 죄책감이 들었다. 나는 그 공동체에 머문 후에도 하나님 앞에서 진정한 회개의 시간을 계속 가졌다. 전체 분위기는 단순하고 소박하여 생활 자체가 가능한 한 원시적으로 살게 되어 있었다. 음식과 건물, 시설 모두가 단순했다. 복도에는 들풀과 같은 꽃들이 병에 꽂혀 있었고, 성경이 펴 놓아져 있었다.

우리는 거기서 한국 수사 한 분을 만났다. 그는 아주 이성적인 분으로 보였는데, '신 형제'(**신한열**)라고 부르는 수사다. 얼마나 겸손하고 친절한지 예수님의 삶을 사는 모습이 감동적이었다. 그와의 대화에서 수사들의 헌신과 기도, 공동생활의 이야기를 들을 수 있었다. 그들이 하나님을 섬기는 일에 얼마나 충성스러운지 그리고 예수를 닮아가려는 모습이 얼마나 진실한지를 확실히 경험할 수 있었다.

원장 로제 수사

비록 짧은 기간이지만, 떼제수도원의 모든 것이 내 마음에 충
격적으로 다가왔다. 그곳에서 그리스도인의 참 모습을 마음에 새
기며 귀한 시간을 보냈다. 마지막 날 저녁 기도회 후에 신 형제의
소개로 **로제** 원장을 만나게 되었다. 80세의 작은 체구에 한없이
인자한 모습이었다.

/ 떼제공동체 로제 형제(왼쪽 앞)

로제 수사에게 상담을 원하는 사람들의 줄이 길었는데, 우리 한
국인들에게 특별히 시간을 내주었다. 그는 자기가 이런 일을 시
작하게 된 것은 자기 할머니가 전쟁 시에 피난민을 돌보다가 자
기 집에 와서 쓰러진 기억이 남아 있어서 전쟁 시에 이곳에 와서
어려운 사람을 돕게 된 것이라고 말했다. 그리고 홍콩에서 어려
운 사람들을 보았다며 동양 사람들의 가난과 고생이 늘 기억된다

는 이야기를 신 형제의 통역으로 들을 수 있었다. 말씀이 끝난 후에 **로제** 수사는 "제 머리에 손을 얹고 기도해 주세요."라고 말했다. 나는 무슨 말인가 해서 내 귀를 의심했다. 우리에게 기도를 해 주신다는 말씀이 아니라 자기에게 안수 기도를 해달라는 요청이었다. 우리는 당황할 수밖에 없었다. 그와 같은 세계적인 영적 지도자가 처음 만난 한국 방문객에게 이런 청을 할 줄을 누가 알았겠는가?

그는 이미 조용히 눈을 감고 안수 기도해 주기를 기다리고 있었다. 도저히 거절할 수도 없어서 목사님들이 같이 있었지만 가장 연장자이신 **박정득** 권사님이 머리 위에 손을 얹고 간절히 기도하셨다. 우리는 권사님의 기도를 둘러앉아서 도왔다. 성별도, 나이도, 인종이나 교파의 장벽도 아무것도 없이 성령이 하나 되게 하심을 깊이 체험하게 되었다. 아무것에도 매이지 않는 영적 자유를 만끽할 수 있었다.

그날 그 순간만으로도 황송했는데 밤 11시가 다 되어서 방문을 두드리는 소리가 들렸다. '이 조용한 시간에 무슨 일일까?' 의아해 하면서 문을 열었다. '신 형제'가 쪽지를 하나 갖고 오셨다. **로제** 수사가 갖다 드리라고 해서 가져왔다고 하는데, 쪽지는 "성령이 말씀하시길 모든 것을 벗어 버리고 성령을 충만히 받으라"는 말씀을 프랑스어로 쓴 것을 신 형제가 다시 번역해서 쓴 종이였다. 자연히 나는 그날부터 그 쪽지를 성경책에 붙이고 때때로 보곤 했는데, 어쩌다 그 성경책을 잃어버리면서 그 쪽지를 잃어버린 것이 무척 죄송하고 서운했다.

그날 저녁에 받은 은혜가 너무 커서 밤새 잠을 이룰 수 없었다. 나는 떼제에서 받은 은혜로운 경험을 두고두고 기억할 때마다 나를 새롭게 하는 축복을 받곤 한다.

기독교마리아자매회

우리 일행은 독일 프랑크푸르트 남쪽 다름슈타트에 있는 기독교마리아자매회를 방문했다. 그들은 그곳을 가나안이라고 부른다. 그곳에는 세계 120명 정도의 개신교 독신 자매들이 함께 살고 있다. 결혼은 했었지만 여러 상황으로 중도에 하나님의 부르심을 받은 사람들도 있었다. 그곳은 가톨릭 수녀원이 아니지만, 공동체 삶이 별로 없는 개신교에서는 낯선 곳이다. 그런 의미에서 보면 개신교의 공동체 회복을 위해서는 소중한 곳이기도 하다.

그곳 사람들은 우선 표정이 밝다. 화장하지 않은 맨 얼굴이어서 더 맑고 깨끗했다. 그들에게서는 소유욕이나 지배욕이 없는 어린아이 같은 순수함이 느껴졌다. 다른 사람들에 대한 관심과 배려가 돋보였다. 참 자유를 누리는 듯했다.

규모는 그리 크지 않지만 잘 가꾸어져 있었다. 잔디밭이나 수목과 꽃들이 아름답고 평화로움을 안겨 주었다. 정말 하나님 나라 사람들 같아 보였다. 정문에는 "회개하라 천국이 가까웠느니라"는 말씀이 큰 돌에 선명하게 쓰여 있었다. 그들은 이 말씀에 순종하며 살아간다. 회개가 하나님 나라의 열쇠인 까닭이다.

그들의 회개는 역사적인 현장에서 시작되었다. 제2차 세계대전이 막바지에 이를 무렵인 1944년 9월에 독일의 다름슈타트는 18분간의 공습으로 거의 잿더미가 되었다. **바실레아 슈링크**(Basilea Schlink)와 다른 친구는 수년 전부터 소녀들의 성경공부를 인도하면서 새로운 부흥이 일어나기를 기도하고 있었다. 그날 밤 그들은 주님과 심판자이신 하나님의 거룩하심을 만나게 되었다. 하나님의 임재 앞에서 아무것도 숨길 수 없었다. 그 두려운 밤에 성경공부를 하던 소녀들은 하나님의 빛 아래서 자신의 죄를 자복하고 주님의 용서의 확신을 갖게 되었다. 성령의 인도하심에 따라 회개가 이루어진 것이다. 자신의 죄뿐 아니라 민족의 죄를 회개하였다. 그들은 잿더미 속에서 새롭게 살게 되었고, 헤어지지 않고 함께 사는 것이 하나님의 뜻인 줄 알고 공동생활을 시작했다.

그들은 회개를 단 한 번의 것으로 생각하지 않는다. 물론 칭의(稱義)를 위한 회개는 한 번이지만, 성화(聖化)를 위한 회개는 매일 매순간 모든 죄의 길에서 돌아서는 회개여야 한다고 생각한다. 그들은 주기도문의 "나라가 임하시오며"라고 간절히 기도하는 심정으로 죄를 회개한다.

기독교마리아자매회 가나안에는 어디에서나 예수님의 자취가 가득하다. 예수 고난의 예배당, 예수 고난의 정원, 예수 기쁨의 길, 가나안 갈릴리 바다 등이 있다. 그중에 예수 고난의 정원은 예수님의 고난받는 모습을 한 장면 한 장면 만들고 말씀을 새기고 묵상하고 기도할 수 있도록 설치해 놓아 영적으로 아주 풍요롭게 해주었다. 여기에는 성모 마리아 신앙의식의 자리는 없다.

/ 독일 마리아자매회를 방문하여 박정득 권사(아래줄 오른쪽),
한국여성 수녀(아래줄 왼쪽), 서성환 목사(윗줄 오른쪽 첫 번째)와 함께(1995년)

이것이 확실히 개신교 수녀원임을 증명한다. 성경공부에서 출발한 곳으로 말씀에 순종하는 삶을 보여 주고 있었다.

1995년 여름엔 **서성환** 목사의 초청으로 유럽에 있는 장로회신학대학교 졸업생들의 모임에 와달라는 요청이 왔다. 나는 부르는 곳에는 말없이 순종하기로 했기에 또 승낙했다. 그곳에 모이는 사람들은 모두 신학으로 박사학위를 하는 사람들인데, 기독교교육을 하는 사람이 어떻게 감당할까? 또 믿고 모험을 했다. 그래서서 목사님의 안내로 귀하고 가치 있는 탐방을 할 수 있게 되었다.

은성수도원의 태동

유럽의 개신교 수도원 탐방여행에서 돌아온 나는 본래 꿈꾸어오던 기도원이나 수양관이 아닌 수도원 같은 처소를 하나 만들어 한국 교회의 영성과 부흥에 기여하고 싶었다. 남편 김 장로와 나는 결혼할 때부터 하나님과 나라를 위한 귀하고 선한 사업을 하기로 약속했었다. 나는 70이 넘었고, 남편은 80세가 넘었으니 서둘러 여러 곳에 땅을 보러 다녔다. 나이 60에 배운 운전 솜씨로 내가 운전해서 곤지암으로, 강원도 화천으로 두루 다녔다. 강원도는 산천이 수려하고, 인가가 많이 없어서 마음에 드는 곳을 두어 곳 찾아 두었고, 여러 번 다니며 알아보았다. 한 9천 평 정도의 목장에 건물을 지을 수 있다기에 매입했다. 그래도 유명한 건축가의 회사에 위탁해서 설계를 부탁하려고 다시 나갔더니, 건물을 지을 수 없는 곳이라고 했다. 군청에서 오류가 있어서 긍정적으로 이야기했었다고 한다. 하나님의 허락이 없으면 할 수 없다고 스스로 섭섭한 마음을 달래고 있었다.

그때 장신대 교수님 한 분이 포천에 있는 **엄두섭** 목사님이 하시던 은성수도원을 어느 교회사를 연구하시는 목사님이 매입하여 연구원으로 사용하려고 한다고 귀띔해 주셨다. 엄 목사님은 너무 연로해서 감당하기 어렵기 때문이라고 했다. 나는 무척 반가웠다. 그렇지만 남편에게 또 이것을 우리가 인수하자는 말은 할 수가 없었다. 무슨 돈에 또 다른 땅을 사느냐고 할 것이 분명했기 때문이다. 그렇지만 하나님의 뜻이 있으면 될 거라는 믿음이 생겼다.

은성수도원에 가서 엄 목사님께 그 뜻을 알아보았다. 엄 목사님은 수도원으로 그냥 쓰도록 하면 얼마나 좋겠느냐고 기뻐하셨다. 나는 집에 와서 김 장로에게 "은성수도원에 갔더니, 그것을 교회사를 연구하시는 목사님이 인수할 생각을 하시더군요."라고 말했다. 그러자 김 장로가 대뜸 이렇게 말했다. "그럼 그거 우리가 하면 좋겠구만." 그 순간 '오 하나님! 이게 웬일입니까? 성령님의 역사하심을 찬양합니다!'

나는 "그러면 화천 땅은 어떻게 하고요?"라고 물었다. 그랬더니 "그거 당신은 모르는 소리요. 이제 화천에 집을 지어야 하고 그 먼 길을 다니면서 길 만들고 전기 끌어오려면 힘들어 고생만 해요. 하지만 은성수도원은 작지만 가깝고 이때까지 하던 곳이니 그냥 계속 운영만 하면 되지 않아요?"라며 도리어 남편이 더 열심을 내는 것이다. '하나님 이게 어찌된 일입니까?'

기적처럼 느껴져 당장 학교 총무과 김 장로님을 모시고 포천읍에 가서 지적도와 등기를 떼어 보고 계약을 했다. 호사다마라고 그 과정에서 시험되는 몇 가지 사건은 있었다. 마귀가 시기하는 짓일 뿐이라고 생각하니 사람을 원망할 필요는 없었다.

20-30년 손과 발이 닳도록 산에서 돌을 굴려가며 손수 나무 하나, 돌 하나 손수 매만지며 아껴온 성역의 터전을 다 내려놓고 하산하시는 **엄두섭** 목사님의 뒷모습을 보며 꼭 자주 오시라는 말밖에는 달리 위로할 말이 없었다.

'어쩌다 하나님께서 내게 이런 귀한 일을 시키십니까?' 기도했다. "빈손으로 거지가 되어 38선을 넘어왔는데, 내가 하나님의 전을 맡게 되었습니다. 이 집에서 우리나라 삼천리강산에 영적 생수를 흘려보낼 수 있게 하옵소서." 기도실에서 감사의 눈물과 새로운 헌신으로 기도를 드렸다.

이제 실제적인 문제에 부딪혔다. 누가 이 집을 관리하며, 누가 하나님의 사람들을 대접할 것인가 하는 것이었다. 그러나 하나님께서 누군가를 보내 주실 것으로 믿고 잠시 기다렸다. 한국 교회를 사랑하여 몸 바쳐 섬기고자 하는 사람이 반드시 있을 것이었다.

하루는 중년 남자 한 사람이 우리 집을 찾아왔다. 그는 장신대 목회연구원을 졸업하고 한 10년 농촌 목회를 하다 보니 하나님만을 섬겨할 목회자가 사람의 뜻을 따라 살게 되었다며 '이것은 아니다'라는 생각으로 부산으로 가서 막노동을 하니까 하늘이 보이더라고 말했다. 그래서 이제는 밥벌이로 일하지 않고 꼭 하나님만 섬기기로 하고 품삯은 받지 않고 은성수도원에서 일하고 싶다고 했다. "나는 부인과 합의했는가? 또 자녀는 어떻게 할 것인가?"라고 물었다. 부인도 좋아하며 의식주는 하나님께 맡기고 봉사만 하겠다고 했다. 아이는 딸 하나로 중학교 1학년에 들어갔는데 그 아이 공부만 맡아 주시면 된다고 했다. 바로 크리스마스 다음날 조그만 트럭에 얼마 안 되는 이삿짐을 싣고 부산에서 세 식구가 올라왔다.

그들도 기뻐하고 나도 하나님이 하시는 일이 놀라워 즐거워했다. 수도원 첫날부터 나는 나의 육촌오빠의 부인 **최심이** 권사와 함께 수도원을 지키며 기도하고 있었다. 부산에서 오신 **김현용** 목사님 식구와 우리 두 사람, 다섯 식구가 되었다. 그간 나는 수도원 공동체에 대한 책 몇 권과 **헨리 나우웬**의 책을 읽었고 강원도 예수원 등 수도원들을 잠깐 탐방한 것뿐인데, 이 큰일을 어떻게 감당해야 할지 막막했다.

그저 하나님의 것인데 하나님 뜻대로 하시도록 맡기고 기도하

/ 은성수도원 입구

/ 은성수도원 기도의 집

면서 기본원칙 몇 가지만 정했다. 아무것도 강요하는 것은 없다. 식사비와 숙박비는 무료로 하고, 헌금함만 두기로 했다. 새벽기도회와 정오 12시 중보기도회만 종을 쳐서 모이도록 했다. 숙식을 무료로 하는 일에 대해 염려하는 사람도 있었으나, 단순 소박한 삶을 연습하기에 좋은 기회였고 만약 식량이 부족하면 내가 책임지겠다고 생각했다.

청소와 채소밭 가꾸기는 기도하러 온 사람들이 두세 시간씩 노동해서 담당하기로 했다. 자기 먹은 그릇도 자기가 설거지하도록 정했다. 엄 목사님이 이미 정해 놓은 '노동은 기도다.'라는 규칙이 있었다. 침묵기도를 위해 각 사람이 한 방씩 차지하도록 하고, 금식하는 사람은 3일 이상 하지 않기로 했다. 주일은 각각 하산해서 본 교회에 가도록 정했다. 그 외에는 경영해 가면서 영성 훈련을 맡으실 교수님과 결정하기로 하고 기도하며 기다렸다.

수도원 규모는 겨우 3,300평. 운악산 언덕 숲이 그런대로 무성하고 기도실에 딸린 방과 장난감 집처럼 예쁘게 나무 그늘에 지어진 10채가량의 기도실까지 합하면 23-24명은 수용할 수 있었다. 수도원 산 위에서 깨끗하고 맑은 물이 흘렀는데, 요즘에는 점점 그 물의 양이 줄어들고 있다. 엄 목사님이 아기자기하게 심어 놓은 유실수가 요즈음 **한정원** 목사님이 손질하는 화원과 잘 어울렸다. 어쩌면 하나님은 이 작은 동산을 위해 일꾼과 물질까지 예비해 놓으셨는지 날마다 놀랐다. 김 목사님은 청소를 깨끗이 할 뿐만 아니라, 집수리·전기·하수·농사일 모두 전문가처럼 잘하셨다. 사모님은 요리 솜씨가 좋을 뿐만 아니라 성품이 활달하고 겸손하며 지혜로워서 사람들이 상담을 요청하기도 했다. 우리는 전에 맛보지 못한 평화롭고 기쁜 생활을 즐기며 살았다. 때때로 사람들이 와서 누가 이곳의 원장이냐고 묻곤 한다. 여기는 원장이

없다고 나는 서슴없이 대답한다. 여기는 원장이 없는 곳이다. 예
수님밖에는 없다.

/ 은성수도원에서 장신대 기독교교육과 교수들과 함께

(왼쪽부터 사미자, 양금희, 고용수 교수)

/ 은성수도원 직원 김현용 목사와 자원봉사자들과 함께

8부

노화는 있어도 은퇴는 없다

고향 평양 가족 방문

2001년 적십자사에서 연락이 왔다. 남편 **김명식** 장로가 평양 가족 방문 지원을 한 지 몇 해가 되었는데 아무 소식이 없다가 그제야 연락이 온 것이다. 100명이 최종 정원인데, 1차로 뽑힌 200명 가운데 남편이 들었다고 했다. 북한에서 조사한 결과 7남매 형제들은 모두 세상을 떠나고, 조카 한 사람만 살아 있다는 소식도 전해 주었다. 소망을 갖고 기다렸다. 얼마 후 2차 발표에서 그만 떨어졌다. 실망 중에 있었는데, 막상 100명이 북한으로 떠나기 이틀 전날 갑자기 신문사에서 면접 요청이 왔다.

신문기자에게 무슨 일인지 물었다. 뽑힌 100명 중 한 사람이 갑자기 아파서 못 가게 되어 101번 **김명식** 씨가 가게 되었다고 했다. 이런 행운으로 북한에 가게 되어 축하한다면서 신문사에서 몇 사람이 찾아왔다. 우리는 어리둥절해하며 그들을 맞아 기쁨을 같이 나누었다.

우리는 흥분한 상태로 준비를 서둘렀다. 돈은 마음대로 못 갖고 가고 500달러까지만 허용된다고 하는데 무슨 선물을 해야 할지 생각이 나지 않았다. 곧 찾아올 겨울에 필요한 솜옷들을 사주고 금반지는 끼고 가서 주기로 했다. 남편은 걸어갈 수도 있었지만 안전하게 휠체어를 탔다. 평양 가족 방문단은 모두 설레는 모습으로 북한으로 향하는 비행기에 몸을 실었다. 50여 년 만에 고향 땅을 밟게 되었으니 얼마나 감격스러웠겠는가!

조카 상봉 후 돌아온 남편의 이야기

조카가 열 살 정도 됐을 때 보고 50여 년 만에 만나니 서먹서먹했다. 어떻든 집안 이야기를 들으니 참혹했다. 7남매가 모두 폭격에 죽었다는데, 조카는 아주 건장하게 잘 자라 의사가 되어 있었다. 그 조카의 아버지는 바로 위 형님인데, 일본에서 공부하다가 애국운동 한다고 고문을 당해 정신이상이 되었다.

조카는 아버지가 돌아가시고 애국자의 자손이라고 **김일성**이 모스크바 유학을 시켜 주어 지금은 평양 제2병원 부원장이라고 했다. 아들 둘이 있고, 대우가 좋아서 아파트도 있고 자가용도 있다고 했다. 그러면 집에 한번 가볼 수는 없느냐고 했더니 그건 허락이 안 된다고 했다.

조카는 술을 가져와서 함께 마시자고 했다. 나는 교회에 다니며 장로라고 하니까 장로가 뭐냐고 물었다. 그리고 장로를 하면 얼마나 받느냐고 묻기에, 장로는 봉급을 받지 않고 봉사를 한다고 하자, "왜 그냥 해 주느냐, 보수를 받아야지"라고 말했다. 그리고는 높은 사람들 치료해 주어서 상 받은 것들을 가지고 와 자랑을 늘어놓았다. 대화도 잘 통하지 않고, 할 말도 없었다. 관광도 못했다. 밤에 창문을 열어 보니 캄캄하고 아무것도 안 보였다. 모란봉도 을밀대도 못 보고 왔다.

호텔에서 자다가 조금만 소리가 나도 안내자인지 지키는 사람이 들어와서 "무얼 도와드릴까요?"라고 물었다. 조카는 고려호텔 아래층에서 선물을 사주었다. 비단에 수놓은 100달러짜리 액자 4개와 **김정일**의 하사품인 빨간 테이블보를 갖고 집에 돌아왔다.

남북한 합동예배를 위한 평양 방문

평양 가족 방문이 있은 지 2년 후에 '한민족복지재단'에서 6·15회담(**김대중·김정일** 회담) 기념으로 봉수교회 300명과 우리 남한 교회 지도자 300명이 함께 평양에서 예배를 드리기로 했다. 한민족복지재단 전 이사장이었던 연동교회 **이성희** 목사님의 배려로 나는 연동교회의 일원이 되어 남북한 합동예배에 합류하게 되었다. 남편 김 장로가 북한에 한 번 갔다온 이후 나는 가보고 싶은 생각이 별로 없어서 주저했다. 이번이 죽기 전에 고향 땅을 밟아볼 마지막 기회인데 같이 가보는 것이 좋지 않겠느냐는 남편의 말에 가기로 결정했다.

우리는 비행기를 타고 곧장 평양으로 날아갔다. 처음 있는 일이라고 했다. 아마도 서해로 갔다가 북한 영토로 들어가는 모양이었다. 북한 땅을 내려다보는데 내가 상상하던 것과는 전혀 달랐다. 어릴 때 보던 외가 농촌을 생각했었다. 그런데 산에는 푸른 색은 하나도 안 보이고 붉은 산등성이들과 바둑판처럼 몰려 있는 집들이 여기저기 보일 뿐이었다. 농사짓는 모습도 하나도 안 보였다. 죽은 땅처럼 느껴졌다. 비행기가 북한 비행장에 도착했다. 트랩을 밟는 순간 시원하고 신선한 공기가 좋았다. 역시 공해는 없구나 생각했다.

조그만 비행장엔 커다란 벤츠 버스들이 대기하고 있었다. 남한에서조차 보기 드문 고급 버스가 10대나 줄지어 있었다. 덜커덕거리는 기계로 짐 조사를 했다. 짐 조사가 대강 끝나자 나는 버스 앞자리에 앉았다. 열심히 북한 사람을 구경하려고 확 트인 앞 창문과 옆 창문을 번갈아 가며 내다보았다.

가는 길엔 자동차는 하나도 안 보이고, 이따금씩 시커먼 배낭을 메고 걸어가는 사람이 보였다. '얼마나 고생한 얼굴일까?' 하는 생각에 그들의 얼굴이 보고 싶었다. 그런데 놀라운 일은 30분 정도 주행하는 동안 한 사람도 우리 일행이 탄 차를 쳐다보지 않았다는 것이다. 큰 버스가 10대나 줄지어 가는데 몇 대인지, 어떤 사람들이 타고 있는지 한 번쯤은 호기심으로 볼 만도 한데 사람들은 기계처럼 고개를 숙이고 걷고 있었다. 이들은 말하는 자유는 물론 보는 자유조차 갖지 못하고 사는 사람들이었다.

고려호텔에 도착해서 나는 연동교회 권사님과 함께 9층 방을 잡았다. 평범한 호텔 안에서 별 불편은 없었다. 호기심에 정문으로 내려가 길거리 쪽으로 나가 서 있어 보았다. 평복을 입은 사람이 안으로 들어가 있으라고 주의를 주어 다시 방에 들어갔다.

54년 만에 방문한 내 고향 땅이 이토록 변했나? 내가 자라나던 신양리가 멀지 않을 것 같았다. 평양시를 완전히 밀고 평지를 만들어 아파트들을 지었기 때문에 어디가 어딘지 알 수는 없었다.

그러나 평양 기차역이 얼마 멀지 않고 대동문에서 보통문으로 가는 큰길에 고려호텔이 자리잡은 것을 보니, 내가 어려서 다니던 서문밖유치원 자리도 금방일 것 같고, 정의여자고등학교도 대강 어디쯤인지 추측할 수 있었다. 얕은 언덕들이 많이 있어서 장대재, 남산재, 오동포재로 불리던 곳에 벽돌집 교회당이 우뚝우뚝 서 있었는데, 지금은 아무것도 없는 평지가 되었고 그 위엔 크고 웅장한 건물만 서 있었다.

큰 건물 담벼락에는 큰 글자로 쓴 구호들이 사람들의 마음을 섬뜩하게 만들었다. "어버이 수령님은 살아계신다." "당이 결정하면 우리는 한다." "당중앙위원회를 목숨으로 사수하자!" "미제(美帝) 침략자들을 섬멸하라!" 등의 구호 깃발이 펄럭이고 있었다.

휴식 시간은 왜 이렇게 많이 주는지 우리가 지겹게 기다린 외출 시간이 38시간이나 되었다. 금요일에 도착했는데, 그 다음날 토요일에는 아무것도 안 하고 호텔 창문으로 지나다니는 사람들을 내려다보면서 꼬박 하루 이상을 보냈다.

단장 목사님이 점심시간에 광고하기를 우리더러 아리랑 축제에 가라고 했다. 우리는 원래 스케줄에 없어서 안 간다고 했더니 "그러면 내일 봉수교회를 못 갑니다. 그것을 타협하느라 시간을 보냈습니다."라고 하는 것이다. 그러면서 오늘 저녁 아리랑 축제에 가기 원하는 사람은 가기로 결정했다고 한다. 바로 그날 밤이 우리나라 월드컵 경기가 있는 날이었다. 여기에도 방마다 텔레비전은 있으나 북한 선전만 나왔다. 월드컵은 감감무소식이었다.

나는 창문 밖으로 길거리만 계속 내려다보고 있었다. 십자 거리

한복판에 여순경이 수신호로 교통정리하는 모습은 한국 TV에서 보던 그대로였다. 자동차가 별로 없어서 지휘할 필요도 없을 듯했다. 앞에 보이는 15층짜리 아파트에는 사람들이 사는지 안 사는지 출입하는 사람이 보이지 않았다. 아래층에는 무슨 음식점이라고 쓰여 있기는 하지만 문은 다 닫혀 있었다. 호텔 주변에 구멍가게 같은 것을 만들어 놓고 카바이드 불을 환하게 켜 놓았다. 우리 한국 분들이 서성거리고 있기에 나도 내려가 보았다. 선물을 파는 곳으로 외화벌이를 하는 모양이었다. 별로 사고 싶은 것이 없었다. 밤에 창밖으로 보이는 평양은 아주 캄캄했다.

호텔 식당은 아주 커서 300명이 한꺼번에 먹을 수 있었다. 음식도 풍부했다. 외제도 많이 있었지만 무엇보다도 맛있는 것은 채소였다. 상추, 쑥갓, 김치 같은 채소가 어찌나 싱싱한지 공해가 없는 것이 확실하다는 생각이 들었다. 그 밖의 음식은 별다른 것이 없었다.

평양 고려호텔에서의 금식기도 부흥회

봉수교회로 갈 주일 아침이 되었다. 우리는 어젯밤 아리랑 축제에 사람들이 얼마나 갔는지보다는 월드컵 경기가 어떻게 됐는지가 더 궁금했다. 아침식사를 하려고 식당에 내려왔을 때, 우리는 총무 목사님께 경기가 어떻게 되었는지 알아봐 달라고 부탁했다. 총무 목사님은 중국 베이징 대사관으로 전화를 걸어 물어보았다.

4강에 진출하게 되었다고 했다. 젊은이들은 "야!" 하고 소리치며 서로 껴안고 기뻐하고 야단이 났다. 그러나 북한 사람들은 뭐가 뭔지 모르고 이상하다는 표정으로 쳐다만 보았다. 역시 딴 세계 사람들 같았다. 슬픈 일이었다.

그때 단장 목사님께서 자리에 모두 가서 앉으라고 하며 "중요한 일을 말씀드리겠습니다."라고 운을 떼셨다. 어젯밤 아리랑 축제에 300명 중 90명만 참석하여 오늘 봉수교회를 못 가게 하고 그 대신 묘향산 관광을 가라고 한다는 것이었다. 그 일로 많이 다투었지만 안 되더라고 하셨다. 사람들이 "우리가 묘향산에 가려고 온 것이 아니니 여기서 금식기도회를 하면 어떻습니까?"라고 했다. 모두 "좋습니다!" 하고, 예배드릴 준비를 했다. 단장 목사님은 "한 상에서 한꺼번에 다 자리를 뜨지는 말고 방에 올라가서 찬송, 성경을 가지고 옷을 갈아입고 오십시오."라고 했다. 이 한마디에 기쁨은 사라지고 숙연하고 긴장되고 불안한 분위기로 변해 버렸다.

"아래층에는 보위부 안전원들이 가득 와 있습니다."라는 말에 어떤 목사님은 잡혀갈 것 같은지 여성들에게 와서 "우리 집 연락처를 드릴 테니 후에 무슨 일이 생기면 연락을 해달라"고 부탁하기도 했다. 분위기는 아주 긴박한 듯했다. 목사님들이 한 50명 되는데 그분들을 다 나오라고 했다. 순서를 짜고 같이 행동할 준비를 하는 모양이었다.

우리는 예배를 시작했다. 단장 목사님은 이 긴장된 때에 아주 적합한 힘 있는 설교를 해 주셨다. "환란과 핍박 중에도 성도는 신앙 지켰네." 찬송은 다른 때와 달리 절절한 호소요, 간구로 마

음에 다가왔다. 그리고 그 소리는 점점 커졌다. 찬송을 부를수록 힘이 생겨서 테이블을 치다가 발로 박자를 치면서 찬송했다. 목사님들의 말씀을 듣고 통성기도로 들어간 후에는 더 뜨거워졌다.

우리의 기도회는 완전히 부흥회가 되어 버렸다. 북한 사람들이 어떻게 보건 말건 우리는 그만큼 북한을 위한 기도를 뜨겁게 했다. 나는 마음 깊숙한 곳에서 회개의 기도가 나왔다. 이렇게 불안과 공포 속에서 사람들이 하루하루 지옥처럼 살아가는데 나는 배부르게 잘 먹고 잘 살면서 감사함을 잊어버린 죄를 고백했다. 내가 이곳에 그냥 살았더라면 고생하다가 벌써 죽었을 터인데 이렇게 복 받은 몸으로 살아 왔고, 순교한 사람도 그렇게 많은데 나는 순교를 피해 남한으로 와서 너무 세상을 사랑하고 즐기면서 살아온 것이 아닌가. 주님을 위해 죽다 살아남은 사람답게 열심히, 더 뜨겁게 하나님을 사랑하고 사람을 사랑하며 살지 못한 죄인임을 고백하면서 눈물을 흘렸다.

많은 사람들이 눈물로 기도를 드렸다. 젊은이들로 구성된 찬양대도 같이 왔는데, 예배 시간 그들의 찬양은 한층 더 우리 마음을 감동시켰다. 몇 차례 예배를 반복하는 동안 우리가 이런 때에 성찬식을 하면 어떻겠느냐는 단장 **최홍준** 목사님의 말씀에 모두 "좋습니다!" 하며 마음이 일치했다. 그러고 보니 뷔페식 조반상은 그대로 있어서 빵은 쌓여 있었고, 포도주는 1층 호텔숍에 있을 것이고, 유리잔들도 많이 놓여 있었다.

성찬을 받으면서 나의 간절한 기도는 "주님! 주님의 이 피를 정말 이 땅에 뿌려 주소서! 아니, 저 백두산에서 한라산까지 이 삼천리 강산이 보혈의 강으로 흐르게 하소서! 북한의 우상 섬기는 죄와 남한의 타락한 죄, 흥청거리며 방만하게 날뛰는 음란과 방탕과 모든 위선과 부패와 온갖 죄악이 하늘에 닿았습니다! 보혈로 씻어 주소서!" 이것은 회개의 성찬이었다. 오랜만에 회개와 감격의 눈물이 쏟아졌다.

그 후에 단장 목사님은 "이제 **이만열** 교수님과 **주선애** 교수님께서 나오셔서 각각 말씀해 주시면 감사하겠습니다."라고 하셨다. 나는 그 시간에 정말 말씀을 선포하고 싶어졌다. 나는 원래 내향적인 사람인데 그런 마음이 생긴 것은 성령님의 역사였다. 먼저 **이만열** 교수님은 교회사 교수님답게 말씀을 시작하셨다.

"바로 이 평양에서 우리 **주기철** 목사님이 순교하셨습니다."

이만열 교수님의 말씀을 듣는 동안 하나님께서는 북한의 많은 순교자들을 생각나게 하셨다. 그 다음 차례로 내가 말씀을 전해야 했다. 벅찬 가슴으로 앞에 나갔다. 많은 목사님, 장로님, 새벽이슬 같은 청년들의 눈동자들이 나에게 쏠렸다.

나는 바로 이곳 평양에서 나서 여기서 자랐는데, 1948년, 이곳에 핍박의 기운이 감돌 때 순교할 자신이 없어서 남한으로 도망갔었습니다. 50여 년 만에 고향에 온 나는 마음이 착잡합니다. 곳곳마다 집채만 한 크기로 걸려 있는 현수막에는 "예수 부활하셨다"라는 말씀 대신 "수령님은 살아 계신다"가 쓰여 있는 것을 우리는 봅니다. 옛날 평양시는 오늘 같은 주일 아침이면 우렁차게 울려 퍼지는 교회 종소리를 들으며 흰옷 입은 어른들이 언덕마다 구름떼 같이 올라가던 고장입니다. 오늘 평양 한복판에서 우렁차게 찬송을 부를 수 있게 된 것은 하나님께서 이 성읍을 회복하실 하나의 사인으로 믿어집니다. 남한으로 가기 전엔 중등부 학생들과 몰래 집에서 예배를 드리려고 하면 창문에 이불을 걸고 가만히 소리를 죽여 가며 찬송을 부르곤 했는데 오늘 우리가 이렇게 우렁차게 부르도록 인도하신 하나님의 은혜에 눈물이 납니다. 만일 우리가 오늘 이런 일이 없었다면 그저 봉수교회에 가서 예배 한 번 드리고 왔다고 보고하게 될 뿐인데, 하나님께서 오늘 이 자리에 모여 기도하게 하시는 것은 북한에 대해서는 무관심한 채 잘 먹고 잘 살면서 풍요만을 추구하던 우리 남한 교회 지도자들에게 회개의 기회를 주신 것이라고 생각합니다. 회개의 기회를 갖지 못하고 돌아갈까 봐 하나님께서 이런 특별한 기회를 주셨습니다.

우리는 오전 7시부터 오후 2시까지 금식기도 부흥회를 했다. 2시가 되자 보위부원들은 이제 그만하고 봉수교회에 가라고 했다. 그때 하나님께 감사를 드리고, 늦은 점심을 먹고 봉수교회로 갔다. 봉수교회는 텅 비어 있었다. 얼마 있다가 그 교회 목사라는 사람이 노동을 하다가 뛰어왔는지 앞에 서서 정치 선전 같은 말을 했다. 우리는 다시 우리 나름의 예배를 드리고 봉수교회에 예물을 드리고 나왔다. 교회 앞마당에는 평양신학교라고 쓰여 있는 집 한 채가 있었다. 문은 굳게 닫혀 있었다.

연이어 우리는 칠골교회를 방문했다. 거기에서도 목사라는 사람이 기다리고 있었는데, 사람들은 하나도 없고, 방은 텅 비어 있었다. 이 고장 사람들이 멀찍이 서서 우리를 바라만 보고 있었다. 접촉할 수 없게 한 모양이었다.

만경대 참관

만경대는 성역이라서 참배하러 줄을 서서 들어오는 사람들은 많았지만 이야기를 나눌 수는 없었다. 만경대는 **김일성**의 고향으로 알려져 있는 곳이다. 탈북자들을 통해 들은 만경대 이야기는 이랬다. **김일성**의 증조할아버지 **김응우**가 너무 가난해서 대동군 고평면 송산리 어떤 지주(地主)의 묘지기로 살기로 하고 이곳 만경대에 정착했고 그 후 **김일성**이 태어났다.

그런데 나의 정의여학교 동창 **김귀혁** 권사(영락교회)의 어머니가

그 지주의 딸이었고, 그곳은 김 권사의 외가였다. **김귀혁** 권사는
같은 반 친구이자 부장 장로님의 딸이었다.

평양 시내 관광

고려호텔에서 하룻밤을 더 지냈다. 그 다음 날은 평양 시내 관
광을 하도록 되어 있었다. 나는 기대하며 밤을 지냈다. 옛날 흔적
을 찾아볼 생각이었다. 그런데 관광 안내자가 빵공장을 가야 하
는데 빵 기계가 고장이 나서 기다려야 한다고 했다. 북한 어린이
들의 영양섭취를 돕기 위해 빵 만들기 사업을 하고 있는 한민족
복지재단과 목사님들이 이곳을 방문하러 왔다는 연락을 받고 빵
기계를 보여줄 계획이었던 것이다. 그러나 그 빵 기계가 언제부
터 고장인지 알 수가 없었다.

나는 빵공장에는 가지 않았다. 오후에 빵을 만들어 우리에게 가
져왔는데 우리나라 제과점 빵과 같은 빵이었다. 굶주린 아이들이
나 먹일 것이지, 왜 우리가 이 빵을 먹어야 하나 싶었다.

그 다음에 평양학생소년궁전이라는 곳에 갔다. 굉장한 규모의
건물로 예쁘고 똑똑한 아이들을 데려다 한 가지씩 전문적으로 재
능을 훈련시키는 곳이었다. 아이들이 노래하며 율동하는 교실, 컴
퓨터 몇 대 놓고 훈련하는 교실, 습자(習字) 교실 등이 있었다. '이
시대에 습자가 무슨 소용이 있을까?' 하는 생각이 들었다. 연극장
에서 발표하는 것도 관람하였다.

/ 옥류관에서 이만열 교수와 함께

늘 호기심을 갖게 하던 옥류관도 방문했다. 옥류관은 아름다운 곳에 위치해 있었다. 대동강 역시 내가 즐기며 건너다니던 모습은 아니었다. 건너편에 우뚝 서 있는 주체사상탑. 모래사장이 일체 없어지고 강가에 둑이 만들어져 있고, 옥류관은 배를 탄 것처럼 강위에 지어져 있었다. 왼쪽으로 보이는 모란봉은 옛날처럼 우뚝 서 있지 않고 아파트에 감추어져 봉우리만 보였다. 나의 그리운 곳이었다.

내가 여학교를 다닐 때, 선교리에서 시내로 매일 같이 건너다니던 대동강 다리가 보였다. 그 다리는 여전했다. 왼편으로 보이는 능라도도 반갑게 다가왔다. 어렸을 때, 나의 백부 **주요남** 장로님의 배려로 한두 번 요릿배를 타고 뱃놀이를 하던 일이 생각났다. 교회 어른들과 함께 즐기던 일이 희미하게나마 기억에 남아 있었다. 오른편에 보이는 양각도는 교회 젊은이들과 함께 나무그늘에서 어죽을 쑤어 먹던 곳이었다. 마음에 안 드는 주체사상탑이 또 서 있었다. 그리고 푸에블로 호 관람은 들어가기도 싫어 거절하고 밖에 서 있었다. **토마스** 목사 순교탑을 그들은 영미를 파멸시킨 자랑스러운 곳으로 소개하고 있었다. 모든 역사를 반대로 설명하고 있었다. ‘하나님! 이 땅에 가득 차 있는 악의 세력을 무너뜨려 주옵소서!’ 속으로 기도하며 슬픈 마음으로 변해 버린 평양시를 관광했다.

호텔로 돌아왔다. 떠날 시간이 가까워 오는데 룸메이트인 권사님에게 걱정거리가 생겼다. 청소부 아주머니에게 양말과 속옷 같은 것을 주려고 일부러 갖고 왔는데 받지 않더라는 것이다. 권사님은 도로 갖고 가야 할지, 아니면 두고 가야 할지 모르겠다고 하셨다. “쓰레기통에 넣고 가면 누군가가 갖고 가겠지요. 버리는 것처럼 합시다.” 말하고 쓰레기통에 넣었다. 아침 일찍 창문으로 거리를 내려다보았다. 유모차를 끌고 다니는 여인이 지나가더니, 어떤 남자가 강아지를 끌고 산책을 나가는 듯했다. 여유로운 풍경을 처음 보았다. 하지만 하나의 쇼처럼 보이기도 했다.

짐을 싸서 비행장으로 나왔다. 시간이 조금 있어서 이층 화장실을 사용하려고 올라갔다. 화장실 세면기의 수도가 고장이라고 했다. 우리나라 비행기가 반갑고 고맙게 기다리고 있었다. 좌석에 앉으니 나도 모르게 깊은 한숨이 나왔다. ‘이제 살았다!’ 하는, 어머니의 품에 돌아오는 안도감과 평안함이 내 몸을 감쌌다.

‘불쌍한 우리 형제와 자매들을 구원하시는 날을 속히 허락하옵소서! 내가 이들을 위한 기도를 쉬지 않게 하시고 그날이 올 때까지 마음의 허리를 동이게 하옵소서!’

여고 동창생들을 통해 황장엽 선생을 만나다

내가 어쩌다가 전(前) 조선인민공화국의 비서 **황장엽** 선생을 만나게 되었는지를 몇몇 친지들과 여러 사람이 물어보곤 했다. 내가 계획한 것은 전혀 아니었다. 내 생애 거의 모든 일은 시냇물에 떠다니는 단풍 잎사귀처럼 그저 세월의 흐름에 떠다녔을 뿐이다. 그 흐름은 자연히 흐르는 것 같지만 태어나기 전부터 존재한 창조주의 섭리라고 나는 믿는다.

2002년 5월 평양 제107주년 정의여고(1896년 미국 감리교 선교회가 세운 여학교) 총동문회가 이북 5도청 강당에서 열렸다. 150여 명이 몇몇 은사들을 모시고 여학생 시절의 추억을 더듬으며 즐거운 시간을 가졌다. 나는 예배 시간에 설교를 했다. 수십 년 동안 내가 성경말씀을 전해 왔다.

그 당시 동창회 회장은 후배인 **곽선부** 선생이었다. 그의 부모님들은 순국열사로 그이 역시 애국자였다. 그는 순국자들의 추모회를 갖기도 했다. 곽 회장이 "우리 한번 **황장엽** 선생님을 찾아뵙는 것이 어떨까요?"라고 했다. 나는 놀라서 국정원에 계신데 그게 가능하냐고 물었다. 자기는 그분과 인사도 했으니 자기가 안내하겠다고 했다. 전 회장이면서 동시에 정의학교 교사를 지내신 **김명현** 언니도 같이 가자고 했다. 같은 평양 출신이라서 가서 뵙는 것이 인사도 되고 위로가 될지도 모른다는 생각이 들었다.

나는 본래 권력자나 부자들 사귀기를 꺼리는 성향이 있다. 아마도 어렸을 때부터 갖고 있던 열등의식인가 보다. 그러나 이것 역시 선한 일이라는 생각에 합류하기로 했다.

황장엽 선생님은 매주 토요일마다 오전에 잠깐 탈북자동지회에 나오셔서 탈북자들을 만나서 위로의 시간을 갖는다고 했다. 우리 세 사람은 케이크 하나를 사 들고 송파구에 있는 그의 사무실을 찾았다. 황 선생님이 계신 사무실은 몇 평 안 되는 작고 구석진 방이었다. 같은 고향에서 오셔서 인사드리러 왔다고 간단히 우리 자신들을 소개했다. 웃음을 보이지는 않으셨지만 반기는 듯했다. 황 선생님도 정의여학교를 잘 기억하고 계신 듯했다. 말씀 중에 자기는 평양상업학교를 다녔는데 어려서 양촌에서 놀았다고 했다. 나는 깜짝 놀랐다. 양촌! 서양 사람들의 촌이란 말인데, 우리 집이 양촌 가까이에 있어서 내가 자주 찾아가 놀던 곳이었다. 양촌 가까운 곳에 숭의학교, 숭실대학, 평양신학교가 있었고, 서양 선교사 자녀들도 많이 있었다. 그리고 키 큰 나무도 많아서 아이들이 놀기 좋은 곳이었다. 나는 어린 시절 기억이 새로워지면서 황 선생님이 가깝게 느껴졌다. 연세도 나와 비슷하니 어쩌면 같이 놀았을 수도 있었겠다는 생각이 들었다.

한편 '그 어려운 망명길을 혼자 떠나왔지만 여기서도 부자유한 생활일 수밖에 없으니 얼마나 힘들까' 싶어 동정이 가기도 했다. 국정원에서 숙식하는 것도 익숙하지 못할 것 같다는 생각이 들었다. 토요일마다 이 사무실로 북한 음식이라도 갖다드려야겠다는 생각이 들었다.

우리나라의 통일을 위해 자기 식구들마저 희생시키면서 남하한, 이 시대에 보기 드문 애국자를 만났다는 생각에 존경과 함께

/ 평양 숭실대학 재건 모임(2009년경)

깊은 동정심 같은 감정을 느끼게 되었다. 사무실 분위기도 무척 음산하고 딱딱했다. 경호원들이 항상 방 안과 밖에서 지키고 있었고, 탈북자들이 이 방 저 방에서 오고 가는데 어두컴컴한 분위기였다.

고향 사람 황장엽 선생님 전도

나는 토요일마다 북한 만두와 북한식 콩비지, 장조림 등을 가져다드렸다. 황 선생님이 무엇을 좋아하는지도 모르면서 몇 번 음식을 보자기에 정성스럽게 싸서 직접 갖다드렸다. 나는 그 과정에서 어떤 사명감을 느꼈다. 이 분이 주체사상을 버리고 우리 주님의 복음으로 새로 거듭나게 되면 북한의 어두운 세계를 빛나는 기독교 국가로 세우는 데 큰 역할을 하게 될 거라고 생각했다. 마치 예수를 핍박한 사울이 예수 그리스도를 만나서 새 사람 바울로 변했듯이 그도 변화할 수 있을 것이라고 생각했다. 이 큰일은 하나님의 능력이면 될 것이라는 믿음이 생겼다. 나는 그저 기도하면서 열심히 섬겨 보리라는 결단을 혼자 내리게 되었다. 이때까지 별로 전도를 못해 보았지만 이번만은 열심히 해보리라 다짐했다.

토요일마다 찾아가다 보니 탈북자동지회 회장인 **홍순경**(전 태국 주재 북한대사관 참사), 총무 일을 보는 **김성민**(북한군 출신, 현 '자유북한방송' 대표)을 늘 만나게 되었고, 이야기를 나누는 중에 그분은 육미(肉味)를 좋아하고 곡물로 만든 것은 별로 드시지 않는다는 정보를 얻었다. 그래서 다음에는 장조림이나 특별한 건과류 등을 갖다드렸다. 황 선생님은 내가 가져갔던 그릇을 비워서 주시곤 했다.

나는 무엇보다도 전도가 급하다고 생각되었다. 나는 전도를 잘 못하지만 온누리교회 **하용조** 목사는 연예인과 지성인들을 교회로 이끌 정도로 전도를 잘했다. 그래서 하 목사에게 전화로 황 선생님 전도를 부탁하면서 토요일에 좀 찾아와 주면 좋겠다고 말했다. 하 목사는 기쁘게 받아들여 몸도 아프고 바쁜 중에 책을 가져오기도 하고 선물로 모자도 사갖고 와서 황 선생님과 사귀기 시작했다.

그 당시 **하용조** 목사님은 전주대학교 이사장이었는데, 황 선생님을 잠시 동안 전주대학교 석좌교수로 대우하였다. 또 황 선생님이 미국에 다녀오신 후로 그에게 사무실을 빌려주는 등 후원을 아끼지 않았다. 황 선생님 역시 하 목사님을 칭찬하며 좋아하셨다.

하 목사님의 아들 **하성석**의 결혼식에서 하 목사님이 설교를 했는데, 황 선생님이 경청을 하시더니 감탄하면서 "원고 하나 없이 어떻게 저렇게 말을 잘하는지 모르겠다."고 칭찬하셨다. 그래서 나는 이 기회다 싶어서 "선생님, 다음 주일날 꼭 나와서 하 목사님 설교를 들어 보십시다. 지금 약속하십시다."라고 재촉했다. 그러나 황 선생님은 끝내 침묵하셨다. 하지만 황 선생님은 끝까지 하 목사님을 사랑하고 존경하셨다.

하 목사님이 아산병원에 입원했을 때 일이다. 황 선생님이 병문안을 같이 가자고 해서 따라나섰다. 입원실에서 나는 좀 무리인 것 같았지만 황 선생님과 하 목사님께 이렇게 청원했다.

"오늘은 황 선생님이 하 목사님을 위해 먼저 기도하시고, 내가 기도하고, 하 목사님이 황 선생님 위해서 기도해 주시기 바랍니다."

황 선생님은 머리를 숙이고 잠시 기도했다. "하나님 아버지!"라고 시작하여 제법 기도를 다 하시고는 "예수님의 이름으로 기도합니다."라고 끝을 맺으셨다. 그동안 언제 어디서든지 식사를 시작할 때면, 사람들이 많든 적든 조용하든 떠들든 막론하고 "주 선생, 기도하시오." 하고 반드시 기도하고 드셨기 때문에 그렇게 부탁했던 것이다.

나는 간절한 기대가 있었기에 하 목사님만이 아니라 수많은 목사님들께 황 선생님을 방문해서 기도해 주시고 전도해 주시도록 부탁을 드렸다. **홍정길** 목사님을 비롯하여 **김진홍** 목사님, **이철신** 목사님, **김상복** 목사님, **김삼환** 목사님, **최일도** 목사님, **이수영** 목사님, **김형석** 교수님과 **이만열** 교수님, 그리고 고인이 되신 **방지일** 목사님, **김준곤** 목사님, **이영덕** 전 총리 등을 모시고 교제하도록 그리고 축복기도를 해 주시도록 부탁했다. 황 선생님 역시 한 번도 거부하지 않고 좋아하시는 듯했다.

처음 방문하고 한두 달 후에 황 선생님이 느닷없이 내게 "우리 형제합시다."라고 했다. 나는 뜻밖이라 부정도 긍정도 안하고 미소를 지어 보였다. 나는 형제나 자매를 맺어 본 일이 없었다. 물론 나를 언니라 부르는 사람은 있었어도 결연을 맺은 일은 없었다. 비록 형제가 없는 사람이지만 내 뜻대로 형제, 자매를 맺는 것은 하나님 앞에 죄송한 일이라고 생각했기 때문이다. 주님 안에서 믿는 사람들은 모두가 형제요 자매라는 의식은 있었지만 말이다. '저 분이 얼마나 외로우면 저런 말을 할까?' 싶어 내가 우선 위로를 드려야 신앙으로 이끌 수 있다는 생각에서 마음으로 긍정하였다. 그러나 한 번도 오빠라고 부르거나 오빠라는 생각은 해 본 일이 없었다. 그만큼 신뢰해 주는 것이 고마웠을 뿐이었다.

하루는 황 선생님의 생신이 가까워진 모양이었다. 탈북자동지회의 **홍순경** 회장과 **김성민** 국장이 선생님께 의논을 드리고 있었다. 나는 옆에서 듣고만 있었다. "생신이 다 뭐냐. 나는 안 한다."고 하시더니 문득 "그러면 주 선생네 집에서나 하면 할까?"라고 하셨다. 나는 깜짝 놀랐다. 그리고 당황했다. '이런 분의 생신 잔치는 어떻게 해야 하는 걸까?' 걱정은 됐지만 못한다고 할 수가 없어서 "네. 제가 조촐하게나마 해 보겠습니다."라고 대답했다.

그때부터 작고하신 2010년까지 홍 회장님 댁에서 한 번 하고는 줄곧 우리 집에서 생신상을 차렸다. 정말 조촐한 생일상이었다.

/ 황장엽 선생의 마지막 생신날 방지일 목사님과 함께(2010년)

탈북자동지회 임원 몇 분과 경호원 8명, 20여 명이 둘러앉아서 한 시간을 즐겁게 보냈다. 그러나 꼭 생신 축하 예배는 빼지 않았다. 탈북자동지회는 〈자유 북한〉이라는 작은 월간지를 발행했다. 사실 이 월간지에 실린 황 선생님의 글을 옮기지 않으려 했으나 선생님의 마음을 후대에 전하고 싶은 생각에 여기에 인용한다. 내가 주저하는 이유는 나에 대한 선생님의 평가가 지나치기 때문이다.

누가 우리 탈북자들은 재산도 없고, 권력도 없으며, 북한 독재집단의 공격을 받고 있을 뿐 아니라, 남한에 있는 그들의 앞잡이들로부터까지 위협공갈을 받고 있는 가련한 신세라고 비난한다면 우리는 그러한 현실을 인정하지 않을 수 없다. 그러나 우리는 비난자들을 결코 부러워하지 않는다. 우리에게는 인류의 미래를 내다보는 시선이 있고 인민과 운명을 같이하며 양심적으로 살아가는 정신이 있기 때문이다. 오히려 우리를 비난하는 사람들에게 묻고 싶다. 당신들 중에 그런 정신을 지닌 사람들이 있느냐고.

우리는 주선애 선생을 자랑한다. 당신네 집단에 우리 주선애 선생과 같이 고결한 정신을 체현한 인간이 있는가 하고 묻고 싶다. 주선애 선생도 가난하고 권력이 없는 사람이다. 그러나 그는 그가 체현하고 있는 천사같이 아름답고 강인한 정신으로 우리 모두를 감동시키고 용기를 주며 우리 탈북자 마음의 기둥, 힘의 원천이 되고 있다. 나이는 80을 넘었지만 나라와 민족을 사랑하고 민주주의를 지키려는 그의 숭고한 정신은 더욱더 젊어만 지고, 그의 지칠 줄 모르는 자기희생적 활동은 나날이 빛을 뿌리고 있다. 우리는 주선애 교수에게서 살아 숨 쉬는 하나님의 사도를 보며 그를 우리 탈북자들의 어머니로 여기며 그를 끝없이 존경하며 자랑한다.

우리가 자랑하는 것은 돈이나 권력이 아니라 불멸의 아름다운 정신을 지닌 사람이다. 거듭 묻고 싶다. 당신네 집단에 우리 주선애 교수 같은 인물이 있느냐고….

-북한 민주화동맹 기관지 창간호 2005년 1월 2일

선생님이 남한에 오셔서 실망과 좌절이 얼마나 컸을지 짐작할 수 있었다. 항상 감시를 받을 뿐 아니라 대학생들에게 협박을 받으며 살았다. 그 과정에서 전도 목적을 가지고 또 탈북자를 사랑하는 소명으로 살고자 하는 평범한 크리스천인 나를 처음 만난 경험에서 이런 글을 쓰셨다고 생각한다. 물론 북한에서 공산주의 여성들만 보아 오신 것도 이유일 것이다. 또 그곳에 드나드는 탈북 여성들은 군인처럼 걸었는데(아마도 어른들 앞에서는 그렇게 하는 것 같았다.) 나는 모양이나 자세가 그들과 달랐기에 그렇게 생각하셨던 것 같기도 하다.

선생님은 식사도 하루 한 끼만 드시고 약간의 건과류와 과일과 차 등의 간식을 잡수셨다. 체중이 41.2kg에서 조금만 늘어나도 단식을 한다고 하셨다. 곡식으로 만든 음식은 절대로 안 잡수셨고, 생선이나 육류를 즐기셨다. 선생님은 원래 과학을 하고 싶었는데 색맹이라 철학을 하게 되었다고 했다. 과학을 공부했다면 이렇게 되지는 않았을 거라는 이야기도 했다. 후회하시는 것 같았다.

근신하고 절제하는 습관이 너무 대단하여 무엇을 권할 수가 없었다. 일본에서 공부할 때는 누워서 자본 적이 없다고 했다. 앉아서 책상에 기대어 잠을 자고 그때부터 하루에 한 끼씩 드시는 습관을 들였다고 했다. 때로 나는 농담처럼 "철학하는 사람들은 좀 별나긴 하지요."라고 한마디씩 하곤 했다. 어떻게 보면 수도하는 사람과 비슷한 생활을 한다는 생각도 들었다. **하용조** 목사님으로부터 황 선생님이 40℃가 되는 물에서 반신욕을 하신다는 이야기를 들었다. 결국 나중에 욕탕에서 돌아가셨는데 온도를 그렇게 높인 것과 관련이 있는 건 아닐까 생각이 들기도 했다.

이상하게도 2010년에는 황 선생님이 내 생일을 축하하기 위해 북한민주화동맹의 새 사무실에서 뷔페를 차린다고 하셨다. 정말 황 선생님 주머니에 들어간 돈은 나올 줄 모른다고들 했는데 큰 마음을 잡수신 모양이었다. 선생님이 사람을 많이 데리고 오라고 하셨지만 평일 점심에 거기까지 오라고 청하기도 미안해서 망설이고 있었다. 어쩌다 **이철신** 목사님과 통화를 하게 되면서 시간을 물었더니 참석하겠다고 하셨고, **장영일** 총장님(장신대) 사모님은 늘 겸손히 우리 집 탈북자를 위한 파티를 준비하러 오시곤 하다 내 생일을 알게 되어 오셨고, **이성희** 목사님(연동교회 담임)은 그분이 학생 때 우리 집에서 지냈던 관계로 친척처럼 느껴져서 초청하게 되었다. 우리 집에 자주 드나드는 제자들 몇몇과 함께 내 생일 축하 예배가 영락교회 **하충엽** 목사님 사회와 **이철신** 목사님의 설교로 시작되어 잘 진행되었다. 경호원들이 이것저것 방을 꾸미고 준비해 주었다. 누구도 그것이 작별의 생일 파티가 될 줄은 몰랐다.

황 선생님은 언제나 우울하고, 매섭고, 때로는 신경질적이셨다. 아마도 그의 환경이 그를 그렇게 만들었을 것이다. 국정원에 계실 때 전화를 하면 "좀 기다리세요." 하는 말과 함께 황 선생님을 바꿔주었는데 한참 있다가 수화기를 받으셨다. 송파 사무실에서 한번은 "선생님, 요새 봄이라 한강 상류 양평 쪽으로 한번 나가서 산책이라도 하면 좋지 않을까요?" 하며 어렵게 물어보았다. 돌아온 대답은 "나 그런 여유 없어요!"였다.

만난 지 얼마 안 되어 경찰에서 전화가 왔다. 식사를 같이하자고 했다. 좀 이상한 기분이 들었다. '무슨 조사가 있는가 보다' 하면서 송파 사무실 근처 일식집에서 만났다. 두 형사와 함께 식사를 하면서 조사를 받았다. "러시아에 갔던 적이 있는가?" 하고 물었다. 나는 한 10년 전에 교환교수로 갔다 온 일은 있다고 답했다. 그리고 황 선생님을 만나게 된 동기와 내가 자주 방문하고 도와드리고 있는 이유를 간단히 설명했다. 내가 그를 만난 목적은

나는 종교인으로서 황 선생님이 주체사상에 반대되는 기독교 진
리를 받아들이게 하고자 노력하고 있는 것뿐이라는 것을 간단히
설명했다. 황 선생님은 2003년 다음과 같은 글을 적어서 빈 그릇
과 함께 나에게 건네주셨다.

주선애 선생께

4월 20일은 망명 6년이 되는 날입니다.

답답한 심정을 적어 보았습니다.

잠결에 어디선가 들려온다.

이대로 죽어서는 안 된다는 속삭임 소리

눈을 번쩍 뜨고 일어나 보니

벌써 새벽 3시 30분

물론 이대로야 죽을 권리가 없지

공들여 찾은 진리

든든히 포장하여 맡길 곳이라도 정해야 하겠는데

아직 무거운 죄봇짐 걸머지고

허둥지둥 가련한 신세

어떻게 나 홀로 다시

올 수 없는 먼 길 떠날 수

있단 말인가?

다시 한 번 정신을 가다듬고
길을 찾아야 한다.
길을 찾아야 한다.
미련 없이 떠나갈 수 있는 마지막 길을
생명을 주고받은 사랑하는 '사람'들과
내게 인생을 안겨준 '위대한 어버이'께
바치는 감사와 속죄의 정성 다하여
끝까지 싸우다 싸움터에서 이 세상 하직하고
갈밖의 다른 길은 없을 터

2003. 4. 20. 황장엽

    2003년 4월 23일 송파 사무실 문밖에 피 묻은 글과 칼이 꽂힌 장면이 신문에 났다. 나도 놀랐지만 많은 사람이 놀랐을 것이다. 그러나 선생님은 평온한 듯 아무 말씀도 안 하셨다. 실상 그는 죽고 싶다는 말씀을 때때로 하시곤 했다. 또 항상 칼을 허리에 차고 다닌다며 보여 준 일도 있었다.

    그 후 얼마 안 되어서 잠시 면회를 하고 나오는 길인데 경호원이 나를 불렀다. "선생님이 오라고 하십니다." 방안에 들어갔더니 아무도 없었다. 그러다 황 선생님이 갑자기 접이칼을 들고 나타나 죽겠다고 했다. 나는 너무 놀라고 당황해서 큰 소리를 질렀다.

나는 "뭐 지도자가 이 따위야!"라고 책망을 했다. 나도 모르게 말이다! 그는 칼을 책상 위에 놓으며 앉아 버렸다. 나는 그 이유를 묻지 못했다. 그의 고뇌는 짐작하지만 말이다.

나는 황 선생님의 신앙을 위해 하루도 빠짐없이 기도할 수밖에 없었다. 이 일은 하나님께서 나에게 주신 사명으로 알고 8년을 계속했다. 선생님은 미국 여행을 마치고 돌아오셨다. 퍽 피곤하고 실망한 듯 보였다. 오실 때 누가 선물로 준 것인지(선생님 자신은 거리에 나가 쇼핑을 하시는 일이 없었기 때문에) 향수 한 병을 선물이라면서 주셨다.

그 후로는 국정원 신세를 면하고 다른 안가에서 생활하면서 핸드폰과 팩스를 사용하게 된 것이 무척 기쁜 듯이 나에게 알려 주면서 조금 자유롭게 된 것에 만족스러워하셨다. 혹시 점심식사 하러 길을 걸어가도 경호원들에게 둘러싸여야 했기 때문에 거리에 무엇이 있는지 두리번거리며 걸을 수도 없는 신세였다. 하루

/ 은성수도원을 방문한 황장엽 선생과 함께(2008년경)

이틀도 아니고 그 얼마나 힘든 생활이었을까?

나는 비타민이나 영양제를 사드리곤 했다. 떨어지면 "나 그 영양제 좀 구해다 주쇼." 하셨다. 북한에서처럼 구해 와야 하는 줄 아신 것이다. 약국에서 쉽게 살 수 있다는 것을 모르셨다. 한번은 정치철학 교수님과 상의해서 정치철학 전집을 사다드렸다. 선생님은 동화책을 좋아하셨다. 그래서 **이철신** 목사님 사모님이 유치원 교육을 하셔서 동화책을 구해 드렸다. 나는 "선생님은 아직 북한에 살고 계시지요?"라고 쓸데없는 말을 하곤 했다. 황 선생님은 미군 부대의 미국산 소고기 스테이크를 제일 잘 드셔서 가끔 모시고 갔다. 지금 생각하면 좀 더 자주 모셨어야 했는데 후회가 된다.

그는 우리 시대에 다시 찾아볼 수 없는 애국자로 우리 역사에 길이 남아야 할 분이다. 북에서 남한으로 오시게 된 것은 남한으로 가라고 하는 자신의 양심으로부터 나오는 강한 명령 때문이었다고 여러 번 말씀하셨다. (그는 북한 노동당 비서로서 600만 명이나 굶주려서 죽었다는 것을 알고 마음으로 큰 고민을 하다가 남한의 도움을 구해볼 생각으로 왔다고 했다.) 그러나 식구들을 희생시킬 뿐만 아니라 자신의 제자들까지 희생시켰다는 죄책감으로 마음의 고통이 무척 심하셨다.

나는 나의 오랜 친구 선교사요, 장신대 동료 교수로 지내 온 **모펫**(Dr. Samuel Moffett) 내외에게 황 선생님을 방문하도록 청했다. 그분들은 기꺼이 수락하여 부인은 꽃다발을 들고 찾아오셨다. 꽃다발을 드리며 정중히 인사드렸더니 황 선생님은 "나 같은 죄인이 무슨 꽃다발이냐"며 기어코 받지 않으시다가 할 수 없이 "주 선생이나 하시오"라며 나에게 건네 주셨다.

/ 나를 '한국 자매'라고 불러주는 모펫(Dr. Samuel Moffett) 부부

모펫 선교사는 로마서를 읽고 기도하시고 나서 "나는 한국말을 잘 못합니다."라고 하니까 황 선생님은 옛날 자기가 어렸을 때 어느 선교사가 집에 와서 말씀은 잘 못해도 이렇게 복음을 전해준 일을 기억한다고 하셨다. 그러면서 손으로 책상머리를 짚고 옮겨 가면서 "사람이 이렇게 살아요. 그리고 죽어요." 하며 책상에서 손을 밑으로 하고, 그 다음 손을 위로 향하면서 "죽고 나서 올라가요. 이렇게 전해 주었어요. 그것으로도 표현이 잘 되지요."라고 말씀하셨다. 정말 복음을 간단명료하게 표현해 보여 주었다는 생각이 들었다.

황 선생님은 국정원에서 나와서 역삼동에 10평도 안 되는 아주 작은 사무실을 내셨다. **하용조** 목사님이 와 보시고 당장 옆에 있는 넓은 사무실을 쓰시도록 마련해 주었다. 선생님은 송파 사무실에 잠깐 나오실 때보다 역삼동에는 더 자주 나오셔서 탈북자들과 일반 사람들을 자주 만나시고 때때로 강의도 나가셨다.

나는 그때 '에스더 어머니 기도회'라는 이름으로 한국 기독교인 어머니들과 나라를 위한 기도 모임을 때때로 가졌다. 또 서울과 지방에 다니며 좌경화되어 가는 자녀들을 바로잡고 우리 사회의 부조리를 씻어 보자는 취지의 강연을 하는 중이었다. 그때 황 선생님께서는 북한을 알리고 평화로운 통일의 길을 열자는 주제로 강연을 하시도록 하여 함께 지방으로 다니며 몇 번 강연회를 했다.

나는 주로 여성들을 대상으로 강연했다. 교회 목사님들께 부탁해서 모임을 준비하도록 부탁하고 제주도로 1박 2일 일정으로 강연을 다녀오기도 했다. 제주도나 부산의 강연은 아주 성황이었다. 경호 문제가 있어서 그곳의 지방 경찰이 삼엄하게 근무를 서 주시기는 했지만 본래의 경호원들과 같이 다녀야 했기 때문에 경비가 엄청 많이 들었다. 제주에서는 경호원들의 호텔 비용까지 교회에 부담을 줄 수가 없어서 명성교회에 부탁하여 수양관의 교역자들을 위한 별관을 무료로 쓰도록 허락을 받고 우리 여성 강사팀은 일반 숙소를 빌렸다.

시간이 좀 남아서 제주도 관광도 할 수 있었다. 선생님은 특히 여성들에게 책망하듯이 말씀하시곤 했다. "만일 미국과 북한이 싸우면 북한 편에서 미국을 겨냥하고 총을 쏘겠다는 아이들이 60~70%나 된다니, 한국의 어머니들은 무얼 하고 있는 것입니까? 일정시대에 나라의 독립을 위해 일본과 싸웠던 이들이 기독교인 지도자들 아니었습니까? 왜 기독교인들이 이렇게 정신을 차리지 못하고 있습니까?"

황 선생님의 책망은 기독교인들의 가슴을 찔러 주신 셈이었다.

황 선생님은 항상 남한 사회에 대해 날카로운 비판을 할 수밖에 없었을 것이다. 때때로 TV 뉴스에 대한 이야기를 하면 "나는 TV를 잘 안 봐요." 하셨다. 마음 상하는 일이 많아서 TV는 안 보시고 신문만 보신다고 했다. 항상 빼지 않고 강연에서 하시는 말씀은 남한과 북한을 비교하면서 낙원과 지옥의 차이라고 하셨다.

황 선생님은 광복 직전 삼척 탄광에서 강제노동을 하다가 광복을 맞았는데 그때 남한에 정착해야 할 것을 북한이 고향이라고 갔다가 모교에 붙잡히고 말았다고 후회하듯이 말씀하시기도 했다. 평양상업학교에 다닐 때 수판(數板)을 잘해서 전국 수판 경합 시험을 치르려고 서울에 온 적이 있었다고 했다.

"그때 속이 안 좋아서 밥을 며칠 못 먹었는데 나를 데리고 온 선생님이 커피를 사주셔서 처음으로 먹어 봤지. 그런데 정신이 확 들면서 머리가 깨끗해져서 시험을 잘 치렀지. 그래서 머리가 맑아지려면 밥을 안 먹는 것이 좋다는 생각을 그때부터 했소."

일본에 가서 공부할 때도 가난해서 일을 해야 먹고 사는데 밥을 굶으면 머리도 맑아지기 때문에 밥을 잘 안 먹는 습관이 생겼다고 한다. 주체사상을 연구할 때도 혼자서 산에 들어가 생식을 하면서 연구했다는 말씀도 하셨다.

때때로 무서운 이야기도 해 주셨다. 북한에서 외화벌이를 하느라고 종교기관들을 두었는데 금강산에 절간을 짓고 중들을 두었다고 한다. "한번은 **김정일** 장군에게 중들이 와서 '금강산에 범이 나올 때가 있는데 총을 좀 주시면 좋겠습니다.'라고 요청했더니 **김정일**이 성이 나서 '중놈에게 무슨 총이냐!'고 소리를 지르더라고…." 하며 웃으셨다. 재미있는 이야기 같았지만 좀 무섭기도 했다.

북한의 **강영섭** 목사에 대해서 좀 알고 싶어서 물어본 일이 있었다. 그의 소속은 남한공작부 종교과에 속했는데, 선생님은 북한 노동당 비서로 국무 전체를 다 알고 있어야 했지만, 남한공작부는 따로 관리되어서 잘 알지 못하고 계셨다. 하지만 강 목사는 개인적으로는 잘 알고 있다고 하셨다. "남한공작부는 해방 이후 60여 년 동안 하루도 빠짐없이 여러 외국과 연락하며 공작하는데, 남한은 그것에 대응할 생각을 하지 않아 이렇게 늘 심리전에 패하고 있는 것이 아니냐."고 탄식하기도 했다. 남한공작부에 얼마나 많은 사람들이 있는지 정확한 숫자는 누구도 모르는 일이었다.

이명박 정부가 들어서면서 선생님은 논현동에 있는 아주 큰 사무실과 강당처럼 쓸 수 있는 큰 홀이 딸린 곳을 쓰게 되어 기뻐하셨다. 리모델링하는 것을 자랑하면서 전에 없이 용기를 내시는 듯했다. 거의 매일 같이 철학 강의를 하시고 제자들도 늘어가는 중에 남한 사회에도 조금씩 마음을 여는 듯 표정도 밝아지셨다.

그러다 천안함 사건이 터지자 선생님은 "정부에서 조사는 무슨 조사냐? 세살 난 아이도 북한이 저지른 것을 모르겠나?"고 하면서 분노하셨다. 또한 한국진보연대 소속의 **한상열** 목사가 북한에 가서 쓸데없는 거짓말을 하고 다니는 것에 대해 선생님은 "어째 목사가 그럴 수 있느냐!"고 매우 화를 내셨다.

그러다가 선생님이 견딜 수 없이 통분해 하는 일이 또 하나 생겼다. 누구인지는 알려 주지 않았는데 한번은 기독교 지도자를 만났다는 것이다(황 선생님은 누구의 흉을 보거나 불의한 사람을 누구라고 지적

하는 일이 없으셨다. 그 거짓말만 하는 사회에서 어떻게 군자답게 사셨는지 때로는 나도 놀랐다). 그 사람이 하는 말이 "한국이 위험하니 피난을 가야겠다."고 하더란다. 이 사건은 황 선생님을 격분하게 만들었다. 그런 이유에서인지 하루는 나를 만나더니 "목사님들 좀 모이게 할 수 없느냐?"고 물었다. 여름방학 때라 교회마다 행사들이 많고 목사님들이 제일 바쁜 시기여서 잘 모일 수가 없다고 말씀드렸다. 정 그러면 한두 사람이라도 좀 만나게 해달라고 하셨다. 할 수 없어서 새문안교회 **이수영** 목사님께 청을 해서 모시고 갔다.

이수영 목사님 역시 **한상열**은 우리가 목사로 인정하는 사람이 아니라는 것과 우리 기독교 목사님들이 다 그런 것은 아니라는 말씀으로 위로를 드렸다. 그러나 황 선생님은 안심이 안 되는 모양이었다. **이수영** 목사님은 "이제 8·15 대회가 시청에서 열릴 것이고 한기총이 회개운동을 하며 함께 정신 차리게 할 터이니 차라리 한기총 목사님들께 말씀을 드려 힘을 내도록 도우시는 것이 좋겠다."고 권했다. 그래서 나는 한국기독교총연합회 회장 **이광선** 목사님을 만나도록 주선했다.

그 이후에도 황 선생님은 기독교 지도자들에 대한 실망이 대단히 컸던 것 같다. 다시 우울해지셔서 식사를 같이 하자고 해도 별로 응하지 않을 정도였다. 나는 늘 선생님이 좋아하는 스테이크로 점심식사를 할 때나 선생님을 만나러 갈 때마다 이화여자대학교 대학원 북한학과에 다니던, 선생님이 사랑하는 **이정원** 학생과 함께 갔다.

2010년 10월 9일 토요일 아침 8시 반. 이전과 다름없이 황 선생님에게서 전화가 왔다. 선생님은 핸드폰이 생긴 뒤부터 6년간 빠지는 날 없이 아침이면 전화를 거셨다. 그날도 다른 말씀 없이 "건강하시우?" 하는 평소와 똑같은 물음이었다. 나도 자세히 묻지도 않고 "선생님 건강하시지요?" 하고 전화를 끊었다.

10일 아침 주일날이 되었다. 특별히 그날은 온누리교회 창립 25주년 기념 예배를 드리느라 상암월드컵경기장에 모이는 날이었다. 온누리교회 **신매희** 집사가 나를 데리러 왔고 나는 축사를 하기로 되어 있어서 마음이 좀 분주했다. 아침 8시 40분! "아! 웬일이야?" 같이 살고 있는 탈북자 **한응숙** 자매와 함께 벽시계를 보면서 놀랐다. "왜 선생님 전화가 없지?" 황 선생님은 6년 동안 하루도 잊어버리는 일이 없었다.

혹시 아침 조찬 강연을 가게 되면 그 전날 내일 아침은 어디 가서 강연을 한다고 알려 주시고, 나도 마찬가지로 피치 못할 조찬 모임이 있을 때는 그 전날 말씀드리곤 했다. 때로 내가 잊어버리고 그 전날 알려 드리지 못한 경우는 아침식사 모임 중에 내가 시간에 맞춰서 전화를 받으러 방밖으로 나와 잠시 전화를 기다린 적도 있었다. 시계 같이 사시는 분이라 어김이 없었다.

그런데 바로 그날은 전화가 없어서 내가 몇 번 전화를 걸었는데도 소식이 없었다. 불안했지만 도리가 없어 그냥 상암월드컵경기장으로 갔다. 내빈 좌석에 앉아 불안한 가운데 예배가 시작되었다. 기도가 끝났을 때, 어느 분인지 지금 생각이 안 나지만 잘 아는 자매가 와서 황 선생님이 별세하셨다는 소식이 방송에 나왔다고 전해 주었다. "정말?" 하며 되묻고는 내 몸이 덜덜 떨리는 것을 느꼈다. 10년 가까이 교제하면서도 나는 선생님이 계시는 안 가를 몰랐다. 알려고 하지도 않았다. 그것은 절대 비밀이기 때문에 당장 달려갈 수도 없었고, 마음은 그저 막막한데 내 몸은 자꾸만 떨릴 뿐이었다. 마음을 다시 진정시키고 저 맞은편 강단에 앉아 있는 **하용조** 목사님께 알려야겠다고 생각하고 조심스럽게 강단 쪽을 향해 걸음을 옮겼다.

강대상 뒤로 가서 귓속말로 전해 드렸다. 하 목사님은 그 소식을 예배 도중에 수만 명에게 광고했다. 나는 뒤에 앉아 있다가 25주년을 맞이한 온누리교회에 큰 사명이 있다는 격려사 같은 말을 했다. 그러고는 예배가 끝날 때까지 앉아서 마음으로 기도하고 있었다. "그 영혼을 하나님이 받아주세요. 하나님이 주신 사명으로 알고 전도하며 봉사한다고 했지만 한 번도 주님을 모시기로 공개적으로 고백하거나 세례를 받으려고 하지 않았습니다. 그러나 하나님 앞에 기도하기를 좋아하고 혼자의 신앙을 간직하고 살아온 사람을 하나님은 아시오니 그를 불쌍히 여기소서!"

간절한 기도를 했다. 사람들이 물었다.

"그분이 구원을 받았을까요?"

"나는 모릅니다. 하나님이 아시지요."

그를 극진히 사랑하고 전도하기 위해 나 이상으로 애쓰시던 디펜스포럼과 북한자유연합 대표 **수잔 숄티**(Suzanne Scholte) 여사는 하나님이 그를 받으셨고 그가 천국에 갔다는 확신을 갖고 있다고 장례식에 와서 나에게 귓속말로 일러주었다. **수잔** 여사는 그동안 황 선생님을 전도하기 위해 가장 애를 많이 쓰신 분이었다. 그 어

/ 황장엽 선생과 수잔 숄티(Suzanne Scholte) 여사와 함께(2009년경)

려운 시기에 선생님이 미국에 잠시나마 가실 수 있었던 것도 **수잔** 여사의 끈질긴 노력 덕분이었다.

한번은 **수잔** 여사가 황 선생님을 위해 아주 긴 편지를 영어와 한국말로 써서 보내 왔다. 평생에 이렇게 마음과 정성을 다해 편지를 써본 일이 없었다고 고백했다. **수잔** 여사는 황 선생님을 정말 존경한다는 말씀과 꼭 한 가지 부탁이 있다는 것을 편지에 적었다. "주체사상을 내려놓으시고 예수를 믿으세요." 황 선생님은 편지를 받고 나에게 건네주시면서 "주 선생하고 똑같군!" 하셨다.

수잔 여사는 편지로 약속한 날에 한국에 와서 황 선생님을 만나면서 또다시 예수님을 믿기로 결정하도록 권하셨다. 나도 기도하는 마음으로 선생님의 대답을 기다렸다. 하지만 결국 침묵하시더니 "주 선생한테 맡기고 나가십시오!" 하시는 것이 아닌가. **수잔** 여사는 그 큰 눈이 눈물로 빨개지면서 다른 방으로 나가셨다. 나도 따라 나가다가 불쑥 "이스라엘 백성들이 여리고 성을 일곱 번 돌지 않았습니까."라는 말이 튀어나왔다. 황 선생님은 주체사상을 내려놓으라는 말에 반감을 가지셨는지 모른다. 그 당시 나는 황 선생님의 언행과 그의 글을 보면서 기독교를 주체사상에 어떻게 합쳐볼까 구상하셨던 것으로 짐작했었다. 성경을 사무실 책상에 놓고 기독교를 붙들고 주체사상도 버리지 않을 생각을 하는 것은 아닌가, 나 나름대로 추측해 보았던 때가 있었다. 그분은 주체철학을 끔찍이 사랑하고 있다는 것을 짐작할 수 있었다. 이 상반된 진리를 어떻게 합치려고 그러시나 걱정이 되었다. 그 고민이 그토록 깊었기에 수잔 여사에게 매정하게 나가라고까지 한 것이라고 생각했다.

선생님이 세상을 떠나신 후 조문 오신 가톨릭의 **박홍** 신부 역시 황 선생님의 구원에 대한 문제를 긍정적으로 보고 확신하셨다. **박홍** 신부께서 하시는 말씀이 "그분이 공개는 안 했지만 천국에 가셨다고 장담할 수 있습니다. 세례를 안 받으시고 공개적으로 고백은 안 하셨어도 하나님은 마음을 보시기 때문에 꼭 천국에 가셨을 것입니다. 우리가 지금도 그 영혼을 위해서 더 기도해 드려야 합니다."라며 신부다운 말씀으로 위로해 주셨다. 나는 국립묘지에서 발걸음을 돌리면서 기도했다.

"하나님은 사랑이십니다. 황 선생님은 이웃 사랑을 자기 몸처럼 실천했습니다. 이 시대에 나라를 이토록 사랑한 사람이 또 어디 있겠습니까? 그분만큼 양심대로 산 사람도 없을 것입니다. 작은 믿음이지만 하나님 기뻐 받으시옵소서!"

애절한 기도를 하면서 산을 내려왔다.

"강압적으로 할 수 없는 전도, 무능한 나에게 맡기신 뜻이 무엇인지요? 저의 연약함과 미련함을 용서하시고 그 영혼을 불쌍히 여기시고 그가 그토록 원하던 통일을 주시옵소서! 영생을 허락하시옵소서!"

그는 우리 곁을 떠났지만 기도는 끊어지지 않았다.

탈북자 종합회관

황장엽 선생님 전도를 도와주던 **하용조** 목사님은 온누리교회에서 탈북자들을 위한 일을 계획하고는 그 일을 나에게 해보라고 했다. 양재동 온누리교회에서 아주 가까운 양재동 성경빌딩 6층에 70여 평 정도의 사무실을 임대해 주었다. 이곳에 30-40명이 앉을 수 있을 정도의 강의실과 상담실, 두 개의 사무실이 만들어지고, 2005년 5월 26일 '탈북자 종합회관'이 개관되어 종합적으로 탈북자들을 돕는 일이 시작되었다.

처음에는 탈북자 단체장 모임, 신학생·전도사·목사 등 사역자 모임, 대학생들 모임을 만들어 각각 자기 분야에서 통일과 관련해 연구 발표하도록 했다. 우리나라 사람들의 훈련도 필요하고 탈북자들을 도울 수 있는 프로그램도 필요하다는 생각에서였다.

어린이들을 위해서는 아주 작은 돈이지만 매달 조금씩 교육비를 보조하면서 어머니들과 함께 한 달에 한 번씩 모여 자녀들의 공부 돕는 법을 가르치고 자녀교육에 관해 강의도 했다. 나라를 위한 기도회를 정하고 북한을 사랑하는 사람들과 함께 정규적인 모임도 가졌다. 이런 모든 일을 탈북자인 **이애란** 간사(현재 요리연구가이며, 탈북여성 박사 1호)와 함께 해 나갔다.

탈북자들을 돕기 위해서는 먼저 나 자신을 비롯해 직원들과 그 밖의 관심 있는 사람들이 탈북자들을 이해할 수 있어야 할 것 같았다. 그래서 어느 토요일 하루 학교 운동장을 빌려서 남북체육대회를 열어 함께 어울리는 시간을 갖고 서로 가까워지기를 시도해 보았다. **황장엽** 선생님도 초청하고 탈북자동지회 임원들과 온누리교회 교인들도 함께했다. 여러 가지 운동도 하고 뷔페음식도 나누며 잔치를 베풀었다.

식사시간에는 돗자리에 앉아서 같이 식사를 하면서 대화를 나누고 싶었다. 그런데 대화를 시도하면 탈북자들은 대화를 하려고 하지 않고 몸을 돌려 버렸다. 탈북자들은 내성적이고, 다른 사람들과 사귀기를 거부하는 성향이 있음을 알게 되었고, 억압 속에서 알지 못하는 사람들과는 상대하지 않도록 습관화된 사람들이

/ 하나공동체(탈북자와 북한선교에 관심 있는 사람들로 구성된 온누리교회 공동체)
시작 후 탈북자들과 함께한 첫 모임(2009년)

라는 것을 깨달았다. 그 후에 우리가 자녀들에게 가장 많이 하는 '공부하라'는 말처럼 그들의 부모들이 자녀에게 가장 많이 하는 말이 '말조심하라'는 말이라고 들었다. 이런 일을 하면서 점차 탈북자들에게 진정으로 필요한 것이 무엇인지 알아 가게 되었다.

새생활 체험학교

송파구에 있는 **황장엽** 선생님 사무실을 다니면서 탈북자들을 만나다 보니 탈북자들에게 가장 시급한 문제가 이곳 생활에 적응해 나가는 것임을 알게 되었다. 탈북자들은 생활비와 주거지는 정부에서 받지만 생활방법이나 언어가 적응이 안 되어서 어렵다고 했다.

그들이 정착할 수 있도록 도우며 삶의 길이 되시는 예수님을 받아들이고 새로운 생활을 시작할 수 있도록 도와줄 프로그램이 필요하다고 생각하게 되었다. 그래서 남한에 와서 새로운 삶을 꿈꾸어 본다는 의미에서 그 프로그램의 이름을 '새생활 체험학교'라고 지었다. 그런 공동생활을 통해 그들이 한층 성숙해지고 넓은 마음으로 받아들일 수 있도록 돕기로 했다. '새생활 체험학교'의 목표도 다음과 같이 세웠다.

1. 탈북자의 복음화
2. 탈북자의 한국사회 정착 지원
3. 하나님의 사랑으로 복지 지원

4. 통일한국을 향한 북한 교회와 사회의 일꾼 양성

매월 한 차례씩 주일에 400명 정도가 먹을 수 있는 떡을 해가지고 '하나원'(탈북자들의 사회정착을 돕는 통일부 소속 기관)을 찾아갔다. 그곳 목사님과 함께 예배를 드리고, 하나원에서 나오는 사람들에게 '새생활 체험학교'에 관한 정보도 주고 탈북자 종합회관을 스스로 찾아오도록 알리고 권했다. 강제동원에만 익숙한 북한에서의 습관으로 스스로 찾아온다는 것은 이들에게 생소하고 어려운 일이었다.

이렇게 매월 새롭게 탈북자 종합회관을 찾아온 탈북자들과 4박 5일 동안 숙식을 같이하며 남한 사회를 배우고 삶의 방향을 새롭게 잡아 살아가도록 동기부여를 해주려고 했다. 그러기 위해서는 그들 자신이 남한생활을 직접 체험함으로써 자연스럽게 깨달아가야 한다고 생각하고 탈북자들을 인솔해서 남한의 여러 곳을 함께 다녔다.

'새생활 체험학교'는 환영예배로 시작되었다. 이 예배는 처음 겪어 보는 새로운 세상으로 나아가면서 배우고자 하는 의욕을 북돋우는 데 목적이 있었다. 이때 성별, 연령별로 두세 명씩 조를 짜서 도우미들에게 한 조씩 맡겼다.

그런 다음 조별로 놀이공원(에버랜드)이나 휴양시설을 방문했다. 억눌렸던 고통스러운 감정들을 처음으로 활짝 풀고 도우미들과 진정한 사랑의 교제를 나누면서 닫혔던 마음을 열도록 도와주기 위해서였다.

/ 탈북자 종합회관에서 '새생활 체험학교'를 시작하며

/ 새생활 체험학교 체험 중에

이어서 탈북자 선배와의 만남의 시간을 가졌다. 그들보다 먼저 탈북해서 적응하고 있는 기독교인 선배들과 만나면 허심탄회하게 이야기를 나눴다. 이 시간이 끝날 무렵이면 질문도 많고 특별면담을 요청하기도 했다. 그 다음으로 남한생활을 직접 체험해 볼 수 있도록 다일공동체와 천사병원, 일산 홀트아동복지관, 용문 여교역자 안식관, 그리고 포천의 '그 나라 공동체'와 온천을 함께 갔다.

최일도 목사님이 하는 '밥퍼 공동체'인 다일공동체에 가서는 남한에도 노숙자가 있다는 것을 체험으로 배우고 사회주의 같으면서도 전혀 다른 기독교적 분위기의 사랑의 공동체를 보게 했다. 노숙자들과 같이 식사하고 설거지를 하면서 자원 봉사자가 되어 섬기는 체험을 갖기도 했으며, 북한과는 너무 다른 무료 급식소, 그 풍부한 음식들 그리고 자율적 시민봉사자들을 통해 우리의 사랑나누기 현장을 습득하는 시간을 가졌다.

이어서 무료 병원인 천사병원을 방문했다. 외국인 노동자들과 길에 버려진 사람들을 치료해 주는 모습과 현재 필리핀이나 캄보디아의 구순열(입술갈림증) 아동들을 시술하는 모습 등을 보면서 "북한에도 이런 사랑을 베푸는 사람이 얼마나 필요할까?" "통일의 날에 북한에 같이 가서 이런 밥퍼와 무료 병원을 꼭 하도록 해야 하지 않을까요?"라고 말하면 눈시울을 적시면서 고개를 끄덕거렸다. 북한에 두고 온 동생이나 자기 아이들 생각이 떠오르는 듯 꼭 북한에 돌아가서 이런 선한 일을 하며 살자고 이야기를 나누기도 했다. 나도 이러한 헌신이 나오도록 돕는 일이 너무나 중요하기에 늘 그들과 함께 다녔다.

일산 홀트아동복지관 방문은 굶어 죽은 시체와 공개처형 장면을 보아 온 이들에게 생명의 존엄성을 다시 생각해 보게 하는 기회가 되었다. 여기에서 수십 년간 누워 지내야 하는 사람, 기형아로 태어나거나 지체가 부자유한 장애인, 흉한 모습을 한 사람이라도 그리스도의 참사랑으로 정성스럽게 보조해 주는 모습을 보면서 얼마나 한 사람의 생명이 귀한지를 알아보고 느끼도록 했

/ 황장엽 선생과 탈북자
들과 함께(2005년 1월)

/ 황장엽선생과 탈북자들과
함께한 2009년 크리스마스

/ 2011년 크리스마스 모임
중 환영사하는 모습

다. 그리고 사랑이 있는 곳에 참 평화가 있음을 경험하게 했다.

용문 여교역자 안식관은 주님을 위해 일평생 복음전도와 봉사
로 살아 온 노인 전도사들의 양로원이다. 이곳을 방문하여 부모

가 자녀들에게 하듯 사랑의 마음으로 기도해 주고 서로 간증을 나누는 모습을 통해 탈북자들이 따라야 할 신앙의 길을 보여 주었으며 예수를 믿도록 도와주는 좋은 기회가 되었다.

밤 집회는 그간 서로 경험하고 감격스러웠던 시간들을 이야기하며 은혜를 나누는 시간이었다. 이때 안식관이나 '그 나라 공동체'에 가서 보고 체험하며 느낀 것을 서로 나누는 순서도 빼먹지 않고 가지려고 노력했다. 대개 금요일 저녁에는 우리 집에서 냉면과 돼지고기 파티를 하고 둘러앉아서 내가 겪은 탈북 생활을 이야기하며 감사 기도회를 가졌다.

모든 순서가 끝나는 날, 아주 중요한 결단의 시간을 가졌다. 목사님을 모시고 구원의 확신을 갖도록 말씀을 선포하고 한 사람씩 축복기도를 해 주었다. 서로 사랑의 포옹을 통해 과거에 몰랐던 하나님 사랑을 전하며 새롭게 살 것을 약속하고 결단하도록 이끌어 주었다.

이때쯤이면 북한에서 놀던 식으로 춤을 추며 마음을 활짝 열고 서로 즐기는 자유로운 모습이 보였다. 참석한 탈북자들은 진정한 감사의 마음으로 수료식에 임했다. 수료식 후에도 헤어지기 싫어서 한두 시간 더 머물다가 돌아갔다. 사실 집에가면 아무도 없고 기다리는 식구도 없기 때문이기도 할 것이다.

가정의 달이나 가을에는 수료생들을 모아 단체여행을 하기도 했다. 가까운 영종도에 갔을 때는 가까이 있는 북한 땅을 바라보며 기도회를 하면서 바닷가에서 한참 동안 큰 소리로 통곡을 하고 왔다.

그런가 하면 새생활 체험학교 수료자들을 격려하기 위해 경주로 여행을 다녀왔다. 경주에 갔을 때는 신라 천년의 찬란한 문화유산을 처음 접하고 자랑스럽게 여기는 모습들이 흐뭇하게 느껴졌다.

탈북 사역자들이 교단으로 흩어져 있으나 함께 국내 성지순례를 함으로써 신앙유산을 넘겨받는 귀한 경험이 되고 서로 격려할 수 있는 좋은 경험을 갖도록 2박 3일의 긴 여행을 하기도 했다. 도우미들은 탈북자들이 실생활 속에서 신앙생활을 해나가도록 전

/ 암사동 선사유적지공원에서의 탈북자들과 즐거운 한때(2010년)

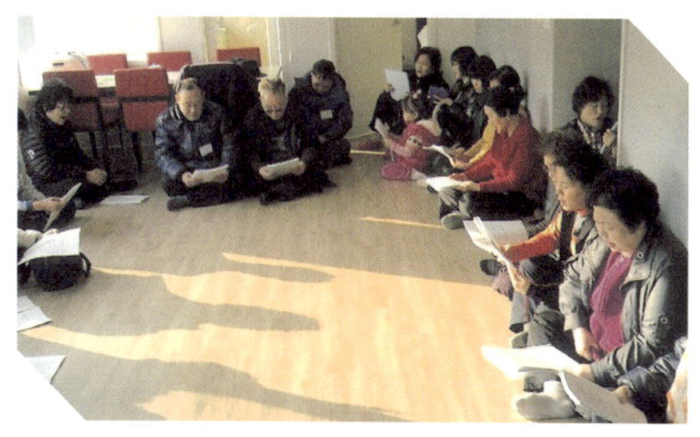

/ 탈북자들의 여행 중 드렸던 새벽예배(2013년)

화상담과 심방을 계속 이어나갔다.

온누리교회 하 목사님의 협조로 탈북자 종합회관을 열고 만 5년 동안 참으로 나름대로 보람 있고 신나는 일을 마음껏 펼칠 수 있었다. 4박 5일씩 운영되는 '새생활 체험학교' 50여 회를 통해서 1,100여 명의 탈북자들이 정착하여 새로운 생활을 시작하도록 도울 수 있었다.

한 달에 한 번씩 하나원에 가서 탈북자들에게 '새생활 체험학교'에 오도록 소개하는 일도 빠짐없이 했다. "나는 평양 사람이요. 내가 25세에 예수 믿고는 북한에서 살 수 없어서 이남으로 내려온 할머니요. 내가 지금 85세요." 하면 다들 놀라서 박수가 나왔다. 내가 나이보다 젊게 보인다는 말이다. 주목을 끄는 데는 참 좋은 자기소개였다. 하나님을 의지하고 사니까 이렇게 행복하게 살 수 있다고 자랑도 했다.

5년 동안의 경험을 통해 여러 가지를 배웠고 또 느낀 것도 많았다. 그 중 몇 가지를 들어 본다면 다음과 같다.

우리 한국 교회가 탈북자들을 이해하지 못한 채 타국에서 온 이주민이나 조선족 노동자 정도로 여기고 그렇게 대하기 쉽다. 이런 생각으로 탈북자들을 대하면 서로 좋은 관계가 이루어지지 못하고 서로 마음만 상해 교제가 금방 끊어져 버리게 된다. 결국 선교는 실패로 돌아간다. 이런 경험 때문에 남한 교우들은 '탈북자는 무섭다' '신뢰할 수 없다' '싸우기 잘하고 불평만 한다.'고 생각하며 끝내 버리는 경우가 많다. 하나원의 조사에 따르면, 78%의 하나원생이 신경 계통의 문제가 있다고 한다. 그것은 그들이 살아 온 북한 환경 때문일 것이다.

이런 경험들을 통해 탈북자 사역에 있어서 다음과 같은 점에 유의해야 한다는 점을 알게 되었다.

1. 탈북자들이 남한을 모르는 것 이상으로 우리는 북한을 더 모르고 있다.
2. 겸손한 마음으로 북한을 배워 가도록 해야 한다.
3. 탈북자들을 돕는 일의 기초는 그들이 신앙을 갖도록 하기 위해 사랑하고 서로 신뢰하도록 친교를 맺는 일이다. 얼어붙은 마음을 사랑으로 녹여 주는 것이다.
4. 계속 인내하라. 훈련이나 교육은 오랜 세월이 걸린다.
5. 사랑과 온유함이 무엇인지 그들의 경험에서 알 수 있도록 행동한다. 북한은 사랑이 결핍되어 있는 나라다.
6. 그들을 조급히 통제하려고 하지 말라. 그들은 통제 때문에 병든 사람들이다.
7. 사람을 급히 판단하지 말라. 왜 그런 행동을 하게 되었을까를 생각하라.
8. 서운해 하지 말라. 원래 말이 거칠고, 윗사람들에게 화가 나 있는 사람들이다.
9. 내가 보여 주는 사랑이 참사랑인가를 스스로 물어라. 보상을 바라지 말라.
10. 편견을 갖지 말라. 평범한 사람으로 대하고 믿어 주라.
11. 금전 거래만은 금물이다.

12. '평생 거지'를 만들지 말라. 계속 도와주기보다는 자립
    하도록 도우라.

13. 내가 마음을 열어야 상대방도 연다. 솔직한 자기소개가
    필요하다.

14. 기독교인의 삶의 스타일을 보여 주되 가르치려 하지
    말라.

15. 아주 사소한 것까지 물어볼 수 있도록 친절하게 한다.
    가능한 한 같이 있는 시간을 많이 갖도록 힘쓴다.

16. 삶의 목표를 돈보다 높은 가치에 둘 수 있도록 도와준다.
    그들은 돈이 목표인 것처럼 인식되어 있다.

　2010년 연말에 나의 임기는 모두 끝났다. 내 인생의 다음 단계
는 쉬는 것인지 아니면 하나님께서 또 다른 사역으로 인도하실지
하나님께 맡기고 기도하던 중에 깨달음이 왔다.

/ 서울 강동경찰서에서 탈북자에 관한 강연 후(2012년)

통일 지도자 양성을 위한 공동생활

통일은 다가오는데 저 북방의 황폐한 땅, 죽어 가는 우리 형제들을 섬기고 재건할 일꾼이 누구겠는가? 7-8년 탈북자들과 같이 지내면서 그리고 2007년부터는 우리 집을 열고 탈북 학생들과 함께 공동생활을 하면서 나는 그들을 좀 더 깊이 이해하게 되었다.

그들과 생활을 나누는 경험을 통해 하나님께서 나에게 새로운 깨달음을 주셨다. 북한 선교와 교육, 행정 등 북한을 재건하는 역할은 탈북자들이 많이 배워 북한으로 돌아가 직접 재건하고, 선교하고, 교육해야만 한다는 사실이었다. 그러다 불현듯 '북한 재건을 위한 인재를 키우자!'라는 생각이 들었다.

탈북자 종합회관을 통해 5년 간 약 1,100명의 수료생을 내면서 아주 훌륭한 지도자적 자질을 보이는 사람들을 몇몇 발견했다. 중국에서 숨어 있는 동안 중국 선교사들의 순수한 신앙을 이어받아 소명감이 뚜렷한 학생들이었다. 이런 사람들은 조금만 교육을 시켜 주면 북한 재건에 참여할 수 있는 리더가 될 수 있다. 이들 중에서 몇 사람을 우리 집에서 지내도록 하면서 공동생활을 해보았다. 그중 한 사람인 **지성림**은 고려대학교 대학원을 끝내고 박사과정을 밟으면서 신문사 기자로 취직을 했고, 결혼하여 두 자녀를 두었다. 또 다른 한 사람인 **주승연**은 연세대학교 대학원에서 정치외교학 박사과정을 끝내고 대학에서 강의를 하고 있다.

그들과의 공동생활 경험을 기초로 하여 북한 지도자 양성을 시작하기로 했다.

'탈북 기독교 청년과 대학생들을 찾아보자. 그들을 격려하고 꿈을 갖도록 하자!' 이런 생각에서 그들과 의논한 결과 기초생활비만으로는 공부하기가 어렵고 월 25만 원을 도와주면 밤일을 안 하고 생활을 꾸려 간다고 했다. 그래서 **하용조** 목사님에게 그 이야기를 했더니 월 200만 원을 교회에서 보내 주어 8명 장학생을 정해서 생활비 보조를 했고, 또 주님의교회에 4명, **김동호** 목사님에게 8명의 명단을 드렸더니 약 30명을 그 교회에서 관리한다고 했다. 감사한 일이었다.

2013년 말에는 하나님께서 사람을 보내 주셨다. 한 사람은 **강교자** 박사였다. 강 박사님은 전주대학에서 기독교교육을 가르치고 대한 YWCA의 총무 및 회장으로 20여 년 동안 활동하신 분이다. 또 다른 한 사람은 **손성인** 박사님이었다. 그는 서울대 농대를 마치고 미국에서 농림학 박사학위를 마치고 건국대학교에서 교수로 활동했다. 내가 찾아다니지도 않았는데 이 두 사람을 하나님께서 보내 주셨다.

우리 세 사람은 탈북자가 구제 대상이기보다는 통일의 역군으로 선구자 역할을 감당해야 하는 시기가 되었음을 인식하였다. 그리고 시대의 변화에 따라 통일을 준비하고자 탈북자들과 남한 교회가 함께 동등한 입장에서 운동을 일으키려고 사무실을 개원하고 여러 프로그램을 준비하며 2013년 12월 2일 동서울 가나안교회에서 개원 예배를 드렸다. '남북이 함께하는 샬롬공동체'라는 이름도 지었다.

그리고 2014년부터 매월 23명의 학생을 도우며 지도자로 양성하고 있다. 그 학생들은 매월 한 번씩 우리 집에서 예배드리고, 강사를 모셔서 강의를 듣기도 하고, 저녁을 같이 먹으면서 자신들이 경험한 것들과 장래의 꿈을 나누기도 하며 통일의 지도자로서 긍지를 가지고 생활하고 있다. 특히 방학 때는 지리산으로 함께 수련회도 간다. 수련회를 통해 공동생활을 하면서 서로 격려하며 성장의 기회를 갖고 있다. 통일 후에 북에 가서 양계를 하겠다는 꿈을 가진 네 명의 학생들은 한 팀으로 닭을 키우고 있다. 대학에서 강의를 하는 사람들도 있다.

아직은 소규모지만 목사님들께 호소하면서 나와 뜻을 함께할 동지를 얻으면 탈북자 중에 기독교 청년대학생들을 후원해서 기독교 지도자로 양성하는데 동참하게 될 것이라고 생각한다. 이 청년들은 대부분이 혼자 남한으로 넘어와서 외롭고 낯선 환경에 적응해야 하는 학생들이라 상담도 필요하고 따뜻한 후원과 기도로 보듬어 주는 어른들이 꼭 필요한 사람들이다.

탈북자들은 남한에 와 있는 북한이다. 북한을 기독교적 민주주의 국가로 재건하기 위한 준비는 우리 남한 교회가 해야만 하는 역할이다. 이제는 한국 교회가 통일을 준비해야 한다. 북한에 가서 교회 지을 생각은 하면서 북한을 세워 갈 사람들을 양성할 생각은 못하고 있는 현실이 염려된다.

지금 이단들이 기독교를 모르는 탈북자들을 유인하여 열심히 도우며 재정적인 후원을 많이 하고 있어서 북한 재건이 우려된다. 사도행전 2장 18절에서 "젊은이들은 환상을 보고 너희 늙은이들은 꿈을 꾸리라"고 했다. 우리 탈북 청년들은 북방 얼어붙은 땅으로 돌아가서 가시밭을 갈아엎고 돌들을 골라내고 옥토를 만들어 주님의 생명의 씨앗을 뿌리고 하나님 나라의 그림자 같은 기독교적 민주주의 국가를 세우는 환상을 가지고 공부하고 있다.

나는 영원을 향한 꿈과 함께 탈북민들이 북한의 기둥들이 되어 하나님을 찬양하는 아름다운 나라를 건설하는 꿈을 꾸고 있다. 내가 그 모습을 볼 수 있으면 좋겠지만, 못 보고 죽더라도 여한은 없다.

탈북학생 이승주

이승주는 나와 함께 동고동락한 탈북 학생이다. 1998년 그가 살던 동네 이웃집 아주머니가 중국에 넘어갔다 돌아왔다. **승주** 어머니는 그 아주머니에게 중국에 대해 물었다. 호되게 벌을 받고 공개 비판까지 당한 아주머니는 겁이 나서인지 대답을 회피했다. 결국, 두만강에 얼음이 얼자 **승주** 어머니는 조용히 중국으로 넘어갔다가 옥수수 한 보따리를 갖고 돌아왔다. 굶는 날이 밥 먹는 날보다 많았기 때문에 탈북 시도는 이후로 2004년까지 여러 번 계속되었다. 매번 강을 건널 때 더 철저히 준비했다. 잡히면 더 강도 높은 벌을 받을 것이기 때문이었다. 세 번째 강을 건널 때, 죽으면 죽지 하는 마음으로 강을 건넜고, 중국 지하 교회에 숨어서 2004년부터 2007년까지 있었다.

어머니가 교회에 나갔기에 **승주**도 교회에 나갔다. 북한에서는 보이지 않는 세계를 믿는 것을 굉장히 무시하는 문화 때문에 자랄 때에는 종교라는 단어조차 몰랐고, 교회에서 하는 말은 거짓말이라고 생각했다. 그러나 전도사님의 설교를 들을 때면 계속 틀림없이 맞는 말 같았다. 말씀에 대해 더 알고 싶어서 탈북 청소년들에게 성경공부를 가르치는 곳으로 갔고, 어머니와 헤어졌다. 그리고 어머니는 하늘나라로 가셨다.

이후에도 **승주**는 북한 땅을 몇 번 왕래했다. 그럴 때마다 처음 인연 맺은 지하 교회 사람들은 **승주**가 언제 찾아올지 몰라 이사도 가지 않고 그 자리를 지켜 주었다. 그 전도사님 부부는 **승주**의 양부모가 되어 지금도 **승주**의 든든한 지원자가 되어 주고 있다. **승주**는 2008년 하나원을 나왔다. 그리고 탈북자 프로그램을 통해 나와 만났고, 나의 권유로 나와 함께 살게 되었다.

승주는 한국외국어대학교에서 중국어를 공부했고, 교육자의 삶을 꿈꾼다. "남북한의 차이가 휴전선에 있는 장벽보다 더 높은 것 같아요. 저는 교육에 관심이 있어요. 교수님도 교육학자이시고, 저를 많이 지지해 주세요. 교육이 앞으로 통일 시대에 많은 중요한 역할을 할 것 같아요. 교육하는 사람은 부모도 될 수 있고, 누구나 교육하는 입장이 될 수 있기 때문에 저는 항상 제가 서 있는 자리에서 그런 역할을 하고 싶습니다."

"저는 사실 이 땅에서 빚진 자잖아요. 그래서 많은 일을 해야 해요. 하지만 통일이 되면, 내가 가고 싶은 곳이 아니라, 나를 필요로 하는 곳으로 가고 싶어요."

시종일관 할머니를 챙기는 손자처럼 나의 손발이 되어 주는 **승주**, 어릴 때 잘 먹지 못해 왜소한 체격이지만 더없이 선량하기만 한 **승주**, 그의 미소를 볼 때는 우리가 지금껏 외면하고 돌보지 않았지만 직접 손대어 키워 주신 하나님의 사랑과 계획이 어떤 것인지 생각해 보게 된다.

2017년 현재, **승주**는 연세대학교 교육대학원에서 공부하면서 여명학교(탈북학생들의 대안학교)의 도서관장으로 일하며 후배 양성을 하고 있다. 결혼해서 딸도 낳았다.

/ 탈북학생 이승주와 함께_〈빛과 소금〉 2011년 2월호

남북한평화신학연구소

장영일 장신대 총장님이 우리 집에서 가졌던 탈북자들의 모임에 오셔서 말씀과 사랑을 나누게 되었다. 나는 나 혼자만 탈북자 돕기를 하는 것은 너무 미약해서 우리 교단이 동참하여 시급한 북한 선교와 통일을 위한 준비에 마음을 모아야 할 것이라고 늘 생각해 왔다. 우리 신학교에서 학생들에게 이 꿈을 나누어 주고 우리 교단이 함께 협력해 보았으면 하는 생각을 늘 가지고 있었다.

장영일 총장님의 사모님은 오랫동안 탈북자들을 위한 봉사에 온 정성을 다 쏟으시며 '새생활 체험학교'를 할 때면 빠짐없이 오셔서 탈북자들의 아이들을 업어 주고 돌봐 주시는 일을 해 오셨다.

어느 날 **장영일** 총장님 외에도 가까이 사시면서 늘 탈북자들에게 관심을 갖고 도우시던 **노영상** 윤리학 교수님이 함께 참석하셔서 교단 북한선교위원회와 힘을 합하여 의견을 나누게 되었다. 남북한평화신학연구소를 만들기로 한 것이다. 나는 너무 기쁘고 고마웠다. 이 사역이 하나님이 하시는 일로 믿어지면서 한 가지 생각이 떠올랐다.

내가 운영하던 탈북자 종합회관을 사단법인으로 하려고 기부받은 돈 4천만 원과 나의 헌금 조금을 합쳐서 드려야겠다는 생각이 들었다.

나는 그날 통장을 총장 목사님께 서슴없이 드렸다. 학교에서 꼭 북한을 위한 일을 시작하도록 하기 위해 장 총장님께 맡긴 것이다. 기쁘고 행복했다. 하나님 감사합니다! 축복하옵소서!

현재 이 연구소를 통해 통일에 관한 연구와 책들이 많이 나오고 있다. 또 화요일 저녁마다 장로님 백여 명이 모여서 강의와 토의도 하고 있다.

탈북자 구출 운동

탈북자의 정착을 염려하면서 북한 사람들의 육적 구원은 내가 할 수 있는 분야가 아니라고 생각해 왔다. 그런데 북한을 탈출한 여성들의 수가 계속 늘어 나고 있었다. 그들의 고통을 위해 기도하던 중에 눈물로 호소하다가 소규모라도 북한 사람들 구출 작전을 펴지 않으면 안 되겠다는 다급한 소명이 나에게 와 닿았다.

총에 맞아 죽고, 두만강에 빠져 죽고, 배가 고파 죽고, 중국으로 팔려가서 개처럼 끌려 다니다가 북송되어 매 맞아 죽는 내 동포를 한 사람이라도 더 살려 놓아야 한다는 다급한 부르심에 순종하기로 했다.

육체를 구해 놓으면 정착하는 데 도움이 필요하고 그 다음에야 영혼 구원이 뒤따르는데 나는 내가 하기 쉬운 것부터 하면서 무슨 탈북자 사역을 한다고 했는지 자책감이 들었다. 그와 동시에 그 위험한 일을 내가 직접 할 수는 없어도 할 수 있는 길을 열심히 찾자고 생각했다. 그러던 중에 하나님이 **김용화**(탈북난민인권연합 대표)라는 사람을 보내 주셔서 길이 열리게 되었다. 이 일은 작은 규모로나마 현재까지 계속 진행되고 있다.

탈북자 북송반대 운동

배가 고파서 몸 가누기도 힘든 이들이 단벌 누더기 옷을 걸치고 그대로 물에 젖은 채 중국 땅을 밟게 되면 반기는 사람들이 있다. 중국 사람들이다. 이들은 중국으로 넘어온 북한 사람들을 잡아서 한 사람에 얼마씩 받고 팔아넘겼다. 여성 탈북자의 경우에는 이들에게 우선 밥을 사주고는 윤락가로 팔거나 아니면 너무 가난해서 장가를 가지 못한 남성들에게 싸구려로 판다. 탈북자들은 도망간다고 창고에 가둬 두거나 윤락가에서는 옷을 벗겨 놓고 윤락 행위를 하게 한다는 말도 있다. 아무 대가도 못 받은 채 밥만 먹여 주면 된다고 해서 그대로 잡힌 몸이 되어 아무 소망도 없이 동물처럼 천대를 받으며 지내는 형편이었다. 이들을 구출할 수 있는 방법이란 팔려간 탈북자들을 다시 200만 원 이상을 주고 사오는 길밖에 다른 방법이 없다.

도망 나오다 잡히는 경우 공안에 붙들리면 북한으로 돌려보내지고 만다. 그러면 악질 반동분자로 낙인찍혀 죽기보다 어려운 고문을 당하게 된다고 하나원을 퇴소한 탈북자들이 말했다. 내가 그들에게 들은 이야기는 이렇다. 남한 사람과 접촉을 했다든지 선교사와 교류가 있었을 때에는 더 심한 고문을 당하고 끝내는 총살을 당한다. 중국에서 임신했을 경우에는 억지로 유산시키려고 거꾸로 매달아 때리기도 한다. 그래서 중국에서 잡히면 그들은 차라리 죽여 달라고 애원한다고 했다. 이렇게 중국에서 아무 보호도 못 받고 항의조차 할 수 없는 사람의 숫자가 2011년에는 10만-30만

명이 넘는다고 했다. 우리 선배들이 지금 살아 계셨다면 우리처럼 안일하게 강 건너 불 보듯 하셨을까? 이렇게 살아도 되는 것일까?

사람이 죽어 가는데 맘 편하게 앉아 있을 수가 없었다. 김마리아, 유관순 선생 등 많은 선배 기독교 여성들은 3·1운동 당시 피를 흘리고 나라를 위해 싸웠는데 어떻게 현재 우리 여성들은 성형수술에 세계여행이나 즐기며 안일하게 앉아 있을 수 있단 말인가?

2012년에 종로구 효자동 주한 중국 대사관 앞에서 진행되었던 탈북자 북송반대 운동에 참석했다. 평양 정의여자고등학교 동창들도 함께 참여하였다. 1년 정도 지속된 이 운동에는 **박선영** 전 국회의원, **서경석** 목사 등도 참여하였고, 장신대 교수 몇 분도 이 운동이 끝날 무렵 참여했다.

/ 탈북자 북송 반대운동 중 "동포가 끌려가 학살당하는데 아무것도 할 수 없다니요?" 하고 외쳤다_〈기독공보〉(2012. 3. 24.)

참석자들은 매일 오후에 때를 정하고 남녀노소 플랜카드를 써 들고 나와서 데모를 했다. 예배를 드리고, 세족식을 하기도 했으며, 탈북민을 북송하지 말라고 크게 소리를 치곤 했다. 탈북자 종합회관에서 함께 일하던 이애란 등 몇 사람은 대사관 앞에 천막을 치고 단식을 했다. 중국 대사관 맞은편 옥인교회 앞에서 기자회견을 갖기도 했다.

CGN TV 〈반갑습네다〉

2010년 어느 날 일본에서 투석을 받으며 치료 중이던 **하용조** 목사님에게서 전화가 왔다. 탈북자들을 위한 일을 하다 보니 앞으로 통일을 위해, 교회와 탈북민들이 어떻게 교류해야 할지를 텔레비전을 통해 미리 준비할 수 있는 프로그램을 만들어야겠다고 생각했다며, 탈북자 종합회관을 운영하고 있고, 평양에서 왔고 하니 내가 출연하여 그 프로그램을 만들어 가는 역할을 감당해 달라고 부탁했다. 나는 놀라면서 "나이도 많은데 내가 감당할 수 있겠는가? 의미는 좋으나 내가 할 수 있다고는 생각 안 합니다."라고 했다. **하용조** 목사는 그렇게 늙어 보이지 않는다고 하면서 90살이나 된 나에게 해보자고 했다. 이것도 사명인 줄 알고 순종하기로 했다.

탈북자들과 대화하면서 남한 사람들이 북한 사람들을 어떻게 이해해야 하며 복음화해야 하는지, 고충은 무엇인지를 인터뷰하는 것이었다. 2011년 4월부터 2013년 9월까지 금요일 저녁마다 방송을 위해 상담하며 영상취재에 응했다. 이를 통해 나도 많이 배웠다. 교회들도 관심을 갖게 되었고 일반 사람들의 탈북자에 대한 인식도 바뀌게 되었다고 본다.

이 프로그램 출연자들은 2011년 12월부터 방송되기 시작한 '이제 만나러 갑니다' 등 다른 TV 프로그램에 출연하기도 했다. 아마도 다른 방송에서 탈북자에 대한 프로그램을 만드는 데 하나의 촉매제가 되지 않았나 싶다.

/ CGN TV 〈반갑습네다〉 출연 모습

김마리아 상 수상

나는 1956년 뉴욕성서신학교 기독교교육과 석사과정에 입학하여 2년 동안 복음적이고 보수적인 성서신학을 공부할 수 있었다. 2011년 오랜만에 뉴욕신학교(뉴욕성서신학교 후신) 총장에게서 메시지가 왔다. 이사회에서 나에게 '김마리아 상'을 주기로 했다고 했다. 유학 당시 나와 같이 모임을 갖고 기도했던 친구들에게서 나의 이야기를 듣고 나서 한국에 박사학위를 주러 오가는 길에 나에 대한 정보를 찾아보았다고 했다.

김마리아 선생은 3·1운동과 독립운동을 하다가 미국으로 망명하여 뉴욕성서신학교에 입학하셨다. 여성들이 별로 입학하지 않을 때였다. 뉴욕신학교 총장은 대한민국 독립에 크게 공헌한 김마리

/ 2011년 '김마리아 상' 수상

/ '김마리아 상' 수상 후 뉴욕신학교 이사들과 함께

아를 기념하는 이 상의 수상자로 나를 선택하여 이사회에서 상을 주기로 결의했다고 했다.

명성교회 **김삼환** 목사님과 협의하여 그곳에서 시상식을 하게 되었다. 2011년 5월 26일, 뉴욕신학교 이사 몇 분과 함께 시상식이 개최되었다.

학생들, 교인들, 목사님들이 많이 와서 시상식장이 가득 찼다. **김삼환** 목사님의 배려로 큰 파티가 열렸다. 그때 **유진 피터슨(Eugene Peterson)**은 음성으로 축하 메세지를 보내 주었고, 미국 기독교방송 CBN 설립자 **팻 로버트슨(Pot Robertson)**은 영상으로 보내 주었다. 마침 오랜 세월 같이 동역했던 **박창환** 목사님도 참석해 주셨다. 분에 넘치는 시상식이었다. 같은 해 9월에는 뉴욕신학교 초청교수로 한 학기 강의를 하기도 했다.

YWCA 한국여성지도자 상

YWCA에서 2003년에 한국 YWCA에 일생을 헌신하며 여성들을 위해 활동하셨던 **박에스더** 선생님을 기념하기 위해 '한국여성지도자 상'이 제정되었다. 여성의 지위 향상을 위해 기여한 여성 지도자를 발굴하고 격려하겠다는 의미의 상이기도 했다.

나는 2011년에 이 상을 받게 되었다. 아마도 여성 탈북민들을 도운 것이 인정된 모양이었다. 그 당시 나는 뉴욕신학교 입학식 강연을 하기로 되어 있었다. 이 선약 때문에 시상식에는 참석할 수가 없었고 조카 **주정순**이 대리 수상을 했다.

나라를 위한 어머니기도모임

우리 한국 교회에는 여성 단체가 많이 있다. 그리고 교회마다 여성들이 맡은 일들이 많다. 우리 교회들은 대부분이 개교회주의여서 여성들의 의식과 세계관이 좁아졌다. 시대의 흐름도 극단의 이기주의와 무한경쟁을 촉구하는 경향이어서 공동체의식이나 역사의식이 부족하다. 따라서 자녀교육은 입시경쟁으로 빗나가고 인성교육 역시 엉망이다. 그 결과 청소년들은 방황하게 되고 사회는 더 어두워져만 가고 있다.

2003년 극동방송 **김장환** 목사님 초청으로 **빌리 그레이엄** 목사님의 딸인 **앤 그레이엄 로츠**(Mrs. Anne Graham Lotz) 여사가 내한했다. **로츠** 여사는 2003년 9월 5일과 6일 양일간 잠실체육관에서 초교파적으로 모인 기독교 여성들에게 많은 영적 각성을 일으켜 주었다. 그때 서울여자대학의 **이광자** 총장이 대회장으로 수고해 주었다. 당시 대구에서 대형 전철사고가 발생해서 마음이 불안하던 때였다.

이 대회를 끝내고 평가회를 하면서 우리 여성들이 깨어 일어나야 할 심각한 사회적 위기가 느껴져 후속 모임을 가지기로 결의했다. 그래서 각 교파나 개교회에 더 이상 부담을 주지 않는 차원

/ 앤 그레이엄 로츠와 함께한 초교파 여성 지도자들의 모임(2004년)

에서 따로 단체를 만들지 말고 때에 따라서 자연스럽게 기도 모임을 가지자는 의견이 나왔다. 나라를 위한 기도회니까 처음에 '에스더 기도회'라고 정하고 초교파적 여성 기도모임을 가졌다. 주변에 있는 젊은 여성 지도자들과 함께 고민과 비전을 나누면서 같은 문제의식을 가진 이들이 많다는 것을 알게 되었다.

일본 식민지 정치로부터 해방된 지 60년이 되었는데, 우리 선배들이 눈물과 피를 흘리며 찾은 이 땅에서 살고 있는 기독 여성들이 우리 조국을 위해 무엇을 해 왔는지 점검해 봐야겠다는 생각이 들었다. 그래서 2005년 1월 24일 연지동 여전도회관에서 '한국기독여성모임'(KCWA)이라는 이름의 기도모임이 시작되었다. 나는 그 자리에서 8·15해방과 한국전쟁, 계속 이어지는 **김일성·김정일**의 남한 적화를 위한 계략들 가운데서 하나님이 오늘까지 이 땅을 지켜주시는 데는 그분의 분명한 뜻이 있기에 그 뜻을 찾아야 한다는 내용의 말을 했다.

1907년 평양에서 성령이 휩쓴 회개운동이 일어난 것은 몇몇 선교사들이 성경공부를 하며 기도할 때 죄를 자복할 마음이 생겨 회개기도를 한 데서 비롯되었다. 이처럼 주님을 따르는 여제자들은 세상의 화려함이나 세상 사람들에게 부러움을 사는 귀부인으로 머물러 있지 말고 통회하고 새롭게 하나님의 뜻을 따라 살자고 했다. 그러면 하나님이 이 땅도 회복시켜 줄 것이라고 말했다. 따라서 회개기도 운동과 북한을 위한 중보기도 운동을 펼치고, 정직하고 성결한 생활, 단순하고 검소한 생활로 돌아가는 의식개혁에 힘쓰며, 성경공부 운동을 확산시켜 나가자고 제안했다. 여성들이 영적으로 각성하면 교회도 살고 민족도 다시 살아난다고 믿기 때문이었다.

장소도 서울 시내 교회 중 큰 교회로 옮겨 다니며 종교교회, 새문안교회, 영락교회, 연동교회 등에서 모임을 가졌다. 1년에 한두 번 24시간 금식기도회를 갖기도 했다. 대부분의 집회는 아침 10시부터 저녁 6시까지 진행되었으며, 간단히 점심을 먹을 때도 있었다. 특별히 3·1절에는 빠지지 않고 모였는데, 그 숫자는 처음보다 점차 적어졌다고는 하지만 200-1,000명이 모였다.

때에 따라 하나님이 큰 은혜를 부어 주시어 2011년에는 연동교회에서 **홍관옥** 박사님(중앙대 교수)과 같이 의논하며 준비하였다. 그때 **이광순** 목사님(前 장신대 선교학 교수)의 '나라를 사랑하는 어머니'라는 제목의 설교와 **김성욱** 기자의 북한 문제에 대한 메시지가 있었다. 그 중간 중간에 중보기도 제목을 가지고 다양한 국가의 문제와 사회문제, 특별히 북한의 심각한 문제들을 놓고 뜨겁게 기도하였다. 오후에는 연동교회 **이성희** 목사님께서 우리가 회개할 일들을 깨우쳐 주셨다. **정성산** 감독(탈북자, 〈요덕스토리〉 감독)도 탈북자 입장에서 메시지를 주었다.

이 모임을 끝내고 나면 더 자주 하자는 요청을 받고는 했다. 그간 '이 민족을 나에게 주소서', '어머니가 살아야 나라가 산다', '나를 위하여 울지 말고 너와 너의 자녀를 위하여 울라', '의로운 나라를 위하여' 등의 제목으로 우리 사회의 답답한 문제들을 놓고, 나라를 내 자녀처럼 품으며 기도하는 어머니들의 모습은 아름다웠다.

이 기도회의 주체는 다양한 여성단체들이었다. 특히 30년 동안 한 달에 한 번씩 38선을 찾아가서 땅 밟기 기도를 계속해 온 '에스더 구국기도회'가 전적으로 참여하고 있다. 지금도 이름도 없이 빛도 없이 에스더 구국기도회는 계속 이어지고 있다. 나 또한 매번은 아니지만 이 기도회에 참석하곤 했다.

이 어머니들은 교회를 깨우고 나라의 지도자들을 깨우는 처절한 기도자이자 신앙의 어머니들이다. 이 어머니들의 기도모임은 앞으로도 계속되어야 한다.

맑은 사회 어머니 기도회

세월호 사건 이후, 나는 어머니들이 제대로 된 사회의식을 가지지 못한 채 아이들에게 공부만 강조하고 인성은 가르치지 않았기에 자기만 아는 어른이 양산되고 있음을 가슴 아프게 생각하고, 어머니들을 교육해야겠다는 생각이 들었다. 어머니들에게 사회를 밝게 해야 한다는 사명이 있다. 그러므로 한반도를 위해 기독 여성들부터 기도하며 움직여야 하고, 기독어머니들이 말씀으로 거듭나 자녀에게 본이 되는 신앙생활을 해야 한다고 생각한 것이다.

2016년 2월 23일 연동교회에서 '3·1절 맑은 사회 기독어머니 기도회'가 한국기독여성모임(KCWA) 주최로 처음 시작되었다. '현명한 어머니는 사회를 바꾼다'(대하 7:14)를 주제로 진행된 이 기도회에 참석한 150여 명의 여성들은 다음 세대의 회복을 위해 세속적인 교육관을 회개하고, 한반도 평화를 위해 기도했다. "자녀 입시에 집착했던 것을 회개합니다. 신앙 안에서 자녀를 양육하고 위기에 놓인 나라를 위해 기도하는 어머니가 되겠습니다." 매주 금식기도를 하고 매일 선한 일을 한 가지씩 하기로 결단했다.

맑은 사회 기독어머니회는 생활로 본이 되지 못한 죄를 회개하고 그 기초 위에 성경적인 가치관을 바로 세워 나가야 할 것을 다짐하며 다음과 같은 목적을 갖는다.

1. 하나님의 말씀에 기초한 자녀교육을 실시하여 우리 자녀들을 하나님 나라 일꾼으로 양육하려고 노력한다.
2. 구체적으로 생활 방식을 바꾸고 자신의 인격 혁명을 일으켜 하나님 사랑, 나라 사랑으로 삶을 전향하고자 노력한다.
3. 삶의 현장에 만연한 외식과 체면을 벗어 버리고 선의의

거짓말조차도 타파하며 가정을 다스리고 가정예배를 실천하기로 한다.

4. 교회를 판단하거나 비난하지 말고 정의롭고 평화로운 나라 건설에 이바지하고자 노력한다.

5. 좋은 전통은 살리고 물자를 아끼며 자연을 가꾸고 역사를 이야기하며 꿈 있는 사회로 만들어 가고자 노력한다.

6. 미래 통일 한국의 이상을 그려보며 우리 가정이 어떻게 이바지할 것인지 구체적으로 뜻을 나눈다.

7. 각 지방까지 확대하여 기독교 어머니학교 설립을 지향하고 대한민국 사회가 변화하도록 기도하며 경건하고 부지런한 생활을 하기로 한다(실천 사항 : 손에 손잡기, 즉 알리고 초청하여 격려하며 기독교적 국민 일치가 회복되도록 함께 노력함)

사람은 꿈을 먹고 산다. 한국 여성들이 이제 잠에서 깨어나 삶의 방향을 바꾸어서 우리 선배들처럼 목숨을 걸고 이 민족을 살리고자 맑고 빛나는 나라를 이룩하는 데 집중하면 복된 사회를 만들 수 있을 것이다. 한 번 밖에 없는 우리의 생을 자손만대 후대들을 위하여 영적 제사장 국가를 세워 거듭나게 한다면 얼마나 복된 일이겠는가!

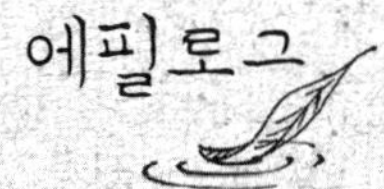

에필로그

90여 세 삶을 돌아보면 넘치는 하나님의 은혜의 손길 따라 가을 낙엽처럼 흘러왔을 뿐 나의 한 일은 아무것도 없다.

"내 평생에 선하심과 인자하심이 반드시 나를 따르리니 내가 여호와의 집에 영원히 살리로다"(시 23:6)

아멘!

용문 여교역자 안식관에서

2018년 1월

주선애